U0952569

中青年语言学者文丛

LANGUAGE UNDERSTANDING AND COGNITION

语言理解与认知

崔希亮 ◎ 著

北京语言大学出版社
BEIJING LANGUAGE AND CULTURE UNIVERSITY PRESS

内容提要

语言是如何表达思想的？人们的语言行为是怎么完成的？语言的编码和解码机制有没有认知上的动因？如果有，它们在语言的结构和意义上会有什么样的表现和影响？这些问题是本书讨论的问题。

本书共分四章。第一章“功能主义与信息结构”主要讨论语用问题；第二章“语法的形式与意义”主要讨论结构和意义的问题；第三章“汉语语法的认知研究”主要探讨空间方位的认知问题；第四章“语法研究的方法和立场”主要探讨语法研究的方法和视角问题。书中的大部分章节涉及汉语语法的个案分析，是对语言事实的微观考察。

在认识论方面，本书的研究是功能主义的而非形式主义的；在语言认知研究方面，本书采用的是语言学的方法而非心理学的方法；在具体操作层面，本书大多数问题和结论都是从语料出发的而非从理论出发的。

Abstract

How do people use languages to express their thought? How do they complete their speech acts? Are there cognitive motivations behind the coding and decoding mechanisms of human languages? If there are, what kind of manifestations and effects can these motivations generate in the structures and meanings of a language? These are the issues discussed in this book.

Language Understanding and Cognition is divided into four chapters. Chapter I, Functionalism and Information Structure, focuses on pragmatics. Chapter II, Forms and Meanings of Grammar, discusses the structures and meanings of language. Chapter III, Cognitive Studies of Chinese Grammar, explores the issue concerning the cognition of space and location. Chapter IV, as its title suggests, discusses "Methods and Standpoints in the Study of Grammar." Much of this book involves the detailed investigation of Chinese grammar as a case study.

The author's position in epistemology is functionalist rather than formalist. In his research on language cognition, he takes a linguistic approach rather than a psychological approach. In developing most of the questions and conclusions in this book, the author took actual language data, rather than theory, as his starting points.

序

现在读者所见到的《语言理解与认知》,是崔希亮对自己这十多年来所从事的现代汉语语法研究的一个小结。他的研究,主要着力于探求、解释汉语语句的信息结构以及我们用汉语进行交际过程中编码、解码的规律和制约因素。书中有关"连"字句、"把"字句、"在"字结构、人称代词修饰名词时"的"的隐现以及现代汉语中并列双音词和四字格的分析研究,都充分体现了这一点。本书的书名就是根据这一点来定的。

崔希亮这十多年来,在语言理解研究方面,取得了较为突出的成就,为同行所公认。拿"连"字句来说,以往已有很多研究,其中有些问题长期以来争论不休。譬如说,"连"字的作用到底是什么?"连"字句到底表示什么语法意义?有人说"表示强调";有人说"表示递进";有人说"表示极言其甚";有人说用以"标举极端事例";有人说"表示隐含比较";有人说"表示提顿与夸张";有人说"表示连接"。真是众说纷纭,莫衷一是。崔希亮在前人研究的基础上,从语言理解的角度重新审视和细致分析了"连"字句的信息结构,指出"连"字句进入交际就将获得并有可能表示四种信息——基本信息、附带信息、隐含信息、推断信息。这里不妨以"那小伙子连小学都没有上过"为例来做说明。这个"连"字句传递了这样四种信息:

基本信息:那小伙子没有上过小学。

隐含信息:从情理上说,作为一个小伙子起码应该上过小学,因为小学是最初级的教育。

附带信息:作为一个小伙子而没有上过小学,这不合常情。

推断信息：那小伙子更不可能上过中学、大学 / 那小伙子没有文化 / 那小伙子不适合当领导 /……

基本信息，反映了现实世界的基本事实（真或假）；隐含信息和附带信息，反映了现实世界的一种常理、常情；推断信息往往是说话人的用意焦点。当“连”字句式跟别的句式搭配使用时便会随着不同的上下文而突出表示某一方面的信息。请看：

(1) 那小伙子没上过学，连小学都没有上过。

(2) 那小伙子不但中学没有上过，连小学都没有上过。

(3) 连那小伙子都没有上过学，更不用说女孩子了。

如果我们只是孤立地就例(1)、(2)、(3)来说，似乎可以认为，例(1)似表示强调，例(2)似表示递进，例(3)似表示比较。这些看法我们也不能说它完全不对；但都有点随文释义，而目前有不少人正是这样来看待“连”字句的。我们不认为这些看法都不对，但这些看法多少有点儿像“瞎子摸象”。从某个角度来说，科学研究就有点儿像瞎子摸象，谁也没有本领把研究对象的内在规律、外部联系一下子看得很准、很清楚。摸着腿的，说大象像根柱子；摸着耳朵的，说大象像把大蒲扇；摸着身体的，说大象像垛墙。你可以说他们各自的说法都不对，但你得承认这里边的每一种说法都有它部分合理的因素。如果能把这种种说法整合在一起，就会获得有关大象的更符合客观真实的看法。上面所介绍的以往关于“连”字句的各种看法，就如同“瞎子摸象”所说的情况。现在崔希亮的分析，我不敢说他把“大象”是个什么样的动物都说准了，但应该说他从语言理解的角度对“连”字句所做的信息结构分析，显然比以往的一些看法要站得高些，更具概括性，更有深度；当然我们不能说他的分析已经到了顶了。

这里我需要指出的是，崔希亮的这些研究成果对于对外汉语教学来说是很有用的。“连”字句的信息结构分析，就很有助于“连”字句的教学——不是说要在教学中把崔希亮有关“连”字句的信息结构分析倾盆大雨似地在一两堂课上都教给留学生，而是说从事对外汉语教学的老师如果学习、掌握了他关于“连”字句的分析，在自己的对外汉语教学中教起“连”字句来，我想就会比较自由。

求实，是崔希亮学风的一个特点。读者阅读本书时可以明显地感觉到这一点。书中谈论“连”字句、“把”字句、“在”字结构、人称代词修饰名词时“的”的隐现以及现代汉语中并列双音词和四字格，崔希亮都以大量确凿的统计数字来做说明；书中对自己的看法、自己的研究结论的说明，也都借助于大量确凿的统计数字。他书中的这些统计数字，无论对从事对外汉语教学的老师来说，还是对从事汉语本体研究的学者、专家来说，我想都很有参考价值。

崔希亮书中也存在着一些缺憾与不足。最明显的是第四章第一节“现代汉语语法研究的立场和方法”。从全文内容看，这是借着对《语言教学与研究》创刊 15 年里所发表的有关现代汉语语法的文章的小结，对那 15 年国内现代汉语语法研究进行全面的回顾与总结。从当时来说，这篇总结还是写得不错的。但是如今它不是作为论文集中的过去发表的一篇文章，而是作为《语言理解与认知》一书中的一节来与读者见面，就有些不合适了。因为从 1993 年至今，现代汉语语法研究又有了较大的变化与发展。此外，本书在文字表述上，也还有值得进一步推敲、斟酌的地方。不过，话又得说回来，白玉无瑕的著作，世上是没有的。本书虽然存在着上面所说的缺憾与不足，但无论对现代汉语语法本体研究还是应用研究，都是很有参考价值的。是为序。

陆俭明

2001 年 12 月于北京大学蓝旗营小区寓所

目　录

第一章　功能主义与信息结构 ………………（ 1 ）
第一节　语言交际能力与话语的会话含义 （ 1 ）
第二节　话语的潜台词与交际策略 ………（ 17 ）
第三节　“连”字句的语用分析 …………（ 23 ）
第四节　“连”字句的多重语言信息 ………（ 42 ）
第五节　从“连……也/都……”结构看语言中的关联 …………………………（ 54 ）

第二章　语法的形式和意义 ………………（ 66 ）
第一节　并列式双音词的结构模式 ………（ 66 ）
第二节　汉语四字格的平起仄收势——统计及分析 ………………………………（ 81 ）
第三节　人称代词修饰名词时“的”字隐现问题 ………………………………（ 90 ）
第四节　“把”字句和“将”字句 …………（102）
第五节　“把”字句的若干句法语义问题 ………（120）
第六节　动词的语义、配价及论元之关系考察 （136）

第三章　汉语语法的认知研究 ……………（172）
第一节　空间方位关系及其泛化形式的认知解释 ……………………………（172）
第二节　“在”与空间方位场景的句法表现和语义映射 …………………………（188）

第三节　空间方位关系的类型学考察 …………（209）
第四节　汉语空间方位场景的态与论元的
　　　　凸显 ……………………………………（226）
第五节　汉语方位结构“在……里”的
　　　　认知考察 ………………………………（243）

第四章　语法研究的方法和立场 …………（263）
第一节　现代汉语语法研究的立场和方法 ……（263）
第二节　理论语法与教学语法的接口 …………（277）
第三节　认知语言学的研究范围和研究方法 …（293）

参考文献 ……………………………………………（318）

后记 ……………………………………………………（325）

第一章　功能主义与信息结构

第一节　语言交际能力与话语的会话含义

1.1　引言

语言学分为理论语言学和应用语言学两个大的门类。广义的应用语言学包括语言信息处理、语言规划、语料库语言学以及语言教学和语言学习；狭义的应用语言学就是语言教学问题。而语言教学不能不关心语言能力问题。

语言教学包含许多可变因素，如教学内容、教学对象、教学法、教材设计、培养目标以及教学手段等。在教学实践中，这些因素可以随时调整。但是有两个原则是不会变的：一是语言教学不应该离开对语言的分析。离开了深入细致的语言分析，语言教学就只能是摸着石头过河；另一个原则是对学习者来说，语言交际能力的高低是评价学习成败的重要标准。因为不管抱着什么目的，学习一种语言就是要利用它来进行交际。交际能力是一项综合能力，它既是学习者的成绩单，又是学习者进一步学习的阶梯。而语言交际能力的提高又必须以语言分析为基础。当然，语言分析有许多方法和手段，我们认为语用学（pragmatics）的方法和话语分析（discourse analysis）的手段在语言教学中是有帮助的，因此，我们讨论问题的基点就是建立在这个认识的基础上。

语言作为交际工具具有二重性：一方面它是一套形式体系，

另一方面它又是一套意义体系，而形式和意义并不总是一一对应的。语义学(semantics)和语用学都关心意义问题，可以这么说，语义学所做的工作是对语言符号的意义进行刻画，包括符号本身的意义和符号组合的意义(G. Yule, 1985)，这里的意义指的通常是符号的规约意义(conventional meaning)，而语用学所做的工作是对说话人的意思进行刻画，这里的“意思”指的是话语的含义(implications)。对会话含义的预测和理解是语言交际中的关键问题。尤其是在有文化因素干扰的情况下更是如此。语言交际能力涉及到言语对策能力，而言语对策必须以说话人的会话含义为根据。因此，话语分析的结果对提高语言交际能力是会有帮助的。

1.2 语言交际能力

1.2.1 简单回顾

语言交际能力是一项综合能力，涉及到语言交际的好多方面。近年来国内外都有一些论者对交际能力问题有过讨论。语言能力不等于语言交际能力(Petr Sgall 等, 1986)。语言能力指的是语言结构方面的能力：如语音结构能力、词汇结构能力和句法结构能力。语言交际能力指的是运用语言的能力，包括篇章修辞能力(textual rhetoric capacity)和人际修辞能力(interpersonal rhetoric capacity)(Leech, 1983)。人们在言语交际中是怎样相互理解的(邢公畹, 1986)？有哪些语义的和语用的问题(常敬宇, 1986, 1990)？交际中有哪些文化因素在起作用(张占一, 1990)？关于语言交际能力和语言教学的关系也有人曾经论及(盛炎, 1990；卞觉非, 1990；于丛杨, 1990)。以上这些研究都富于启发性，大家都认为交际能力是一项重要指标。但是交际能力究竟包括哪些方面，怎样才能提高交际能力，却是仁者见仁，智者见智。我认为这个问题的确还有讨论的必要，而且应该换一个视角来看问题。

1.2.2　讲、述、谈、说

语言交际行为(speech act)包括口头交际和书面交际。反映在教学安排上,一是听说,一是写作,合起来称作听说读写训练。口头交际虽然说的都是跟说话有关系的事,但是说话跟说话之间还是有分别的。我们把口头交际行为分为讲、述、谈、说四种。它们之间既有区别又有联系。它们之间的分别常常可以在语言结构这个层面上体现出来。有人(Dirven, Goosens, Putseys and Vorlat ,1982)曾经对英语的 speak, tell, talk 和 say 进行分析,指出了这四种口头交际行为之间的差别。这项研究还特别考察了 speak, tell, talk 和 say 在交际中的具体情况,并对它们进行了句法、语义和语用方面的分析。

讲是正式的口头交际行为。一般来说,讲是有准备的。而且,讲通常是有听众的。但是在讲的过程中一切起承转合都要讲话人自己控制,不像谈话时有谈话对手的言语暗示或者帮腔儿。讲的能力是成篇表达的能力。比如演讲、讲课、做报告、新闻发布等等都是正式的成篇发言,话语片段之间有很多联系和照应(coherence and anaphor)。可以说,讲的能力是语言交际能力的最高层次。

述是陈述、复述。述的能力是语言交际能力的第二个层次。在这个层次中,说话人只需要把一件事或者一个道理陈述清楚、明白,把必要的信息传达出来。复述训练是培养陈述能力的好方法。

谈是谈话、对话。它是口语交际的第三个层次,同时也是最重要的层次。因为谈中可以有讲、有述、有说。在谈中,存在着交际双方,且双方不断地变换角色。谈话是一门艺术,同样的意思有的人谈起来娓娓动听,有的人谈起来则味同嚼蜡,就是因为不懂谈话技巧或者误解了对方的会话含义而使谈话过程进行得不顺利,或者是双方感到话不投机,出现冷场。俗话说"见什么人说什么话,到什么山唱什么歌”,可以理解为根据不同的谈话对象和谈话场合调整谈话的话题和交际方式,包括内容、风格、语音语调、仪态等。俗话还有“听话听音儿,锣鼓听声儿”的说法,就是说会话重在揣摩对方的潜台词,即会话含义。潜台词正是我们所关心的语用问题。

说是一般的口语表达。是口语交际的第四个层次。说可以是简单的重复,也可以是个人独白。说与讲、述、谈的主要区别是讲、述、谈都是有听话人的,是双向的交际行为;说却不一定非有听众不可。说是个人的言语行为,你可以不断地重复“我是中国人”、“我是中国人”,讲、述、谈却不能这样。说可以说自己的话,也可以说别人的话;可以说给别人听,也可以说给自己听。

平时不管是讲、述,还是谈、说,我们一概称之为说话。这固然不错,但是我们必须明白:谈话中所用的语言形式有时是不能放到讲话中去的,反之亦然。因此在语言分析或者言语训练中有时要区分不同的口语层次。语言能力的养成应该考虑到不同的言语行为。

1.2.3 言语对策能力

语言能力与言语对策能力直接相关。所谓言语对策能力就是较集中的言语技巧,如说明、解释、婉曲、重复、擒纵、转折、穿插、停顿、暗示、开头、结尾、转移话题、铺垫、口头禅等等。言语对策能力就是上面所说的这些运用语言进行交际的能力。但这还只是就表达方面说的,是说话人中心论(speaker-oriented)。这只是问题的一个方面。言语对策能力还应该包括对对方话语的理解能力和预测能力,如把握对方的谈话要点、及时归纳分析、准确猜测未说出的内容、领会会话含义等等。在言语行为中,表达和理解是相辅相成的。交际活动瞬息万变,而且又多有外界干扰,如果不能及时准确地把握谈话要点、正确领会对方的潜台词,谈话就很难顺利进行,不是谈不下去就是无法收缰。下面是一位外国学生和一位中国老师的对话,我们在引用时做了一些必要的改动。

(1) 学生:(上午10点,上课前在从教室回宿舍的路上遇到了正要去上课的老师)马老师!马老师!我病啦。(潜台词:我不能上您的课了)

老师:(怀疑地)阿里,你又病了?(暗示:这不是第一次了)

学生:对。天气不好。(不好意思地笑笑)

老师:(关切地)是感冒吗?

学生:对对对。(急着离开,但不好意思马上就走)

老师:那就好好休息吧!(暗示:就谈到这里吧)

学生:老师对不起……(会话含义模糊:对不起,我又缺课了/对不起,我还没说完)

老师:(回头)嗯?还有事吗?(会话含义:我要上课去了,有事请快说)

学生:啊?没有没有。老师再见!

这段对话中有很多耐人寻味的问题。阿里想赶快离开,但又不知道应该如何结束谈话,老师的言语暗示他没有领会;老师也急于离开,因为上课时间就要到了,但是阿里的“老师对不起”把他引到了错误的路上去了,他以为阿里又开始了新的话题。第三天上课时马老师又见到了阿里:

(2) 老师:(关切地)阿里,好点儿了吗?

阿里:(忘了生病的事,茫然地)什么?

老师:(放慢语速)你身体好点儿了吗?

阿里:谢谢,我很好。你怎么样?(把老师的关切当成了礼节性问候)

老师:(奇怪地)我当然很好!

阿里:(突然记起来了,顾左右而言他)今天天气不错。(会话含义:不谈这个话题了)

老师:(不满)是啊,所以你来上课了。(讽刺)

阿里:老师,今天讲新课吗?(想改变话题)

老师:讲。(不愿意多谈了)

阿里:老师,您理发了?(没话找话)

老师:是的。(暗示:想结束谈话)

阿里:老师看起来又年轻又漂亮。(恭维)

老师:(笑)你真调皮。

这一段对话也有许多交际对策。阿里上一次不上课的借口是生病,可是当老师问起来的时候他已经把这件事忘了。他意识到自己出了漏洞以后马上想转移话题。这时对话双方都心照不宣。

言语对策能力还包括预测能力。听了上句基本上能猜到下句。因为语言中充满了大量的羡余信息(redundancy),所以猜起来并不十分困难。预测主要是对话语会话含义的预测。因为在汉语表达中,重要信息往往被放在话语的末尾,在说出主要信息之前一般都有铺垫或前奏。例如:

(3) 范小姐对学校派别毫无兴趣,只觉得对孙小姐还有攻击的义务:"学校里闹党派,真没意思(铺垫)。孙小姐人是顶好的(前奏),就是太邋遢,满房间里都是她的东西(主要信息)—呃,赵先生,对不起,我忘掉她是你的侄女儿。"羞缩无以自容地笑。(钱钟书《围城》P.250)

当听话人听到"孙小姐人是顶好的"这句话的时候,就知道下面肯定隐藏着一个转折,下面要说出来的话才是说话人话语安排的主要信息,听话人是完全可以预测的。当然也有猜错的时候。例如:

(4) 张三：那个人真是……(个小气鬼)

李四：你怎么……

张三：你别误会，我不是背后说他坏话。上次他请我吃饭，还是我掏的钱……

李四：我是说你怎么认识他的？

李四猜中了张三的后半段话，但是张三没有猜对李四的后半段话，所以才有了那么一段没有意义的表白。那么，话语的会话含义到底是什么？它是由哪些因素决定的呢？

1.3　话语的会话含义

1.3.1　会话含义的界定

会话含义(conversational implicature)是语用学术语，它与预设(presupposition)、蕴含(entailment)、推断(inference)一样，都跟话语的表达和理解有关。话语的会话含义是规约意义之外的意义，属于交际中的"言外之意"。它是说话人着意突出出来的信息，也是说话人的意旨(崔希亮，1990)。话语交际有三个基本要素：即说话者(S)，听话者(H)，以及交际的背景知识(K)。在 S、H 与 K 三者中，K 是个变量，属于语境范畴。会话含义的传达和理解必须依赖语境和合作原则(CP)。在 K 不变的情况下，S 要把会话含义 I 传达给听话人 H 必须有三个步骤：

① S 说 P；

② S 不说 Q；

③ S 意在通过说 P 而传达 Q 意。

P 是话语的规约意义，Q 是话语的会话含义(Grice，1975)。例如：

(5) a：你带钱了吗？

b：我想向你借些钱用。

5b 是 5a 的会话含义。随着 K 的变化,5a 还可能有别的会话含义。例如:

c:你要是没带钱我可以借给你。

1.3.2 会话含义与话语的信息中心

一个正常的话语片段一般总是由若干个句子组成,而一个句子常常可以分为两个部分:一部分是话题(topic),一部分是说明(comment),句子就是话题 - 说明系统(T.A.van Dijk,1981)。在汉语中,话题是交际的已知信息(given message),说明是话语的新信息(new message),话语的信息中心一定在说明部分。

一段话语可以负载各种各样的信息,但是这些信息的重要程度是有等级差别的,最重要的那个信息就是中心信息(key message)。例如下例(T.A.van Dijk,1981):

(6) I'm busy, but tell me your story.

我忙着呢,不过说说你的事吧。

这句话有以下几个意思:

M1:说话人很忙。

M2:听话人可能有一件事(可能很重要)要对说话人讲。

M3:说话人希望听话人尽量讲得简短一些。

M4:说话人虽然很忙,可是还是愿意听对方谈谈他的那件事。

M1 ~ M4 哪一项是话语的中心信息呢?这主要取决于 K(例如说话人与听话人的关系、听话人对说话人的了解、听话人的知识背景、交际的场合等)。M3 或 M4 都有可能是句子的会话含义,如果会话含义是 M3,则 M1 是中心信息;如果会话含义是 M4,则 M2 是中心信息。

有时可以利用对方话语信息的多种可能性,故意改变对方的中心信息,从而改变对方的会话含义。例如:

(7) 法官:你为什么翻墙进入别人家?

小偷:大门和旁门都关死了。法官先生,您说说,不翻墙我从哪儿进去呀?

(8) 警察:你为什么偷自行车?

小偷:因为我不会骑摩托车!

例(7)法官的中心信息是“进入别人家”,小偷把它转移到“翻墙”上,从而改变了法官问话的意图;例(8)警察的话语中心信息是“偷”,而小偷把它换成了“自行车”,这一移花接木的伎俩改变了话语的会话含义,使对话转移了预定的路线。由此可见,话语的信息中心与会话含义的理解有密切的关系,要抓住对方的会话含义首先要找到中心信息,要改变对方的会话含义也要首先改变对方的中心信息。

1.3.3 会话含义与双关语

双关语是一种特殊的话语形式,在结构上可以区分为两个部分:一部分是表层,是字面意义;一部分是深层,是隐含意义。一个语言形式兼表两种意义,而且两种意义之间的联系十分巧妙。在这两种意思中,隐含的深层意思才是话语的会话含义。例如:

(9)“何珏,烈性酒这么喝要伤人的。”

“老院长,我有海量。”(电视剧《你为谁辩护》)

何珏的话“我有海量”是双关语,一是指饮酒,是说给大家听的;一是指容人,是说给他的前夫方泊定听的。双关语表达的也是一种“潜台词”,这与会话含义的表达有共同之处。在这里,S说了P,同时也说了Q。而一般的会话含义却不会这么巧,都是S说P,不说Q,但是表达的却是Q的意思。如:

(10) 抢劫者:要钱还是要命?!

这是一个选择问句,但它的会话含义只有一个:"把钱给我,否则要你的命!"这是一种威胁,如果被劫者咬文嚼字,按字面义理解,他可能反问:"是我给你还是你给我?"因为例(10)与下例有相同的形式特征:

(11) 主人:要茶还是要咖啡?

双关语可以有两种理解,但会话含义在K不变的情况下却只有一种理解,除非说话人故意模棱两可,叫听话人弄不懂他的真正意图,但这时他已违反了合作原则。

1.3.4 会话含义与委婉语

委婉语是一种曲折的表达方法,它与会话含义的表达有相似之处:它们都是明修栈道、暗度陈仓,言在此而意在彼。在委婉语中,S说P不说Q,S意在通过说P而表达Q意,这与会话含义的表达是一致的,可以认为委婉语的隐含义是一种特殊的会话含义。与一般的会话含义不同的是,委婉语常常带有熟语性或可考据性。例如:

(12) 这三天,他每天都给小孢子吃馍、粥,还搂着睡,还共同在褥子上绘制地图(为这爸爸打了他)。(李江树《被围困的荒原》)

(13) 现在老头、老太太再也不避讳我们了,三天两头,真真假假,不知是妈妈歇斯底里发作,还是爸爸人老心不死,依然是"寡人有疾"。 (韩霭丽《田园》)

"绘制地图"是"尿床"的委婉语,"寡人有疾"是"好色"的委婉语,它们都已约定俗成,具有熟语性了。

有的委婉语是临时创造的,但它们仍有语源学上的根据。例如:

(14) 有人叫她"熟食铺子—(charcuterie),因为只有熟食店会把那许多颜色暖热的肉公开陈列;又有人叫她“真理”,因为据说“真理是赤裸裸的”。鲍小姐并未一丝不挂,所以他们修正为“局部的真理”。(钱钟书《围城》)

(15) 他所说的“让她三分”,不是“三分流水七分尘”的“三分”,而是“天下只有三分月色”的“三分”。 (同上)

这种临时创造的委婉语一般都有解释性的话语,即S说P,同时又用Q来对P进行解释,使人们更容易把握Q。委婉语有时具有一种幽默的效果,它的暗示作用很明显。会话含义也常常具有暗示特征,例如上海南京路的一家商店橱窗上醒目地写道:

(16) 本店不出售伪劣商品

这句话的暗示目的十分明显,即:别的商店有伪劣商品,谨防上当。其会话含义为:“最好在本店购物,别的店不保险。”例(16)的语义重心在没说出来的这部分上。

1.3.5 会话含义与隐语

隐语是一种社会方言(social dialect),在说全民共同语的人听来,它也是一种意在言外。但隐语有一个明显的特征就是它的隐秘性,这一点与会话含义不同。会话含义是说话人着意强调的言外之意,而隐语背后的意思则是说话人不想让人听懂的意思。例如:

(17) “蘑菇,溜哪路,什么价?”(什么人?到哪去?)(曲波《林海雪原》)

(18) “现有江南虫两条,湖北草两根,青岛××商店门口接货。”

例(17)是土匪黑话,例(18)是人贩子的切口,“虫”指“男孩子”,“草”指“女孩子”。

1.4　会话含义分析

1.4.1　会话因子

前面说过，会话含义涉及到三个方面的因素：说话人S、听话人H与背景知识K。其中K是个变量，它起码包含以下内容：

①S与H之间的关系（亲疏/长幼/上下/尊卑/男女/敌友等）

②H对S的了解（S的身份/性格/习惯/修养/对H的态度等）

③会话场合（公开的/私下的，正式的/随便的，有其他人在场/无其他人在场，会话的上下文等）

④H的语言文化知识（词义的感情色彩/语气的强弱/表达习惯/社会价值观念/人际交往的规范等）

以上四点都是从听话人（即理解）的角度说的，从说话人（即表达）的角度看也有这四个因素，因为它们是会话必须注意的会话因子。不考虑到这些因子，交际就会出问题。

1.4.2　S与H之间的关系

同一个话语片断，不同的人可能会有不同的理解。例如例(5)“你带钱了吗？”至少可以有以下四种理解：

(5A)：你如果带钱了，我是否可以借一些？

(5B)：你如果没带钱，我可以给你。

(5C)：你如果带钱了，我要买那条项链。

(5D)：你要是没带钱，怎么请我吃饭？

不同的理解取决于S与H的关系以及其他会话因子。当会话含义是(5A)或(5B)时，S与H可能是朋友；当会话含义是(5B)时，S与H可能是父（母）子关系；当会话含义是(5C)时，S与H可能是情侣或夫妻。又如例(10)“你要钱还是要命”，如果

S与H是抢劫者和被抢者，它的会话含义为“把钱给我，否则要你的命！”可是如果S是H的朋友或亲属，它的会话含义就变成了“别玩命赚钱了，身体要紧！”S与H的关系决定了S说什么和怎么说，也决定了H怎么理解。下面一段是电视剧《红楼梦》中宝黛的对话：

(19)（贾母院中）

宝玉紧追黛玉不舍：“你看，好好儿的又生气了。”

黛玉头也不回：“你管我呢！”

宝玉追着走：“我是怕你作践坏了身子。”

黛玉：“我作践坏身子，我死，与你何干！”

宝玉：“何苦来，大正月里，死了活了的。”

黛玉：“我偏说死！我这会儿就死！你怕死，你长命百岁的活着！”

宝玉冷笑：“要总是这样闹，倒不如死了干净。”

黛玉站住，紧紧接上：“正是了，要是这样闹，不如死了干净！”

宝玉赶紧解释：“我是说我自己死了干净，别听错了话赖人。”（电视文学《红楼梦》P.195）

贾宝玉和林黛玉的关系很特殊。他们此刻都在心里爱着对方，但又对对方的感情没把握，而且无法明言，所以宝玉的话里充满了对黛玉的关怀和爱护。而黛玉赌气的话会话含义也很明显：“要是我死了你难过吗？我折磨自己你会心疼吗？”当最后宝玉情急说出了“不如死了干净”的话来，敏感多疑的黛玉总算抓住了话柄，她误解了或者故意歪曲了宝玉的会话含义，以致宝玉不得不做辩白。

1.4.3 H对S的理解

H对S的了解有深有浅，所以揣摸对方的会话含义也有对有错。但正常的会话，说话人一般不希望H误解自己的意思，除非特别需要。

(20) 宋恩子：我出个不很高明的主意：干脆来个包月，按阳历算，你把那点……

五祥子：那点意思。

宋恩子：对，那点意思送到，你省事，我们也省事！

王利发：那点意思得多少呢？

五祥子：多年的交情，你看着办！你聪明，还能把那点意思闹成不好意思吗？（老舍《茶馆》）

王利发可以根据自己对宋、吴二人的了解，琢磨出"那点意思"和"你看着办"的会话含义。

1.4.4 会话场合

会话场合是一个很重要的因素，同样的意思在不同的场合有不同的说法，同一句话在不同的场合也可能有不同的含义。有一句有名的外交辞令"无可奉告"，在不同的场合可以有各种各样的意思。另外还有一个著名的故事，说一个人请三个人来吃饭，两位先到，第三位久候不来，主人着急了，说"唉！该来的不来！"先来的两位多心了，心想"我们大概是那不该来的。"于是一位先告辞了。主人一急，又顿足道："不该走的倒走了！"另一位一听，"敢情我是该走的。"也气哼哼地走了。这个故事证明有第三者在场，会给话语的会话含义增添新的内容，往往是说者无心，听者有意，无意之中伤了人。说话人并没有故意撵客，但特定的场合给话语带来了会话含义。这种例子很多，这里不赘述。

1.4.5　文化背景的干扰

不同文化背景的人对同一段话语可能有不同的理解，这是我们在外语教学中经常遇到的现象。在公共汽车上，一个小伙子挤了一位老太太。老太太很不高兴，小伙子冲她呲了一下牙，做了个鬼脸儿。老太太怒气冲冲地说："你还想吃了我呀？"小伙子平静地回答："我是回民。"不了解回民情况的人就不能理解小伙子的言外之意。在话语交际中，不同的文化背景可能会产生冲突，这是很自然的现象。如一位中国人请一位美国人吃饭：

(21) 主人：没什么菜，吃一顿便饭吧。
　　客人：噢！上帝，这么多菜你怎么说没什么菜?!

主人只想表示一下自己的谦逊、客套，而客人并不了解主人的会话含义，反而在心里纳闷：这人是不是在吹牛？如果这也算便饭的话，那正餐会好到什么程度呢？下面的例子也很能说明问题：

(22) 有一位一流的木匠应聘于某家具公司，下面是招聘者与该木匠的对话：

招："你过去从事过这项工作吗？"
木："不敢说从事过，只是稍微有点经验。"
招："你精通哪些木工活儿呢？"
木："谈不上精通，只是做桌子还凑合。"
招："能不能当场露一手？"
木："雕虫小技，岂敢班门弄斧。"
招："不必客气。"
木："那就献丑了。"

这位一流的木匠一味谦虚，其用意是想表明"真人不露相"。如果招聘者是美国人早就把他打发了，他们的文化背景不能理解这种曲折的表达方式。所幸，招聘者是中国人，他聘用了这位木匠。

1.5 结语

语言交际是动态的,瞬息万变,交际双方必须相机行事,摸准对方的会话含义,听懂潜台词。在语言教学中,应该有目的地引导学生走出文化禁忌的雷区,安全顺利地运用所学的语言知识,达到交际的目的。我们的研究还只是一种探索,但我们希望这种探索能够进行下去,并且希望理论研究能够为教学实践服务。当然,话语会话含义的分析只是这种探索的第一步;语言交际能力包罗万象,会话含义只是其中的一部分,但愿这个尝试是千里之行的第一步。

第二节　话语的潜台词与交际策略

前面说到话语的会话含义，而我们日常生活中说到的潜台词也是一种会话含义。只不过这是说话人有意为之的。话语的潜台词是话语规约意义之外的意义，它是一种言语暗示意义，这种言语暗示意义涉及到交际的策略。下面对言语行为中的潜台词现象做一些初步的分析。

2.1　潜台词的声学语音学暗示

潜台词的表达需要一些语言上的手段。在言语行为中，重音、停顿、语调、音高、音质等声学特征的运用被称作声学语音学的暗示，它们在话语交际中充当着特别重要的角色。

在自然语流中，声学语音学的标志都是有意义的。比如重音，在话语潜台词的表达中是一个非常重要的表义手段。重音的位置不同，话语的潜台词也不同。

S_1：她不是**我**老婆。

S_2：她不是我**老婆**。

S_1 和 S_2 表达的意思不同。前者强调的是“她”和别人的关系，后者强调的是“她”和“我”的关系。

语流中的停顿也表达一定的潜台词。如：

> 他忽然将手中的筷子啪地往桌子上一摔（体态语——引者）说：“你们吃的那种肉有什么稀罕？我吃过一种肉。”
>
> 人们静了下来，却没有追问老万。
>
> 老万稍作停顿（停顿在表演艺术中有时可收到意想不到的效果），便宣布道：“人肉。你们谁吃过？”（铁凝《木樨地》）

这种停顿俗称卖关子，其潜台词就是："你们听仔细了，下面的话可是重点。"

在正常的语流中，话语的音高、音质、语调、重音等有比较固定的值域。一旦改变这个值域，就会给交际增添新的信息内容，它们是表达潜台词的信号。

2.2 语法手段在潜台词表达中的作用

在话语交际策略中，语法手段被经常使用，如省略、句式、关联词语等。

语素顺序最明显的例子是"朝鲜北南双方"这一提法。按照汉语规则，通常先说南后说北，如"南征北战"、"南辕北辙"、"南北战争"、"南北交通大动脉"、"东西南北"等。汉语并列式双音词的语素顺序与声调因素和社会文化因素有关(参看陈爱文、于平 1979；本书第二章第一节)，平上去入的排列顺序就是语素顺序的根据，"南"是平声，"北"是入声，"南"应在"北"前。如果破坏了这一规则，那一定有其社会文化方面的原因。

省略也是一种常用的交际策略。省略表达的潜台词是"言有尽而意未尽"，无声胜有声。形式浓缩到最小极限，而意义则扩大到最大极限。如鲁迅著名的"这孩子，将来……哈哈哈……"，潜台词全在不言之中。省略的部分通常是不言而喻的内容或说话人感到难以启齿的内容，也可能是说话人不愿意明说的内容。

同一件事情可以用不同的句式来表达，其潜台词是有差别的，不同的句式可以反映出说话人不同的用意倾向，这一点很好理解。有时相同的句式还可以表达在语义上完全相反的潜台词，如我们在上一节中举过的例子：

S_1：你要钱还是要命？

S_2：你要茶还是要咖啡？

S_1 与 S_2 语法结构完全相同，但从潜台词上看，S_1 是一种威胁，而 S_2 则没有这种含义。

另一种常见的语法手段是关联。不同的关联词语可以表达不同的语义关系，话语的潜台词可能就隐藏在某个关联词语上。如：

就是告诉他也没用。

这句话的潜台词是"没有告诉他"。又如：

他连猪肉都不爱吃了。

在说话人看来，猪肉是最好吃的东西。相比之下，不爱吃猪肉可能性最小，这就是说话人的潜台词。

2.3　语义关系与潜台词的表达

语言当中的语义关系非常微妙，常常只可意会不可言传。语义的表达离不开语音、语法、词汇这些基本的信息载体。

第一种语义策略是说话人用此地无银的办法，欲擒故纵，使自己的用意欲盖弥彰：

"我今天讲的，也只限于这个范围，到此为止，大家不要当新闻去传播。一来，因为男女之间的事情，传出去对女方总是有影响的。二来，本人已经作了交代，我们还是本着治病救人的原则，宽大为怀吧！"（谌容《一束夜来香》）

说话人在说"大家不要当新闻去传播"的时候，他心里非常清楚大家肯定是要把这件事当新闻去传播的，而这正中他的下怀。这段话的潜台词，当事人和旁观者都很明白，但他说得冠冕堂皇，你又抓不住什么把柄。

第二种语义策略是转移话题，顾左右而言他。如：

A:陈佩斯的话听起来挺有道理的……

B:谢谢谢谢。

A:不过仔细一琢磨都是歪理。

B:您渴不渴?

B想转移话题,其潜台词就是:"咱别再谈这个话题了,放我一马吧!"

第三种语义策略就是利用词语的多义性故意错领会对方的意思,潜台词是"我不想直接回答你的问题。"例如:

A:"你和你妻子的共同语言是什么?"

B:"你去刷碗!"

"共同语言"是两个意思,A指的是共同感兴趣的话题,B指的是共同使用的句子。

A:"说说你和你母亲的关系吧。"

B:"呃……我是她儿子。"(BBCTV节目《没有出息的儿子》)

"关系"起码有两个义项,A指的是思想感情生活等方面的联系,B指的是血缘关系。

第四种语义策略是用不合作的态度表达一种潜台词,看起来好像是答非所问,实际上是一种跳跃性的回答。例如:

顾　客:这肉多少钱一斤?

售货员:你眼睛呢?

售货员不是真正关心顾客的眼睛怎么样了。如顾客也要表达某种潜台词,他可能说:"你吃枪药啦?"这样的对话是一种不合作的态度,在现实生活中很常见。

第五种语义策略是用同义反复的手法表达某种潜台词。听起来全是废话,似乎没有任何信息内容,但仔细一琢磨却是另有深意。如:

星星还是那颗星星，
月亮还是那个月亮，
山也还是那座山，
梁也还是那道梁，
碾子是碾子缸是缸，
爹是爹来娘是娘。（电视剧《篱笆、女人和狗》）

这段话语啰里啰唆，好像全是废话，可是我们隐隐约约地听出了它的潜台词："什么都没有改变"，我们也隐隐约约地感到它还有另一种暗示："可能有什么东西就会发生变化"，这是人们根据经验做出的推断（expectation）。

语义策略远远不止这些，我们经常碰到的交际策略都与语义有关。在实际的话语交际中，潜台词起着非常重要的作用。由此而引起的误会和争端也层出不穷。话既出口，想收回来就比较困难，难免被人家抓住把柄，挑字眼儿。所以老百姓发明了"祸从口出，病从口入"、"多喝开水，少说咸（闲）话"这样聪明的熟语。

2.4　词汇策略与潜台词的表达

选择不同的词汇可以表达不同的潜台词，同一件事用不同的词汇策略来表达会有不同的信息内容。

首先是称谓问题。不同的称呼代表了交际双方不同的关系：亲疏、远近、尊卑、长幼、生熟等等，这都比较容易理解。有时突然改变称谓会令人明显地感觉到说话人是在传达某种潜台词。称谓问题非常微妙，假如有位异性同龄人对你突然只称名而把姓去掉，那么他（她）的潜台词是"我想跟你有更亲密的关系"；反之，一个一贯对你只称名不道姓的朋友突然改称你的全名，甚至在你的全名后头再加上一个头衔儿（如同志、主任、先生、书记等），那么他（她）的潜台词也很明显："我想跟你保持距离。"这有时是一种拒人于千里之外的表示。如：

麦基:爸爸,你做得太过分了!

艾德:这事跟你没有关系,玛格丽特·凯瑟琳!(美国电视剧《成长的烦恼》)

艾德是麦基的父亲,两人感情很好,艾德一向称女儿为“麦基”(玛格丽特的爱称),现在突然用生硬的口气称其全名,意在疏远对方。

2.5　修辞手段与潜台词

修辞本身就是一种交际策略,它不仅能使话语变得更生动,还能表达潜台词。如:双关、暗喻、夸张、超常格等。修辞有时也借助于语境,就地取材,借景生情。例如:

一只猴子死了,见到阎王,要求下辈子变成个人。阎王说:“你既要做人,就得把身上的毛都拔掉。”说完,就叫小鬼们来拔毛。谁知刚拔一根,这猴就大声叫痛。阎王笑道:“你一毛不拔,怎么做得人?”(古代笑话,浮白主人撰)

这是谐音双关的例子。阎王爷表面上是在教训猴子,骨子里却骂尽了天下的铁公鸡。

用修辞手段表达潜台词的例子比较多,这里就略过不说了。

话语的潜台词是话语的言外之意,在交际活动中,潜台词是一种暗示。中国人在社交活动中特别擅长于运用这种暗示的技巧,一个不谙世事的愣头青或一个初来乍到的外国人常常因为听不懂对方的潜台词而碰壁。同样,不会运用潜台词或不小心用错了潜台词也会给自己带来麻烦。潜台词的传递和接收在交际活动中特别重要。作为一种交际策略,我们有必要对它进行深入的研究,以便能揭示出语言交际活动中各种隐藏在背后的东西来。

第三节　“连”字句的语用分析

3.1　引言

本节运用语用学的分析方法,对汉语“连”字句存在的一些问题进行讨论。本节主要论及三个方面的问题:(一)“连”字句的预设及其基础;(二)“连”字句的会话含义及其基础;(三)“连”字句的推断。主要论点如下:1. 在说话人看来,“连 T_i 也/都 VP”中 T_i - VP 的可能性最小。这是“连”字句的基本预设,它存在的基础是对 T 的语用分级;2.“连”字句有许多可能的会话含义,比较是它存在的基础。比较又与“也”和“都”的功能有关,强调 T_i 的极端性可以更好地突出 T_i 的比较项 T_X;3.“连”字句可以表示相反的两个推断,它的基础是总括和类同的互相转化。

汉语“连”字句指包含“连……也/都……”结构的句子,它可以是复句,也可以是单句。关于这个结构形式,很多同志都写过文章,[①]问题主要集中在三个方面:(一)“连”字的词性;(二)“连”字句的句法结构;(三)“连”字句(或者“连”字本身)的功能。在这些问题上的分歧反映了研究者认识上的差别,也反映了他们观察角度和观察方法的差别。不同的看法代表了“连”字句的多个侧面,换一个角度、换一种观察方法就可能获得新的认识。我们的分析就是这样的一种尝试。

我们可以从一个例子说起。

(1) 连女孩子都不叫苦。

这句话可以有许多种不同的理解。如:

[1]一般来说女孩子容易叫苦。

[2]女孩子不叫苦很不一般。

[3]女孩子比男孩子更容易叫苦。

[4]女孩子比成年妇女更容易叫苦。

[5]女孩子比男子汉更容易叫苦。

[6]男孩子不应该叫苦。

[7]成年妇女更不应该叫苦。

[8]男子汉更不应该叫苦。

[9]没有人叫苦。

[10]有人叫苦。

[11]有一件艰苦的事存在。

以上这些理解都可以算作例(1)的意思,但它们都不是这句话的规约意义(conventional meaning)。它的规约意义是:

[12]有女孩子,她们不叫苦。

[1]至[11]都是例(1)的隐含意义。其中[1]至[5]表达的是"连"字句的预设(presuppositions),[6]至[8]表达的是"连"字句的会话含义(conversational implications),[9][10]表达的是"连"字句的推断(inferences),[11]表达的是"连"字句的蕴含(entailment)。本文主要讨论"连"字句的预设、会话含义和推断。

3.2 "连"字句的预设及其基础

3.2.1 关于预设概念

预设这一概念有不同的理解,[②]本文所提到的预设概念可做如下解释:预设是话语交际中的附带信息,它是双方共同认可的背景知识,背景知识在说话人看来是无可争议的。例如:

(2) 你的病好点了吗?

这句话的预设信息是"你有病",它在交际中是已知信息。我们用 S 表示说话人,H 表示听话人,P_i 表示交际中的预设信息,则

S、H 与 P 构成了一个三维世界。S 和 H 对 P_i 可能有不同的认识，但对于 S 来说，(1) S 相信 P_i；(2) S 认定 H 知道 P_i 并相信 P_i；(3) S 认定 H 知道 S 认定 H 知道 P_i 并相信 P_i。S 是认识的出发点，S 的认识可能是公众的共同认识，也可能是 S 自己的主观认识。

3.2.2　"连"字句的基本预设

例(1)的五个预设在说话人看来是无可争议的，在说话人的观念里，[1]至[5]所代表的现实内容谁都不会反对。在说话人看来，"女孩子"和"叫苦"之间存在着某种必然的联系，而和"女孩子"相比，"男孩子""成年妇女""男子汉"和"叫苦"之间则没有这种联系。如果把例(1)改变一下：

(3) ？连男孩子都不叫苦。

(4) ？连成年妇女都不叫苦。

(5) ？连男子汉都不叫苦。

单纯从语法角度看，(3)至(5)无可非议，但是从一般人的语感出发，它们所传达的信息多少有点荒谬，在听话人的心理上理解和接受的难度比较大。因为如果同意(3)至(5)，就必须同意并接受以下预设：

P1：一般来说，男孩子(或成年妇女、男子汉)容易叫苦。

P2：男孩子(或成年妇女、男子汉)不叫苦很不一般。

P3：男孩子(或成年妇女、男子汉)比女孩子更容易叫苦。

这三个预设与公众的常理相悖，如果我们不能接受它们，那自然也就不能接受(3)至(5)。又如：

(6) ？那年头连男人都不打扮，何况女人？

(7) ？不但冬天没有雪，连夏天也没有。

例(6)预设：男人比女人更爱打扮。例(7)预设：冬天比夏天有雪的可能性更小。它们所表达的现实关系与我们的常识不符,因此理解和接受都存在着比较大的障碍。有时说话人的预设只代表了说话人的个人看法,不一定是公众认可的,但说话人认定听话人相信并支持这种看法。例如:

(8) 连馒头都不爱吃,哼!

在说话人的观念里,馒头和其他食物相比是最好吃的,但这只是说话人的主观见解,不能推而广之。有时,预设是否成立还要看具体的时间和场合。在特定的环境中我们可以接受下例:

(9) 他连糠菜团子都不爱吃。

在说话的当时当地,说话人认为糠菜团子是最好吃的东西,但绝不是任何时候任何人都接受这一预设。我们把"连"字句写成"连 T_i 也/都 VP"③的形式,那么,"连"字句的预设可以概括如下:在说话人看来,T_i – VP 的可能性最小。现实世界是不断变化的,人们的看法也会随之变化,在甲种情况下,说话人认为奶油蛋糕是最好吃的,他可以说"连奶油蛋糕都不吃,太刁了"这样的话,然而在乙种情况下(比如身体发福脂肪过剩需要减肥时),他就不能说这样的话。可见,我们对"连"字句的预设必须加以限制:在一定的时间和场合,说话人认为 T_i – VP 的可能性最小并认定听话人知道并认可这一看法。

这里隐含着一种等级观念,T_i – VP 最小的结论只有在比较中才能得出。

3.2.3 "连"字句预设的基础

3.2.3.1 自然基础和社会心理基础

在 3.2.1 中我们说预设是话语交际的基础,它是交际双方共同认可的背景知识。那么,说话人根据什么来确认这一共同背景知识呢?

首先是自然基础。现实世界中存在的事物是有序的,天然的顺序,如时间的自然流动、空间的无限绵延、数量的大小排列、季节的冷暖变化等等。它们的次序是客观存在的,人们对它们的认识也大体相同。还有一些事物虽非天然顺序,但它们在公众的认识中也大致相同,如人类社会等级划分等。

其次是社会心理基础。人们对现实世界的认识会受到人的知识背景、社会文化背景的制约。在人们的心理天平上,没有两个完全相等的砝码,任意两个事物在人们的心理上都会得到不同的评价,这种评价因人因时因地而异。不同的人出现 VP 情况的可能性是不同的,相比之下,总会有一项 VP 的可能性最小。在一个集合里,处于两极地位的元都可以充当 T_i,这就涉及 T 的语用分级问题了。

3.2.3.2 T 的语用分级

"连 T_i 也/都 VP"的预设依赖于说话人对 T 的语用分级。[④] 例(1)中的"女孩子"是 T 集中一个特定的元 T_i,它处于特定的义场中,并与同义场中的其他元之间存在着可比性。

义场 I　　二元对立　　女孩子:男孩子

义场 II　　多元对立　　女孩子:成年妇女:老太太:……

在不同的义场中"女孩子"可能处于不同的位置。在二元对立的义场中,对立的二元处于分级的两个极端,两个元都有可能被说话人选派为 T_i;而在多元对立的义场中,哪一个元处于分级的极端并被说话人选中,则要看说话人的选择,由说话的时间、场合以及事件的因由来决定。在封闭的义场中(如顺序义场、关系义场、两极义场)要找到 T_i 并不难,因为它们的分级是现成的;而在开放的义场(如分类义场)中要找到 T_i 则要看说话人的态度。每一个义场都是一个集合,只要从中抽出一个元放入"连 T_i 也/都 VP"中 T_i 的位置上去,那么该元就与集合中其他元存在着一种等级关系(a relation of hierarchy),从某一方向上看,该元肯定处于极端位置。虽然其中可能没有提到集合中的其他元,但其中也能透露出一些有关的信息。如:

(10) 连团长也没找到对象。

在顺序义场中,“团长”以下各元都被覆盖在“没找到对象”的范围之内。同“营长、连长、排长”相比,“团长”没找到对象的可能性最小。否定了 T_i - VP 的可能性,同时也就等于在观念上否定了 T_n - VP 的可能性。

3.3 “连”字句的会话含义及其基础

3.3.1 “连”字句的会话含义

会话含义是话语的交际意义,它是说话人想要表达的用意焦点,它是弦外之音,其存在依赖于特定的语境和合作原则。(P.Grice 1975) 我们在第一节说过,说话人 S 要把会话含义 Q 传达给听话人 H,(1) S 说 P;(2) S 不说 Q;(3) S 意在通过说 P 而传达 Q 意。

例(1)有许多言外之意,如[6]至[8],它们都是例(1)潜在的寓意(the potential implications),这种潜在的寓意就是例(1)的会话含义,它们都旨在表达一种事理(应该如何,不应该如何)。潜在的会话含义之间是互相排斥的,每次只能实现一个。“连 T_i 也/都 VP”是表达会话含义而举的一个极端的例子,其作用是为了突出交际中的用意焦点。T_i - VP 所言是否真实常常并不重要。例如:

(11) 连三岁小孩儿都懂这个理儿。

该例所言带有夸张意味,说话人想要表达的是“大人更应该懂这个理儿”。会话含义隐含于话语形式中,并通过上下文确定下来。

3.3.2 会话含义的基础是比较

从形式上看,"连"字句有以下五种情况:

① 别说 T_n,就连 T_i 也/都 VP

② 不但 T_n(VP),就连 T_i 也/都 VP

③ 连 T_i 也/都 VP,何况 T_n

④ 连 T_i 也/都 VP

⑤ (ø)T_i 也/都 VP

在以上五种情况中,1 至 3 明码[5]包含了 T_i 与 T_n 的比较,而在 4 至 5 中,T_n 不出现,但是 T_i 与 T_n(有时是 T_i - VP 与 T_n - VP[6])的比较仍然存在。这种比较就是"连"字句会话含义的基础。这种比较通常只包含两项,我们考察了 1523 个例子[7]没有发现一个三项比较的情况,我们杜撰了一个例子:

(12) 不但 T_x 跑了,就连 T_i 也跑了,何况 T_y?

就跑的可能性来讲,T_y 最大,T_x 次之,T_i 最小。这里的 T_x 或 T_y 都可以不出现,隐含在"连"字句中以会话含义的方式表现出来。它们的出现实际上等于取消了会话含义,使暗码信息明码化。说话人为了强调 T_x 或 T_y,最有效的办法就是用 T_i 来衬托,强调 T_i 的极端性可以更好的突出 T_x 或 T_y。T_i、T_x 和 T_y 作为单项参与比较,并不等于说 T_i、T_x 或 T_y 必须是一个单一的所指。如:

(13) 不但大哥二哥跑了,连三哥都跑了。

(14) 上帝、基督、菩萨、弥勒佛、喇嘛僧,简直这么说吧,连济公、关老爷我都得拜。

(15) 连自己的儿子都信不过,何况张三李四?

比较是"连"字句会话含义的基础,比较的基础与"也""都"的表义功能有关。"也"表示类同(马真,1983),"都"表示总括。无论是类同还是总括,都不可能只有一项。"连"字句在演化过程中,“连”字最初有“连带”“加合”的意思[8],被连带提到的对象总是不能与另外一项平起平坐,它只是表达中的附属项,它的作用是用来说明或突出主项的。如果主项是说话人知道的,在句子中它就不必出现,这就给表达会话含义提供了可能性。有人提到“连”字句表示递进或递降(宋玉柱,1981),实际上这种递进或递降关系是由“不但……连……也/都……”或者“连……也/都……,何况……”表达的,“连 T_i 也/都 VP”只是表达这种关系的前项或后项。这两种递进方式以及所隐含的比较在上古汉语中也能找到与之相应的形式。试比较:

a. T_i 犹 VP,而况 T_n? ~(连)T_i 也/都 VP,何况 T_n?

b. 非惟 T_n(VP),(虽)T_i 亦 VP。~不但 T_n(VP),(连)T_i 也/都 VP。

例子很多,仅举两个。[9]

(16) 臣犹知之,而况君乎!(《左传·僖公二十四年》)

(17) 非惟小国之君为然也,虽大国之君亦有之。(《孟子·万章下》)

从 VP 的可能性来说,T_i - VP 比 T_n - VP 的可能性小,所以从 T_i 到 T_n 有一种升级或降级的关系,这种关系是由比较来维系的。T_i 与 T_n 是比较的两项,它们总是相伴相随的,因此久而久之,即使只有“T_i 犹 VP”或“虽 T_i 亦 VP”,我们也会自然而然地联想到话语的另一半,这没有说出来的另一半就是话语的会话含义。“连”字句也是如此,只要听到“连 T_i 也/都 VP”就会自然联想到“不但 T_n(VP)”或“何况 T_n”。

(18) 她连叹口气的权利也没有?(《正红旗下》)

“叹口气的权利”与“结婚的权利”“吵架的权利”“说话的权利”相比处于极端位置。例(18)有如下会话含义:

她不但没有结婚的权利——
她不但没有吵架的权利——
她不但没有说话的权利——
——她更没有结婚的权利
——她更没有吵架的权利
——她更没有说话的权利
……

3.3.3　肯定与否定的不对称及其分析

3.3.3.1　事实与事理的不对称

"连"字句有肯定否定两种形式,在表达会话含义时,它们方向相反。试比较:

a. 连中学都没上过　　　　b. 连中学都上过

小学　　中学　　大学

b ←—— || ——→ a

a 的会话含义在"中学"以右,b 的会话含义在"中学"以左。

肯定句和否定句在表达功能上有下列特点:肯定句多表事实,否定句多表事理。例如:

(19) 就连咱们的皇上也怕洋人!(《正红旗下》)

(20) 龙抬头一高兴,连桃核儿都咽进了肚去。(《蒲柳人家》)

(21) 得了我们一份崭新的挂历,连张糖纸也没让我们见着。(《钟鼓楼》)

(22) 我半辈子的饭碗全砸了,连筷子也没剩!(《京城内外》)

例(19)(20)是表事实的句子,例(21)(22)是表事理的句子。它们有以下区别:

① 表事实的句子 T_i – VP 所表述的现实内容真值度很高,而表事理的句子 T_i – VP 是真是假说话人并不关心。

② 表事实的句子 T_i – VP 不是夸张,而表事理的句子 T_i –

VP有夸张的意味。

③ 表事实的句子 T_i 实有所指(factive),而表事理的句子 T_i 通常是虚构的(fictive)。

我们对十本书做了统计,[10]结果如下:

肯定句532例{表事实452例,占85%
表事理80例,占15%

否定句537例{表事实218例,占41%
表事理319例,占59%

很明显,肯定句表达事实的多,否定句表达事理的多。为什么?我们发现,肯定句与否定句在使用频率上有一个变化过程。(见表一)

	肯定句	否定句
水浒传	20	4
四世同堂 (1~40)	53	92
金瓶梅	45	33
红楼梦(1~80)	87	93
儿女英雄传	115	86
合计	320	308
百分比	51%	49%

	肯定句	否定句
正红旗下	33	17
京城内外	56	85
钟鼓楼	26	38
早恋	28	22
苍生	64	79
合计	207	241
百分比	46%	54%

	近代汉语	现代汉语
肯定句	55%	44%
否定句	45%	56%

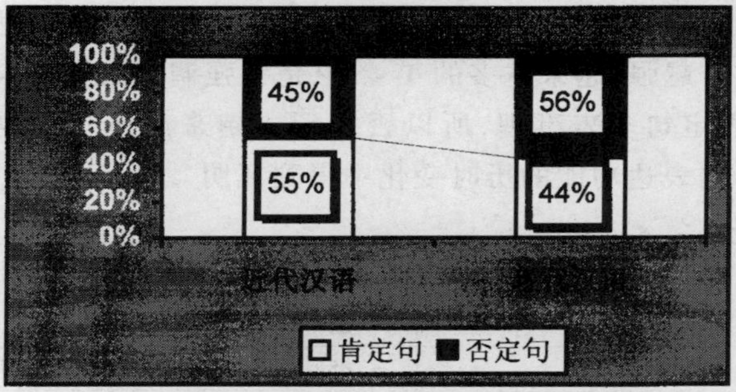

图表一　肯定句和否定句使用频率统计

这个变化虽不太明显，却很能说明问题。它与“连”字句表达功能的变化是相吻合的：否定句越来越多，说明表达事理的例子越来越多，它们的用意焦点通常在 T_i – VP 之外。也就是说，“连”字句表达会话含义的能力越来越强，“连”的意义由“连带”“加合”逐渐虚化为一个暗码信息的标记。虚化了的“连”字可以省去，现代汉语中的“(ø)Ti 也/都 VP”的例子很多。

3.3.3.2　肯定与否定形式上的不对称

从形式上看，肯定句和否定句所受的限制不同，否定句比肯定句自由得多，有些“连”字句有否定形式而没有相应的肯定形式。例如：

连头也不抬～*连头也抬

连衣服也不穿～*连衣服也穿

但是凡有肯定形式的“连”字句都有相应的否定式：

连书记都去～连书记都不去

连喜酒都喝了～连喜酒都没喝

连打雷都怕～连打雷都不怕

为什么肯定式不如否定式自由？因为"连"字句表达事理的能力越来越强，越来越多的 T_i – VP 是为强调突出会话含义而设的，而否定句多表事理，所以否定形式越来越多。这也可以从"连"字句表达功能的历时变化中得到证明。

	事实	事理	百分比
水浒传	23	1	96:4
金瓶梅	65	13	83:17
红楼梦(1～80)	123	57	68:32
儿女英雄传	140	61	70:30
四世同堂(1～40)	89	56	61:39
正红旗下	24	21	53:47
京城内外	78	63	55:45
钟鼓楼	32	32	50:50
早恋	33	17	66:34
苍生	66	75	47:53

表达功能的连续性变化曲线

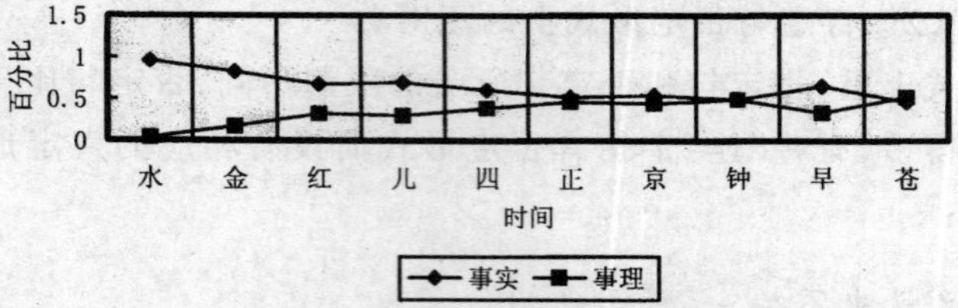

表二"连"字句表达功能的历时变化

从这份统计中可以看出，"连"字句表事实的情况从《水浒传》的96%下降到《苍生》的47%;表事理的情况从《水浒传》的4%上升到《苍生》的53%。《早恋》看来是个例外,表现了比较突出的个人风格。这个变化与肯定句多表事实、否定句多表事理以及肯定句否定句使用频率的变化相吻合。

3.4 "连"字句的推断及其他

3.4.1 推断的概念

我们在这里使用推断这个概念,是想用来说明"连"字句的一个矛盾现象以及一些与此相关的问题。前面说过,预设是话语的附带信息,会话含义是话语的用意焦点,而推断则是话语的关联信息。例如:

(23) 昨天大多数女同学都参加了比赛。

从例(23)中我们可以推出:a. 昨天不是所有的女同学都参加了比赛。b. 昨天少数女同学没有参加比赛。a、b都是例(23)的推断信息。同一个事实,有时可以用肯定形式来表达,有时可以用否定形式来表达。如:

(24) a. 有些队员是南方来的。
　　 b. 有些队员不是南方来的。

a、b是一个问题的两个方面,它们互为推断。这实际上等于把一个圆分割为A、B两部分,肯定A就等于否定B,反之亦然。

综上所述,我们给推断下个定义:A、B两个句子代表两个断言,这两个断言是用不同的形式表述相同的事实,如果我们根据自己的语言知识可以从A句中推导出B句,那么B句就是A句的推断。

3.4.2 "连"字句的推断

"连"字句是个比较特别的句子,它的推断也有些特别。首

先,它的推断不是直接推导出来的;其次,它有两个互相对立的推断。以例(1)为例,我们加上一些内容:

a. 这个集体很顽强,连女孩子都不叫苦。

b. 连女孩子都不叫苦,他连女孩子都不如。

从a句中我们得知:没有人叫苦;从b句中我们又得知:有人叫苦。这两个结论都是例(1)的推断,但它们有不同的推导过程。

推断I:"没有人叫苦"

A. 有一些男孩子和一些女孩子;

B. 女孩子与男孩子相比容易叫苦;

C. 如果连女孩子都不叫苦,那就没人叫苦。

推断II:"有人叫苦"

A. 有一些男孩子和一些女孩子;

B. 男孩子比女孩子更不应该叫苦;

C. 连女孩子都不叫苦,男孩子叫苦显得比女孩子还软弱。

推断的对立反映了语用和语义的对立。这种对立,在话语中很多,如:

(25)他差点儿没掉河里。/他差点儿掉河里。

例(25)的两个句子形式上互相对立,如果对它们做语义分析的话,会得出不同的结论。但它们的语用意义是相同的,即它们表述了同一个事实:"他没掉河里"。

3.4.3 推断与"也"、"都"

在"连"字句中,"也"和"都"几乎没有什么分别,现在发现的区别就是"也"多用于否定句,"都"多用于肯定句(朱德熙,1982),我们的统计也证明了这个区别:

"也"560 例 { 肯定句 221 例，占 39%
否定句 339 例，占 61% }

"都"509 例 { 肯定句 302 例，占 59%
否定句 339 例，占 41% }

"也""都"是两个不同的词，但是在"连"字句中它们的使用频率大体相同。为了使结论更可信，我们把统计的范围扩大到 17 种作品：

	也	都	总数
水浒传	10	14	24
金瓶梅	40	38	78
红楼梦(1~80)	112	68	180
儿女英雄传	124	77	201
四世同堂(1~40)	78	67	145
正红旗下	23	22	45
骆驼祥子	45	27	72
京城内外	69	72	141
钟鼓楼	49	15	64
早恋	24	26	50
苍生	24	117	141
曹禺剧作选	9	46	55
侯宝林相声选	8	34	42
张寿臣单口相声选	81	38	119
在伊犁	32	24	56
蒲柳人家	25	19	44
婚礼	39	27	66
合计	792	731	1523

	也	都
水浒传	.4167	.5834
金瓶梅	.5129	.4872
红楼梦	.6223	.3778
儿女英雄传	.6170	.3831
四世同堂	.5380	.4621
正红旗下	.5112	.4889
骆驼祥子	.6250	.3750
京城内外	.4894	.5107
钟鼓楼	.7657	.2344
早恋	.4400	.5200
苍生	.1703	.8298
曹禺剧作选	.1637	.8364
侯宝林相声选	.1905	.8096
张寿臣单口相声选	.6807	.3194
在伊犁	.5715	.4286
蒲柳人家	.5682	.4319
婚礼	.5909	.4091

"也"和"都"的分布比较

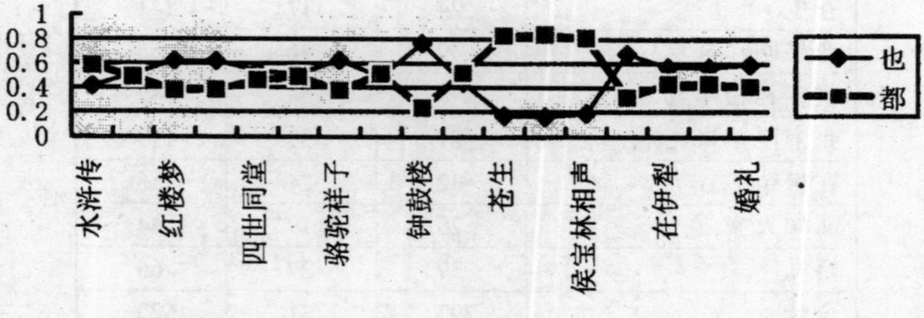

图表三 "也""都"的使用频率

从绝对数字上看,“也”略多于“都”。但如果考虑到作家的个体差异的话,这种数量上的差异完全可以忽略。从下面的分析中我们可以看出:“也”和“都”之间的相互转化关系构成了“连”字句推断的基础。在推断这一层上,“连……也……”和“连……都……”是相通的。

在现代汉语中,“也”的基本表义功能是表示类同,“都”的基本表义功能是表示总括,[11]类同和总括可以互相变换:

类同:A VP,B 也 VP→总括:A 和 B 都 VP

总括:A 和 B 都 VP→类同:A VP,B 也 VP

无论是类同还是总括,都涉及不止一项。被总括的各项(如 A 和 B)之间存在着一种类同关系。反之,一项与另一项如果有类同关系,那么,这两项可以用总括来表达。

张强和李平都是老师。/张强是老师,李平也是老师。

一班去了,四班也去了。/一班和四班都去了。

“也”和“都”可以互相转换,这也就是它们都可以用来表达周遍意义的原因。

什么都不说=什么也不说　　哪儿都没有=哪儿也没有

谁都不去=谁也不去　　连口水都没喝=连口水也没喝

类同指的是一项与另一项有共同的特性,它至少有两项:总括的对象也不能少于两项。在“连”字句中,“连 T_i 也/都 VP”只给出了 T_i 一项,但 T_n 无论是作为类同的另一项还是作为总括的另一项都是必不可少的,这必不可少的另一部分就是“连”字句推断的主角。

“都”表示总括实际上有完全总括和不完全总括两种情况:

(26)大家都去了,连老李也去了。

(27)大家都去了,就老李没去。

从字面上看，似乎例(26)比例(27)更合乎逻辑，但在实际话语中像例(27)这样“都”表示不完全总括的例子很多。[12]这种语用与语义的矛盾恰好可以用来解释前面提到的问题：为什么“连”字句有两个完全对立的推断。我们把例(1)扩展一下：

a. 连女孩子都不叫苦，大家都不叫苦 → 没有人叫苦

b. 连女孩子都不叫苦，男孩子却叫苦 →有人叫苦

我们说“连……也……”和“连……都……”大致没有分别还是留有余地的，因为除了语义因素外，还有地域性因素。我们在对一些方言进行调查时发现：有的地方只用“也”，有的地方只用“都”，有的地方多用“也”，有的地方多用“都”，表三的调查基本上反映了这种个体或地域性差异。这个问题有待于今后的进一步研究。

附 注

①参看张友建(1962)、倪宝元和林士明(1979)、宋玉柱(1981)、尹绀熙(1982)、白梅丽(1981)、高桥弥守彦(1988)、崔永华(1984)、周小兵(1990)、崔希亮(1990)。

②参看 R. Kempson(1975)、G. Leech(1979)和 P. Grice(1981)。

③T 代表一个集合，T_i 是 T 集中一个极端的元，T_n 代表 T 集中除 T_i 之外的任意元。

④事实上有两类不同的“连”字句。一类是对 T 的分级，如“连小学也没上过，还大学呢！”“小学”和“中学”“大学”相比处于极端位置；另一类是对 T－VP 的分级，如“连脸都不洗，真不害臊！”，“脸不洗”和“牙不刷”“头不梳”相比处于极端位置。T 的分级与 T－VP 的分级大同小异，本文只讨论一种情况。

⑤参看崔希亮(1990)关于明码、暗码的说明。

⑥附注 4 中“连脸都不洗”即 T_i－VP 与 T_n－VP 相比。

⑦这个统计不包括“(ø)T_i 也/都 VP”，下同。

⑧《水浒传》《红楼梦》和《儿女英雄传》中都有许多例子。

⑨a、b 两类各有一套变式，它们都有 T_i 与 T_n 两项，而且两种模式都隐含着 T_i 与 T_n 的比较，如：

a．T_i 犹 VP，而况 T_n？
T_i 且 VP，况 T_n？
T_i 尚 VP，况 T_n？
T_i 尚犹 VP，何况 T_n？
T_i 犹 VP，又况乎 T_n？
……

b．非惟 T_n(VP)，(虽)T_i 亦 VP。
非独 T_n(VP)，虽 T_i 亦 VP。
非惟 T_n(VP)，T_i 皆 VP。
不惟 T_n(VP)，抑 T_i 亦 VP。
……

⑩它们是《水浒传》《金瓶梅》《红楼梦》(1～80 回)《儿女英雄传》《四世同堂》(1～40 章)《正红旗下》《京城内外》《钟鼓楼》《早恋》和《苍生》。误差率 ±2%，下同。

⑪这与它们的原始义有关，至于后来原始义发生了变化我们可以不管。从近代汉语的材料中我们只能得出“都”表示总括的结论。

⑫如：都来了，就差一个人了/全班都去了，就你没去。/我一周都有课，就星期一没课。

第四节 “连”字句的多重语言信息

4.1 前面我们对“连”字句的语用问题进行了系统的分析，现在我们从语言信息结构的角度对“连”字句的语言信息进行分层次的分析。

4.2 “连……也/都……”这个语言形式负载了多少语言信息？有哪些特点？“连”字句的作用是什么？以往的研究者多多少少都曾涉及到这一问题，总起来看，大致可归为以下几类：

4.2.1 “强调”说

许多人都同意“连”或“连……也/都……”表示强调，但究竟强调什么？一说“‘连’常常跟‘都’‘也’配合起来用，强调已经说到的事物和其他事物之间的一致性”(朱德熙，1982)。一说“1.突出或强调说明行为、动作的主体(施事)。2.强调和突出动作的对象(受事)。”(北京大学中文系1955，1957级语言班）又一说“‘连’强调‘X都/也Y’”(倪宝元、林士明，1979)。又一说“这种用法的‘连’，常常与‘都、也、还’等呼应，以强调它后边的词或词组，含有‘甚而至于’之意”(尹绢熙，1982)。

4.2.2 “递进/递降”说

“连”字句在第二分句中与上一分句的连词相呼应，表示递进关系。“‘连……也/都……’结构却又能表示一种由深到浅、由重至轻、逐步降级的关系。”(宋玉柱，1981)

4.2.3 “隐含比较”说

“单句中的‘连……也/都……’结构用一种极言其甚的方法表示一种隐含的比较，表达某种言外之意。”(宋玉柱，1981）也有人说“连”字句“还含有言犹未尽的成分，后边还要有一个分

句。"(尹绳熙 1982)

4.2.4　"标举极端事例"说

"在'连'字句中,'连'除了表示加合外,还有一层意思……标举极端事例。"(崔永华,1984)

4.2.5　"连接"说

"'连……也/都……'的功用主要是连接单句内的两个成分。"(廖斯吉,1984)

此外,还有人认为"连"字的作用是提前宾语,改变句子的结构。(胡裕树等,1962)也有人认为"它有提顿兼表夸张的作用"(张友建,1957)。

对以上各家说法,我们不予评论。我们只想通过这种纷繁复杂的现象引出这样一个结论:"连……也/都……"形式具有多重语言信息,这种语言信息是多层次的,不能只把它们限制在句法、语义或语用的范围内。从表达—接收的角度看,"连……也/都……"是多重信息载体;从语言结构的角度看,它又是一个关联形式。它不仅仅把词和结构连接在一起,它还把词或结构的内在意义和外在意义都连接在一起。它所负载的语言信息包括话语所表现出来的信息和隐含其中的信息。而对于交际活动来说,任何语言信息都是有价值的。语言信息涉及到说话人、听话人和现实世界之间的三角关系:

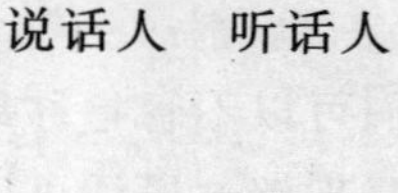

说话人、听话人、现实世界构成了一个表达三角形。说话人对听话人和现实世界都有一个确定的判断或评估，听话人对说话人和现实世界也有一个确定的判断和评估。说话人通过语言形式把它对现实世界的判断或评估传达给听话人，这个过程其实就包括了说话人对听话人的评估在内，说话人利用语言形式所负载的一切信息来传达他的观念(包括对事件的陈述和评判)。听话人则会根据语言形式去揣测说话人的态度，采用相应的语言对策或行为对策。当然，除了语言之外还会伴有一些行为暗示。我们的讨论应该把非语言信息排除出去。

语言信息包括明码信息和暗码信息两种。明码信息即任何智力正常的人都会从字面上获得的信息，这一部分信息简单明了，不需要背景知识参与。暗码信息则是必须通过对背景知识(关于现实世界的知识)和对说话人态度(关于说话人的知识)的正确理解才能掌握的信息，它包括话语形式的暗示、提示或语气，以及来自话语形式的推断。

“连……也/都……”表达的多重语言信息包括明码信息和暗码信息。

4.3 当我们听到下面这个句子的时候，我们一下子就能够抓住它的中心意思，并且明了说话人对话语中指称部分、陈述部分及话题部分所持的态度，这说明理解多重语言信息不是很困难的事。

连家长的话都不听

这个话语片断的指称部分是“家长的话”，陈述部分是“不听(家长的话)”，关联方式是“连……也/都……”，话题是对话双方都知道的，所以可以省去。我们可以不管指称部分具体指什么，也可以不管陈述部分是否真实，理解这段话可以分为以下几步：

第一步，我们得到了这样一个语言信息：

“有人(S)不听家长的话。”(I)

第二步，从关联形式上我们得到这样一个附带信息：

“(S)不听家长的话有些不寻常。”(II)

第三步，从关联形式上我们又得到一个预设信息：

“在说话人看来，‘家长的话’和其他人的话比起来是最不该不听的。”(III)

第四步，我们从(III)得到这样一个推断信息：

“(S)更不听其他人的话。”(IV)

省略了的话题部分S可以从话语的相关部分得到补足，它肯定具有如下特征：

S：[人(单数或复数)，(男性或女性)，未成年]

这就是关于S的背景知识，虽然话语中并没有出现S，也没有关于S的说明，但话语的某一部分却透露了S的身份。

信息(I)是话语的基本信息，它表达的是一个判断，是对现实世界某种关系的指认。

信息(II)是话语的附带信息，它提醒听话人注意说话人的态度，它表达的是说话人对现实世界中某种关系的评判和看法。这类信息的倾向性是很明显的，也就是说，说话人的褒贬在该信息中可以看出。它针对的对象(即注意的焦点 the focus of attention)是话题部分。

信息(III)是话语的预设信息，他表达的是说话人对话语指称部分所代表的所指及该所指与其他同类所指之间关系的评价，它也是有倾向的。它所针对的对象是指称所代表的那个关系元所在集合的其他成员。顺便说一下，这个集合存在于说话人的知识库里，它是心理的，也是社会的。说话人对集合中的每一成员以及它们之间的关系都有定评，这种定评在说话人看来是无争议的，它属于预设的内容。如“家长的话”所在的集合是：

家长的话
老师的话
同学的话
朋友的话
陌生人的话
……
……

在说话人的心理预设中,“家长的话”比“其他人的话”更具有权威性。

信息(IV)是话语的推断信息,根据这个信息我们可以这样理解:“连A也/都VP”中的A-VP这一事件在A所在的集合中具有周遍意义,A在它所在的集合里处于一个极端,A具有VP这样一个特性,则A所在集合中的任何一个元素都具有同样的特性。所以“不听家长的话”也就意味着“不听老师的话”、“不听同学的话”、“不听朋友的话”、“不听陌生人的话”等等。我们常见的句子有:

连A都VP,B则更VP
连A都VP,更不用说B了
别说B,连A都VP
B算什么,连A都VP

总结一下,我们说“连……也/都……”至少可以表达以下四重信息:(I)基本信息;(II)附带信息;(III)预设信息;(IV)推断信息。

4.4 在以上四种语言信息中,基本信息是明码信息,它是由基本的词汇和句法关系所表达的;而附带信息、预设信息和推断信息则是暗码信息,它们通过关联形式表现出来。本文主要讨论暗码信息,因为他们跟关联形式“连……也/都……”有密切的关系。

明码信息表达的是现实世界各元素之间的关系,而暗码信息则是说话人对现实关系的评价或听话人对现实关系之间的内在联系的推断。"连……也/都……"表达了说话人的主观倾向和感情色彩,这种主观倾向和感情色彩与词义的褒贬没有关系,它是由话语中的关联来实现的。但是,我们没法从句法的角度来解释关联形式所负载的多重语言信息。关联形式所提供的信息容量远比词汇句法所提供的信息要多,而且是不容易精确测量的。交际双方存在着一个信息沟通的屏障,它通过语境来打通,而句子本身所提供的信息其容量大小决定了我们对语境的依赖程度:句子信息容量的大小与我们对语境的依赖成反比。

话语的暗码信息有时会在上下文里出现。这有时是为了使暗码信息明码化,有时是利用语言的羡余信息(redundancy)来强调暗码信息的作用。所谓"强调"都是对暗码信息的强调。试比较下面两例:

(1) 他没去。

(2) 连他都没去。

例(1)的指称部分有充分的弹性,因为整个话语不能限定什么,"他没去"并没有什么特殊的意味,"他"也没有什么特征标记。如果说这里的"连……也/都……"强调了什么,那么,"他"所带的特征标记就是所强调的对象。这个特征标记是话题的隐含信息所赋予的。如果上下文中出现了暗码信息,则是对特征标记的印证。例如:

(3) 他是班主任,可是连他都没去。

(4) 他连一句话也说不出来,傻了似的。

(5) 你也太狂了,连校长也没放在眼里。

(6) 你小子连祖宗的历史都不知道,欠揍!

例(3)～(6)中画线部分是暗码信息的一部分,它们是对特征标记的印证。例(3)如果把所有的暗码信息都补足的话,应该是:

(7) 他是班主任,按理说班主任是应该去的;可是连他都没去,这可有点不寻常。他都没去,别人不去就更是情理之中的事了。

这样说话就太啰唆了,说话人提供的明码信息超过了一定的限度就会使话语变得冗长啰唆。例(7)中画单线的部分是话语的预设信息,画双线的是附带信息,画浪线的是推断信息。在具体的话语交际中,说话人往往只对暗码信息的一部分进行强调,其他暗码信息则处于休眠状态,听话人也会忽略过去。例如:

(8) 那年头不但男人不打扮,连女人都不打扮。

(9) 那年头连女人都不打扮,何况男人!

(10) 那年头连女人都不打扮,真叫人难以置信。

"连女人都不打扮"这句话如果单独说,三种暗码信息都可能成为强调的对象。但在具体的上下文环境中,强调的焦点是有侧重的。例(8)强调的是预设信息:"在说话人看来,女人跟男人相比最不应该不打扮。"例(9)强调的是推断信息:"连女人都不打扮,男人就更不打扮了。"例(10)强调的是附带信息:"连女人都不打扮这可有点不寻常。"句中画线部分都是对该句所强调的暗码信息的印证。

明码信息与暗码信息之间有一种制约关系。如例(8)中的"男人"和"女人"是一个集合里的两个极端,"连……也/都……"只是一种举例,肯定或否定处于极端位置上的元素,这对处于另一极端位置上的元素来说也同样具有肯定或否定的作用。又如:

(11) 别说一百元,连一分钱也不给。

(12) 连一棵草都见不着，更甭说树了。

(13) 连黑白的都买不起，还彩色的呢。

例(11)～(13)中“一百元”和“一分钱”、“草”和“树”、“黑白的”和“彩色的”对举，这就意味着他们之间的关联和制约。假如把相关的词对调一下，就会发现话语在语法上是正常的，但意思却变得很费解。如：

?(11′) 别说一分钱，连一百元也不给。

?(12′) 连一棵树都见不着，更甭说草了。

?(13′) 连彩色的都买不起，还黑白的呢。

这是因为说话人的话语预设与人们的心理预设不符，所以才会出现费解的现象。从篇章的角度看，上下文应该互相呼应。从语义的角度看，相互呼应的部分还相互制约。这种呼应和制约都通过暗码信息来完成。所谓“文气贯通”之“文气”就是暗中相互关联的多重语言信息。

4.5　关系形式“连……也/都……”有时不对话语的指称部分进行强调，指称部分也不是处于极端位置上的元素。例如：

(14) 连门都不让进。

(15) 连面儿都没露。

(16) 连眼睛都不眨一下。

(17) 连脸都不红。

例(14)～(17)的指称部分不与任何其他的指称相比较。如果就形式进行推断的话，很可能会得出下面的句子：

*(14′)连门都没让进，更甭说窗子了。

*(15′)连面儿都没露，更甭说头了。

*(16′)连眼睛都不眨一下，耳朵就更不用说了。

*(17′)连脸都不红,手就更不用说了。

例(14′)~(17′)意思很荒谬,因为在(14′)~(17′)中,指称部分不是说话人评价的对象,没有与之相联系的其他指称形式。例(14′)~(17′)的用意焦点不在A而在于对整个事件的陈述。"连A也/都VP"表达了说话人对陈述部分的评价:A-VP在说话人看来是一个极端(如"没进去门"、"没露面儿"、"不眨眼睛"、"不红脸")。在与A-VP相关的其他陈述中,A-VP具有典型意义,这跟(1)~(13)很不一样。在这种类型的"连……也/都……"结构中,A-VP在它所在的陈述集中处于语义分级系列的最低级,所以说话人对A-VP所持的态度实际上也就是对该语义分级系列各级所持的态度。如例(14)"连门都不让进":

不让进门

↓

没见着要见的人

↓

没办成要办的事

有时我们不能指明A-VP与哪个陈述进行比较,A-VP与其他陈述的比较不如A与A所在集合中其他指称的比较那么重要。极端的例子就是A-VP是一个正反形式的"连"字句:

(18) 连动也不敢动。

(19) 连碰都不能碰。

(20) 连停都不停。

(21) 连看也不看。

(22) 连理都不理。

这类句子只有否定形式而没有肯定形式。例(1)~(13)与例(14)~(22)之间的最明显的区别在于用意焦点的不同:(1)~

(13)的用意焦点是指称部分,如“家长的话、他、一句话、校长、祖宗的历史、女人、男人、一百元、一分钱、草、树、黑白的、彩色的”等等。而(14)~(22)的用意焦点是陈述部分,如“不让进门、不露面儿、不眨一下眼睛、不红脸、不碰、不停、不看、不理”等等。

虽然例(14)~(22)强调的不是话语的指称部分,但它们所能够表达的语言信息与(1)~(13)所表达的语言信息却是一样的。例如(14)我们可以给它加上不同的上下文,补足没有说出来的暗码信息:

(23) 连门都不让进,太霸道了。

(24) 连门都不让进,上哪儿见他去?

(25) 不但没接见我,连门都不让进。

4.6　语言是交际工具。从这个意义上说,话语在交际中能够传达的信息很多,有的通过词汇-句法来表达,有的通过语音语调来表达,有的通过关联形式来表达。词汇所表达的语言信息一般比较明确,有句法限制的词汇其信息内容就更明确,它是可以在词典和语法书上查到的。而语音语调(主要表现为重音和语气)则比较含混,要依赖上下文和大语境来分辨。关联形式所表达的语言信息有时明确,有时模糊。因为关联形式表达的是关系,包括话语成分之间的关系和交际者与现实世界之间的关系,这个关系的明确或模糊决定了语言信息的明确或模糊。词汇-句法所表达的语言信息是话语的规约意义,如“处长”的规约意义即“某一级行政机构的首脑”。关联形式所表达的语言信息是关联意义,在“连处长都没混上”中,“处长”在相互关联的链条里有一个固定的位置,如:

科长—处长—局长—部长

在这个链条上,对于说话人来说,“处长”就不仅仅表示某一行政

机构的首脑了,它意味着某一级官位。在关联意义上,这个链条是有方向性的。试比较:

连处长都没混上 (a)

连处长都让他三分 (b)

科员—科长—处长—局长—部长

(b)←—— II ——→(a)

(a)用意焦点在“处长”以右,(b)的用意焦点在“处长”以左。这可以在下面的话语中得到证明:

连处长都没混上,还部长呢。(a′)

连处长都让他三分,何况我一个小小的科员!(b′)

如果方向相反的话,就会出现令人费解的话语:

? 连处长都没混上,还科长呢。

? 连处长都让他三分,何况我一个堂堂部长!

对于“连 A 也/都 VP”的四重语言信息来说,基本信息表达的是话语的规约意义,它是可以从字面上看出来的。附带信息表达的是话语的会话含义(conversational implication),正如语音语调一样。而预设信息表达的是说话人的心理预设(the mental presupposition of addresser),有时这个心理预设也是听话人的。在“连 A 也/都 VP”中,说话人和听话人对 A 早有一个心理上的评价,这种评价通常是双方认可的,在交际中是一种默契。推断信息表达的是话语的前瞻意义,它是通过逻辑关联和心理关联来实现的。对于“连 A 也/都 VP”来说,“也/都”给推断信息的获得提供了线索:

(1) 他没去。

(2) 连他都没去。

例(1)不能告诉我们除了规约意义以外的任何信息。例(2)则告诉我们“他没去之外,还有别人也没去”。

从表达的角度看,话语的任何信息都不是多余信息,附带信息一旦成为会话含义,它就成了言语对策的依据。而基本信息往往只是为表达会话含义而举的一个例子。不管怎么说,话语的任何信息都有深入挖掘的价值。对话形式不能只局限于句法的描写和语义制约关系的描写证明,还要探求隐没于字里行间的要旨,探求话语外知识参与下的语言交际过程。语言的重要属性之一是负载信息、传达信息,所以语言学的任务应该包括对全部语言信息及其传达过程的研究。

第五节 从"连……也/都……"结构看语言中的关联

5.1 缘起

传统的语法学分为三个部分:一为词法,一为句法,一为表达法。词法主要探讨词的构造规律,如构词手段、词的结构形式等等;[①]句法主要探讨各种语法单位的性质、功能,词组和句子的结构、形式和意义的关系等等;[②]表达法主要探讨语言中的范畴和关系。[③]以上三部分严格说来都是限定在语言形式之内的,都属于"为语言而研究语言"。[④]现代语义学和语用学兴起之后,我们在语法研究中注意了语义的作用,同时也注意到了语言形式以外诸因素的作用。本节所讨论的内容既有语言形式以内的,又有语言形式以外的。语言作为社会交际的工具,之所以能够在社会中成功地履行自己的使命,在很大的程度上要依赖语言以外因素的作用。其中有一种作用我们称之为关联。

"连……也/都……"结构在汉语中是一个比较特殊的表达形式,这个表达形式所负载的言语信息是多层次的。[⑤]试举一例:

连小学都没上过。

这个句子一旦进入交际,它就取得了起码四重语言信息。首先,我们在理解中接受了这样一种表述:(某人)没有上过小学。这是该句的基本言语信息,它只关涉到现实世界中的事实部分(或真或假)。然后我们接受了这样一种附带信息:没上过小学有点不同寻常。这个附带信息是由关联形式"连……也/都……"负载的。再往下我们得到一种隐含信息:在说话者看来,"没上过小学"和"没上过中学""没上过大学"比起来是最不应该发生的,或者说“小学”与“中学”、“大学”相比是最不该没上过的。这个信息是由说话者和听话者共同认可的,可以说是一种情理上的关联。最后我们得到这样一个信息:(该某人)更没上过中学、大学。这是一种推断信息,它往往是说话人用意的焦点(focus of sense)。以上四重语言信息构成了一个表达的整体,我们把这个过程图示如下:

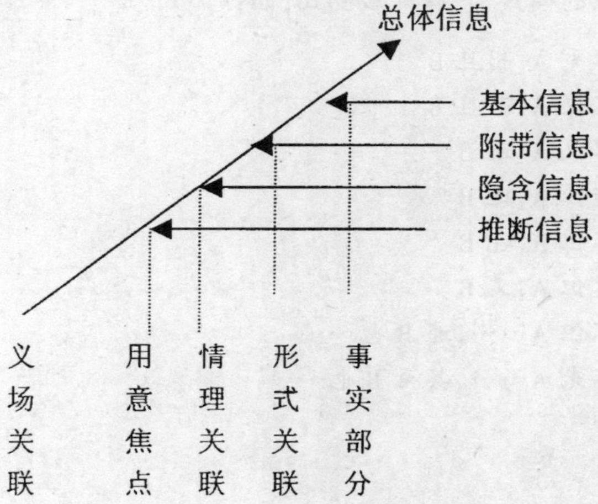

本节所讨论的问题就是:“连……也/都……”形式的多重语言信息是如何形成的?换言之,“连……也/都……”形式为什么会负载这么多重语言信息?

5.2 说“关联”

说到关联,我们首先想到的是形式关联。那么在这里,“关联”的实质是什么呢?或者说“关联”意味着什么呢?可以简而言之,关联的实质就是关系,关联意味着关系。必须有两个以上的元才能谈得上关联,一个元则没有关联的问题。形式关联是通过语言形式上的相互呼应,表达一种逻辑关系。例如要表达

一种递进关系,我们所使用的关联形式是:

不但A,而且B

B比A在意义上是递进了一层,这个关系是通过"不但……而且……"这一关联形式实现的。这时我们说是"不但……而且……"负载了递进这一语言信息。"不但A,而且B"是一种表达递进关系的模式,它有许多变式,如:

不光A,而且B
不仅A,而且B
不仅A,还B
非但A,还B
不但A,也B
不但A,又B
不但A……,连B也……
不光A……,甚至B也……
……

例如:

让步关联　　即使A,也B
选择关联　　或A,或B/A与B都……[6]

在实际的话语交际过程中,关联形式不一定非要完整地出现不可,有时只有一部分关联形式照样可以表达完整的关联意义。如:

A,而且B:　　要了,而且要了仨!

有时关联形式完全不出现,但话语中所表达的关联意思仍然存在。如:

人在阵地在。　　意到笔到。
有他没我。　　树倒猢狲散。

以上各句都表达了一种关联意义，在交际中这种关联意义不会被忽略掉的。这种关联因为没有形式上的标记，所以我们称之为非形式关联。从理论上说，它们是可以扩展的，即可以给它们加上完整的关联形式。但在实践中这种没有形式的关联普遍存在，操本族语的人无须追究他们的关联形式就可以毫不费力地获得关联信息。原因何在？因为一种关联形式的固定，需要经过一段漫长的发展时期。在它的发展过程中，关联形式负载了一定的语言信息，这种语言信息不会因为关联形式的失落而失落，它已经深深地嵌入表达模式中去了。那么，不管这种表达模式怎样变幻，其根本的关联信息不变，这在下面我们对"连……也/……"的分析中可以得到证明。

5.3　基本信息与事实的真伪虚实

"连……也/都……"形式所表达的基本语言信息涉及到现实关系中的基本事实。在"连"字句中，这个事实可以是实的，也可以是虚的；可以是真的，也可以是假的，它们对交际的影响不大，因为话语的基本信息不是说话人用意的焦点，说话人只是用"连……也/都……"这一形式来衬托说话人的真正用意。举个例子：

这点钱连只鸡腿儿都买不来，还买鸡呢。

在这个句子里，"连只鸡腿儿都买不来"所涉及的事实是真是假无关紧要。说话人可能说的是实情，也可能借此衬托"这点钱买一只鸡根本不可能"这一论点。从这里可以看出，"连"字句所表达的基本信息在交际中并非重要信息。从另一方面看，基本信息是由字面意义来表达的，并不复杂，谁也不会对这部分信息的真伪虚实表示关切。

在我们考察的材料中，"连……也/都……"虚用的情况很多，所以经常有一些极言其甚的例子。如：

连一分钱都不剩。

连一根冰棍儿也买不起。

连半句话也说不出来。

连三岁的孩子都懂得这个理儿。

连上帝也得让他三分。

连美国总统也没有这个权力。

标举极端事例的目的是为了更好地突出交际中的推断信息或隐含信息。基本信息是明码信息，而推断信息与隐含信息是暗码信息。用明码信息来强调（或加强、突出、衬托）暗码信息，这就是平时我们说的意在言外。

5.4 附带信息与形式关联

因为“连……也/都……”形式经常虚用，用来标举极端事例，所以“连……也/都……”这一形式的附带信息就是对基本信息的引申，不管基本信息是真是假，它在说话人看来都是不同寻常的。如：

连老师的话都不听。

“不听老师的话”有一点表示极端的意味。那么这一信息是怎么附着在“连……也/都……”之上的呢？我们通过“连”字句的上下文与“连”字句的形成过程来解释这一问题。

“连”字句的使用情况很不一致，我们归纳了一下，共有以下五种情况：

(1)别说 A，就连 B 也/都……

(2)不但 A，就连 B 也/都……

(3)连 B 也/都……，更不用说 A 了

(4)连 B 也/都……

(5)B 也/都……

以上五种情况中，最简单的是(5)，连“连”字也省掉了。从(1)到(5)每一种情况都暗含着一种 A 与 B 的比较，这种比较是二元对立的，在实际话语中，三元对立的例子也不是没有，但很少。我们设想了一个模式：

不但 A 没来，就连 B 也/都没来，何况 C？

在这个句子里，A、B、C 是不同的，就“没来”的可能性来说，C 最大，A 次之，B 再次之。更常见的用法是二元对立的，也就是说这个模式多半只有一半：

不但 A，就连 B 也/都……

就连 B 也都……，何况 C

要想更有力地说明 A 或者 C，最好的办法是用 B 来衬托，强调 B 的极端性能够更好地突出 A 或 C。所以“连 B 也/都……”经常和极端的事物联系在一起，因为它的作用是为了说明 A 或 C。例如：

不但你不知道，连我自己都不知道。

就连我自己都不知道，你怎么能知道？

这两个句子都是为了说明“你不知道是理所当然的”这一论点，因为“我自己都不知道”是一种极端的情况。这种表达方式帮助了附带信息的形成。从“连”字句的发展过程中，我们发现，“连……也/都……”形式最初并不是标举极端事例的，它只是表示加合、连带的意思。例如：

那店小二哪里敢过来，连那正要买肉的主顾也不敢拢来。 (水浒 三/47)[7]

宋江又过几日，连那婆子也有若干头面衣服，端的养的婆惜丰衣足食。 (水浒 二一/1266)

再迟些时，连我这两间房子，尚且不勾你还人。(金瓶梅 十九/222)[⑧]

你大家连姑娘且不必动。(儿女 二二/2A)[⑨]

“连”有时是“和”、“并”、“并连”，这都说明最初的“连”是表示加合、连带的意思。但是在使用过程中，被加合、被连带的部分经常是用来说明主要事件的，所以“连……也/都……”慢慢地就有了衬托的作用。例如：

邓龙……早被鲁智深当头一禅杖打着，把脑盖劈作两半，和交椅都打碎了。(水浒 十七/218)

好囚根子，红了眼，连我也不认得了！(金瓶梅 八九/1328)

在“连……也/都……”所表达的关联关系中，有一种关系是递进。这种关系实际上不是由“连……也/都……”结构表达的，而是由“不但……连……也/都……”或“连……也/都……，何况……”表达的，“连……也/都……”经常充当递进关系的后项或者前项。如：

不但学生这样，连老师也这样。

连老师都这样，何况学生！

“连”在这里有一种“甚而至于”的意思，这是关联赋予了“连……也/都……”一种表达极端情况的功能。

关联形式涉及到关联的双方，二者不可或缺，二元相关，相因相生。在现代汉语中，“连……也/都……”可以单独成句，也可以与“不但……”或“……何况”构成复句，无论单独使用还是连起来使用，“连……也/都……”所负载的信息都是一样的。附带信息的产生就是以这种关联的粘着性为基础。

5.5 隐含信息与情理关联

当我们听到“连小学都没上过”这句话的时候，我们对“小学”有一个基本的评价，这一评价与说话人对它的评价是一致的。这是交际双方共同认可的背景知识，这种背景知识就是情理上的关联，它是隐含信息能够存在的基础。在说话人看来，“小学”和“中学”、“大学”相比处于最极端的一级，对“小学”加以肯定或否定，会影响到对与之相联系的其他各级的评估。而说话人认定听话人完全同意他的这个评价，这是使用“连”字句的前提条件。

情理上的关联涉及到对话语陈述部分的语用分级。例如：

　　连自己的衣服都不洗。

在这个句子里，“自己的衣服……不洗”是话语的陈述部分，说话人认为“自己的衣服……不洗”是个极端的情况，它和“别人的衣服……不洗”相比更不合情理。在这里，“自己的衣服”和“别人的衣服”两极对立。它们处于一个语用分级系列的两端。

语用分级有两种情况，一种是自然分级，一种是心理分级。自然分级指的是现实世界中固有的等级，如军衔、官阶、人伦、标准等级等等；这些等级是大家共知的，它们是交际中无可争议的信息。心理分级是说话人对客观事物的主观评价，这种评价带有明显的主观倾向性，是说话人的预设(speaker's presupposition)。例如：“他连大虾都不吃”这句话，说话人认定大虾是最好吃的东西，“不吃大虾”简直不可思议，不是太傻就是太娇。那么大虾是不是最好的东西呢？没有一个客观的标准，对喜欢吃大虾的人来说，大虾是好东西，对不喜欢吃大虾的人来说，它就不算好东西。这里还涉及到一个公众评价的问题，一般人都认为大虾是最好吃的东西，所以心理分级也不完全是主观上的。如果有人说“他连糠菜团儿都不吃”，那么在说话人看来，“糠菜团儿”一定是现有的最佳食品了，这也不完全是主观评价，和“树叶”、“草根”比起来，“糠菜团儿”是最好吃的东西。这些现象都反映在情理关联上。隐含信息的基础就是这种情理上的关联，违反了这种情理上的关联，表达中就会出现矛盾。如：

* 连别人的衣服都不洗，（更不用说自己的衣服了）。
* 连大学都没上过，（别说小学了）。
* 连九十斤都拿不动，（哪里拿得动十斤）？

这三个句子的荒谬之处就在于他们违背了情理，不能正确的表达隐含信息。

附带说一下：语用分级是对话语陈述部分全体的分级，假如把连字句记做“连 A 也/都 VP”的话，语用分级就是对 A－VP 的分级，而不单单是 A 的分级，因为有时显然与 A 的分级无关。

连脸都不红。
连门都不敲。
连话都不说。

在这里指称部分没有分级的问题，说话人所要表达的隐含信息实际上是对“脸不红”、“门不敲”、“话不说”的评价，而不是对“脸”、“门”、“话”的评价。当然，在许多情况下 A 的分级会影响到语用分级。

5.6 推断信息与义场关联

推断信息在“连”字句中是话语表达的中心，“连孩子都懂”的用意焦点是“大人更应该懂”，“连女人都敢上”的用意焦点是“男人更应该敢上”，“连小学都没上过”的用意焦点是“比小学高的学校更没上过”。推断信息存在的基础是词汇的义场关联和表达的义场关联。

词汇的义场关联涉及到分类义场、顺序义场、关系义场、反义义场、两极义场。[10]任何一个词都处于特定的语义场(semantic field)中,它与场中其他各词都有关联。例如"丈夫"在关系义场中与"妻子"相关联,两个义位互为存在的前提,所以如果说"连丈夫都来了",那么与"丈夫"相关联的"妻子"肯定也来了。有的词同时处于不同的义场中,如"教师",它与"学生"构成关系义场,又与"干部、士兵、工人、农民、个体户、医生、护士、工程师、司机、厨师"等构成分类义场,因此"连教师都没有票"这句话,它的推断信息不止一个。如:

连教师都没有票,学生就更没有了。

连教师都没有票,司机就更没有了。

表达的义场关联指的是那种与词汇的义场无关的形式,比如"连脸都不红","连门都不敲","连话都不说",它们的推断信息不是来自指称部分的关联,因此不能说:

*连脸都不红,手就更不红了。

*连门都不敲,何况窗子?

*连话都不说,何况[　　]。

最后一个例子"何况"后是一个空位,因为"说"与"话"是惟一的组合。在这里,推断信息是由表达义场关联的,如"脸不洗"这一表达形式与"头不梳、牙不刷、饭不吃、觉不睡、课不上、书不看、水不喝"等形式构成一个表达义场,他们彼此关联。在这里,推断信息是不固定的。如:

不但饭不吃,连水都不喝,病得很厉害。

连水都不喝,太客气了。

他一直在写呀写,连水都不喝。

以上三个句子里都有"连水都不喝",但他们所处的表达义场不同,因此表达了不同的推断信息。

义场关联是一种常见的关联形式。例如：

钢笔不好

与“钢笔”关联的是“钢笔”所在义场的其他义位，如“铅笔、毛笔、圆珠笔”。说“钢笔不好”等于说“铅笔”或“毛笔”或“圆珠笔”好。如果说“连钢笔都不要”，那么等于说跟其他笔相比，钢笔是最好的。两极义场的关联尤其明显，如：

男人不能去——女人能去

白天没课——晚上有课

词汇的义场关联和表达的义场关联有时会因为界限不清而造成理解上的混乱。例如一个经理对他的职员下达指令：

明天的晚会很正式，女同志一律不要穿裤子。

这段话如果是词汇的义场关联，意思很明确，与“裤子”相关联的是“裙子”，所以“一律不要穿裤子”的推断信息是“一律都穿裙子”。如果是表达义场关联，与“穿裙子”相关联的是“抹口红、戴耳环、修指甲、戴帽子”等，这里“一律不要穿裤子”的推断信息就很不雅观了。下面两个句子在形式上是一样的，但它们的推断信息是大不相同的：

连毛衣也不穿。（词汇义场）

连裤子也不穿。（表达义场）

下面两个句子表达形式虽然不同，但他们的意思并没有区别：

有些议员是狗娘养的。

有些议员不是狗娘养的。

在二元对立的义场中，A 和 B 对立，肯定 A 或否定 B 意思是一样的，反之亦然。

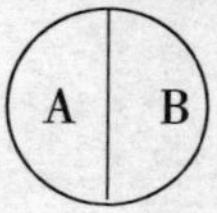

$A \equiv \neg B$　或者　$\neg A \equiv B$

这两个句子逻辑表达形式不同，它们的语义关联内容却没有什么不同，这种逻辑形式与语义形式之间的矛盾是解释关联作用的一个最好的例证。

附　注

①参看陆志韦等著《汉语的构词法》，科学出版社出版 1965。

②参看吕叔湘《中国文法要略》，商务印书馆 1982 年重印。

③参看吕叔湘《中国文法要略》，商务印书馆 1982 年重印。

④参看 F.de Saussure《普通语言学教程》，商务印书馆 1980。

⑤参看拙作《试论关联形式"连……也/都……"的多重语言信息》，《世界汉语教学》1990 年第 3 期。

⑥"A 与 B 都……"可以有两种理解，一种理解为总括，如"小张与小王都来了"；另一种理解为选择，如"去与不去都随你的便"。

⑦例出《水浒传》，人民文学出版社 1975。汉字数字为回数，阿拉伯数字为页码，下同。

⑧例出《金瓶梅词话》，人民文学出版社。

⑨例出胡适藏《儿女英雄传》，现藏北京大学图书馆，2A 为第 2 页右版。

⑩参看贾彦德《语义学导论》，北京大学出版社 1986。

第二章　语法的形式和意义

第一节　并列式双音词的结构模式

1.1　平衡系统的破坏与并列式双音词的产生

在上古汉语中,语音的结构单位是音节,语法的结构单位是词,音节和词的关系大体上是一一对应的,即:一个音节实现一个词,一个词的语音形式是一个音节。在汉语的发展演化过程中,语音系统发生了很大的变化:声韵调三个方面都发生了变化。对于声母来说,浊音清化,知庄章三组合流为卷舌音[tʂ][tʂh][ʂ],精见两组分化出[ts][tsh][s]来,零声母大量增加。对于韵母来说,《广韵》有 142 个韵母,而现代汉语普通话只有 38 个韵母,韵母大量合流。声调方面,除平声分阴阳外,上去入三声已不分阴阳,入声已经派入平上去三声。入声韵尾与[- m]韵尾的消失,对韵母系统的重新排列产生了很大的影响。原来的语音系统被打破了,出现了大量的同音词,给交际带来了困难,于是便使音节和词一一对应的关系受到了破坏,产生了大量的多音词(徐通锵,1990)。并列式双音词的产生与这个大背景有关。

现代汉语是在北方方言的基础上发展起来的。由于时间和空间的绵延,现代汉语的词汇系统包含了各种不同的层次。因此,我们今天在研究它们的时候,往往很难分清某个词到底属于哪个层次,这是我们遇到的困难之一。有些双音词历史比较长,产生在唐宋，而有些双音词的历史可能只有上百年甚至几十年。不同历史时期产生的词汇其结构规则可能是不一样的，不同方言底层的词汇其结构规则也可能不一样。我们只是在一般分析的基础上就现代汉语中常用的并列式双音词进行考察，目的在于找到一些语音、语法和语义结构上的规律，从而希望对汉语教学、解释语言结构的内在规律和外部影响有所贡献。

1.2 并列式双音词素顺序的排列与语音、语义、语法的关系

并列式双音词是由两个并列关系的语素 A 和 B 构成的。原则上说，A 与 B 没有偏正之分，所以，AB 在构造顺序上有三种可能的选择：

AB 序

BA 序

AB/BA 序

从语法角度看，AB 是并列关系，A 与 B 在语法功能上必须是一致的，如果 A 是动词性的，那么 B 也必然是动词性的。因此，语法不能决定 AB 的顺序，也可以说，并列式双音词语素顺序的排列与语法没有关系。

从语音的角度看，结构在自我平衡的调整中遵循避难就易的原则（徐通锵，1989；1990）。有人考察了现代汉语 525 个常用词，发现并列式双音词的字序有按声调的平上去入顺序排列的倾向，即 AB 的声调以平上、平去、平入、上去、上入、去入的方式构造，其统计结果如下（陈爱文、于平，1979）：

全部按中古声调统计

合于声调次序	358
不合于声调次序	87
二字同声调	80
共计	525

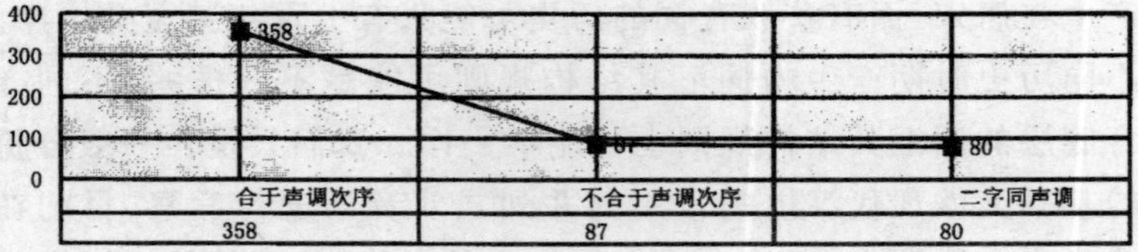

图表四 中古声调次序的分布

全部按现代声调计

合于声调次序	299
不合于声调次序	81
二字同声调	145
共计	525

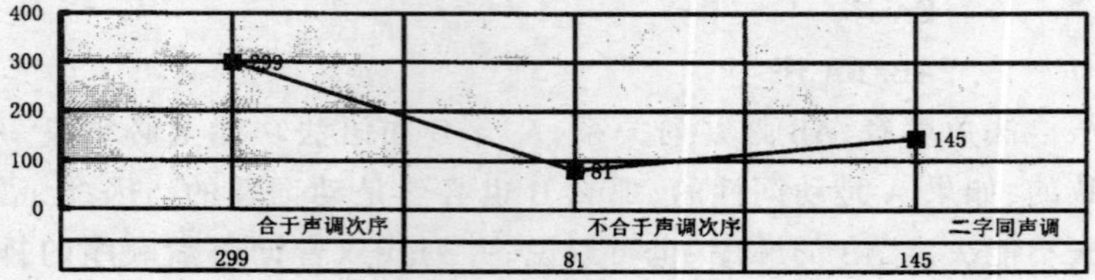

图表五 现代声调次序分布

如果这个统计成立的话,那就有一个问题:这样排列的语言机制是什么?在语言的内部是什么原因在制约着这种顺序?这是一个比较难以回答的问题。语音系统的变化肯定对词汇的结构有影响,但这个影响不是单方面的。浊音清化、韵尾脱落、韵部合并对词汇最大的影响就是出现了大量的同音词。为了避免交际中的麻烦,说话人有两种选择:

① 换一个意同音不同的词。这里有一个更大的困难:这种选择局限性很大,而且不存在绝对的同义词。

② 用两个意义相同或相近的词表达一个意思，这就是最初的并列式双音词。如：

健康	陈旧	沉重	浅显	粗糙
寻找	嘲讽	救护	援助	煎熬
粮食	床铺	心肠	词句	牲畜

这些词 A 的语素义与 B 的语素义相同或相近，从理论上说可以 AB 排列，也可以 BA 排列，而且确实有这种现象。（曹先擢，1979）如：

健康；康健　　寻找；找寻

粮食；食粮　　煎熬；熬煎

这里，我们看不出声调的作用。但从整体上看，声调影响语素顺序的倾向确实存在。这不仅仅适合于并列式双音词，也适合于所有的双音词，不过我们要把这个结论稍加改造。

汉语有四声：平上去入。这四声各分阴阳即得出八调：阴平、阳平、阴上、阳上、阴去、阳去、阴入、阳入。说双音词的字序完全按照这八个声调依次排序是没有根据的，但我们可以说得保守一点：汉语的双音词以仄声收尾的结构模式居多[①]。如：

暗器　基本　根据　汉语　保守　收尾

模式　兄弟　边界　避讳　批判　声调　排列

这是因为平声的调型是平或平升的，而仄声的调型是降的。无论是词、词组还是句子，以仄声结束比以平声结束方便得多。这里还涉及到另外一个事实，即汉语的仄声字（词）在数量上占绝对优势。我们对《中原音韵》[②]中的 5866 个字做了初步调查，大致分配情况如下：

平声字	2198 个	37.48%
上声字	1082 个	18.45%
去声字	1795 个	30.60%
入声字	791 个	13.47%

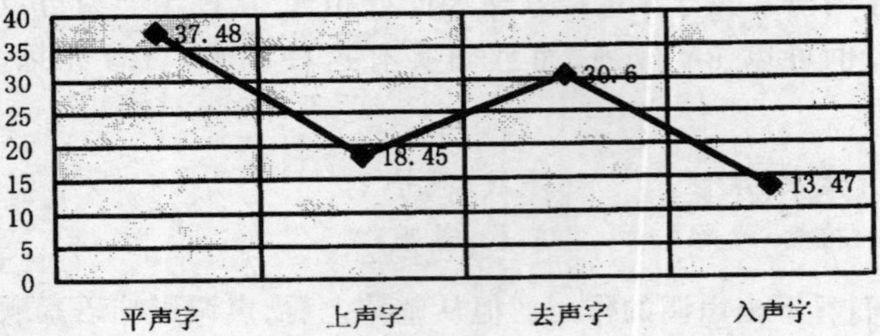

图表六 《中原音韵》四声分配

从这个统计可以看出，在 5866 个字中，平声字只有 2198 个，占全部字数的 37.48%。仄声字 3668 个，占全部字数的62.52%。

我们对双音节收尾音节的用字平仄情况做了调查，结果如下：

调查首音节　　627 个(随机抽样)
调查尾音节　　530 个(随机抽样)
首音节　　平声字 336 个，占 53.6%
　　仄声字 291 个，占 46.4%
尾音节　　平声字 249 个，占 47%
　　仄声字 281 个，占 53%

可见用于首音节的以平声字居多，用于尾音节的以仄声字居多。也就是说，即使不考虑平声和仄声字在绝对数量上的差别，也可以看出在双音节词中平声字和仄声字分布上的差别。这种差别体现了构词中声调因素的作用。

在并列式双音节词的结构模式中，不仅仅体现了声调的影响，还体现了其他因素的影响。语音上的要求是语言内部的一种平衡机制，而语义上的要求则是语言外部一种参与平衡的机制。

从语义方面说，双音节词的构成首先是为了完成意义上的搭配。并列式双音词并列的两项从意义上说可以分为三种类型：

1. 二元对立的并列式双音词

来往	买卖	好歹	早晚	上下
左右	东西	始终	出入	兴亡
进退	爱憎	分合	取舍	嫁娶

2. 同义并列式双音词

寻找	援救	保护	觉悟	传播
灵魂	池塘	翅膀	房屋	街道
诚实	善良	陈旧	灿烂	潮湿

3. 同类并列式双音词

龙蛇	杯盘	领袖	首脑	手脚
手足	山河	嘴脸	头目	眉目
信义	鸡犬	衣裳	城市	风雨

词汇的结构往往反映了人们对客观世界的认识水平，这是语言外部的因素。就汉语而言，并列式双音词 AB 的次序不光受语言内部因素的制约，而且还必须受语言外部因素的制约。人们对自然次序、社会文化次序的认识必然要反映到语言中来。

所谓自然次序，是指现实世界中事物的排列顺序以及人们对它的认识。更明确地说，这是认识世界的一种视角。不同的民族、不同的语言集团对同一自然顺序可能会有不同的认识，他们选择了不同的参考点(廖秋忠，1989)。例如，我们对方位的认识是以经线为基础的，而英语则是以纬线为基础的。试比较：

汉语	英语
东南	southeast(南东)
西南	southwest (南西)
东北	northeast(北东)
西北	northwest(北西)

自然顺序包括时序、方位、运动过程等：

1. 时序

前后	先后	早晚	朝夕	古今
始终	春秋	昼夜		

2. 方位

上下	前后	表里	左右	东西
南北	内外	里外		

3. 运动过程

进退	出入	授受	予夺	收发
买卖	涨落	去留	盈亏	浮沉
荣枯	来往	来去	俯仰	开关

我们在思维过程中，在想到时间问题时总是先古后今，先前再后，按时间流逝的顺序表达。这里当然有个别的例外，如“迟早”。我们说过，词的结构规律不仅仅受一种因素的制约。除了语音、语义之外，还有约定俗成。在方位里，“表里”和“内外”出发点不同，结构顺序也就不同。我们“从里到外”，认识的出发点是“里”；我们说“由表及里”，认识的出发点是“表”。一般来说，在谈到方位时，我们的思维定势总是先前再后、先左后右、先内

后外、先上后下。但是为了某种需要,这种顺序是可以打破的。例如,我们最经常的说法是“南北”而不说“北南”。如:

天南地北	南辕北辙	南征北战
南来北往	南腔北调	
*天北地南	*北征南战	*北来南往

但我们却说“朝鲜北南双方会谈”。这里完全不是语言的问题,着眼点的不同反映了态度上的不同。这个问题与人们的社会文化顺序有关。

所谓社会文化顺序,是指一个语言集团在长期的历史过程中形成的心理定势和思维习惯。它包括社会的伦常关系以及人们对事物在认识上的倾向性。

1. 伦常关系

夫妻	男女	父母	爹娘	兄弟
姐妹	君臣	公婆	仙凡	日月

这种伦常关系反映了现实社会中的长幼、尊卑顺序。

2. 对事物认识上的倾向性

快慢	粗细	远近	明暗	严宽
安危	是非	大小	长幼	贵贱
高低	利害	美丑	繁简	吉凶
真伪	深浅	胖瘦	正误	优劣
善恶	对错	长短	盛衰	强弱
好歹	详略	干湿	忠奸	新旧

这都是一些二元对立的并列式双音词。他们反映了人们对事物的认识和评价。人们在造词的时候下意识地总是把重要的、正面意义的放在前面。所谓二元对立,是指 A 与 B 在语素意义上处于一个轴方向相反的两个点上。这中间有三种情况:

1. 中间有过渡状态

冷热

A　　　　O　　　　B

→

冷　　　　温　　　　热

2. 中间没有过渡状态

真伪

A　　　　　　　　B

→

真　　　　　　　　伪

3. AB 为循环圈中的两个对称的环节

东西

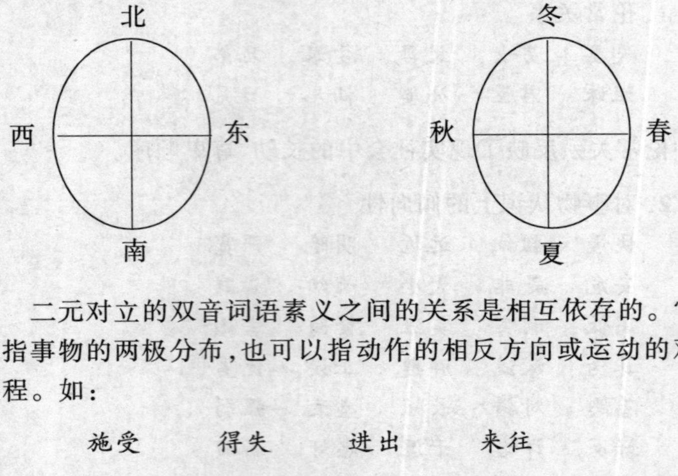

二元对立的双音词语素义之间的关系是相互依存的。它可以指事物的两极分布，也可以指动作的相反方向或运动的双向过程。如：

施受　　　得失　　　进出　　　来往

二元对立还可以指人们在认识上的对立，如"黑白"；或情感上的对立，如"爱憎"。

自然顺序和社会文化顺序也不能完全制约词汇的结构模式，这就是为什么总有例外的原因。有一些并列式双音节词两

种顺序共存。如:

士兵:兵士	绅士:士绅	质朴:朴质
灵魂:魂灵	式样:样式	粮食:食粮
伤感:感伤	健康:康健	痛苦:苦痛
代替:替代	觉察:察觉	拦阻:阻拦
煎熬:熬煎	互相:相互	准保:保准
刚才:才刚	别离:离别	应酬:酬应
和谐:谐和	剪裁:裁剪	整齐:齐整

这里既没有声调因素的影响,也没有意义因素的影响。应该说这样的自由替换是合乎情理的。因为 AB 并列,A 与 B 语素义相同。可惜不是所有此类的并列式双音词都能自由替换。如:

仇恨:*恨仇	宠爱:*爱宠	跋涉:*涉跋
嘲讽:*讽嘲	快乐:*乐快	浅薄:*薄浅
陈旧:*旧陈	粗糙:*糙粗	沉重:*重沉

所以我们可以得出这样的结论:决定并列式双音词 AB 顺序的因素有三个:

1. 声调决定
2. 意义决定
3. 约定俗成

其中约定俗成可能包括了我们所不知道的规律。

1.3　并列式双音词的语义结构模式

并列式双音词 AB 当中 A 与 B 的关系可分为三个层面:

1. 语音层面
2. 语法层面
3. 语义层面

语音层面的内容即 A 与 B 在语音上的关系,主要表现在声调上,我们已经讨论过了。语法关系可以有不同层次的理解。最概括的理解就是 A 与 B 是并列关系。再具体一些情况就复杂了。A 与 B 的关系可以具体分析如下:

1. A 与 B 是名词性语素并列

夫妻　父母　兄弟　君臣　手脚

领袖　朋友　头脑　尺寸　规矩

2. A 与 B 是形容词性语素并列

健康　善良　诚恳　好歹　善恶

沉重　粗细　大小　长短　远近

3. A 与 B 是动词性语素并列

a 开关　兴亡　成败　编辑　校对

翻译　裁判　负担　保管　编审

b 创建　传播　成立　宠爱　信任

爱抚　取舍　观察　消灭　伤害

c 警察　教授　顾问　裁缝　守备

参谋　参赞　巡抚　给养　书记

名词性语素的并列和形容词性语素的并列所产生的新词与原构成语素的词性是一致的。但动词性语素所产生的新词却有三种情况:

① 新词 AB 既有动词性,又有名词性(兼类)

② 新词 AB 只有动词性

③ 新词 AB 只有名词性

如果要确定这三类词产生的先后年代,最合乎逻辑的就是这样排列:最先产生的改变了词性,变成了名词;次先产生的正处于变化阶段,兼有名词/动词两种功能;最后产生的还保留动词的词性。

词性的变异也是汉语构词的一大特点。这在并列式双音词和

其他双音词(如述宾式双音词、主谓式双音词)中都有例证。如:

述宾式双音词:

刹车 执事 理事 拂尘 司令 干事
将军 司机 掌柜 顶针儿 戒指 枕头

主谓式双音词:

信封儿 火烧 主顾 位置 霜降
地震 鞋垫儿 瓶塞儿 瓶盖儿

述宾、主谓结构都是谓词性的,但述宾式双音词、主谓式双音词已经改变了词性,取得了体词的语法特征。有的还可以带[-儿]尾。这个变化也与系统平衡的打破有关。词组在向词的演化过程中失去了词组原有的某些语法特征而取得新的语法特征。这也是词汇演化的一般规律。

并列式双音词 AB 由于产生的年代不一样,来源不一样,使用环境不一样,它们在语义结构的模式中分化为不同的类型。AB 的意义不仅仅是 A 的语素义加上 B 的语素义。

1. 转移型: AB = C

东西 头目 手脚 书记 警察 眉目
规矩 左右 上下 领袖 开关 脸面

2. 偏义型: AB = A(B)

城市 = 城(市) 兄弟 = (兄)弟
朋友 = (朋)友 头脑 = (头)脑
残废 = 残(废) 书信 = (书)信
饥饿 = (饥)饿 贫穷 = (贫)穷

3. 融合型: AB = A = B

治疗 = 治 = 疗 声音 = 声 = 音
房屋 = 房 = 屋 善良 = 善 = 良

沉没 = 沉 = 没　　笨拙 = 笨 = 拙

陈旧 = 沉 = 旧　　尘埃 = 尘 = 埃

灵魂 = 灵 = 魂　　阻拦 = 阻 = 拦

4. 选择型：　AB = 或 A 或 B

早晚：我～要离开这里

成败：我不在乎～/～不由人

输赢：～不定/不管～，都要有风度

反正：～不让你走

好歹：～也是个家

迟早：你～要败在他手下

5. 加合型：　AB = A + B

宾主：～共进晚餐

朝夕：我们十年～相处，彼此很了解

买卖：在这儿做～总赔本儿

远近：张三在这一带～闻名

教学：～相长

日月：～经天，江河行地

以上五种语义结构类型反映了并列式双音词发展的不同阶段。有的原来语素的意义已经隐没不见了，如转移型，A、B 加在一起变成了新词；有的还能看出原来语素的意义，A 与 B 之间结合得较松，如加合型，看起来更像个并列词组。发展快的已经很难寻找原来语素的意义，并且 A 与 B 结合为一体，已经难解难分了。例如后一个音节读轻声，这说明在并列式双音词的形成和发展过程中，双音节在语音手段上仍有归真为单音节的倾向。

1.4 小结

我们在这里讨论并列式双音词的结构模式，是想寻找双音词在形成和发展过程中的某些规律。双音节词在汉语中取代了单音节词，这是一个过程，一个漫长的发展过程。在这个发展过程中，一些不可控制的因素不断地干扰，使这个过程变得复杂。我们只能解释为约定俗成。语言是一个符号体系，这个体系处在一个不断变化的过程中，任何断代描写都难以全面地反映历史发展的轨迹。任何共时平面都是历时发展的结果，所以共时平面上看到的面貌不可能很整齐。并列式双音词是汉语双音词中比较特殊的一类，从理论上说，AB 没有偏正之分，所以最容易观察到声调、语义对 AB 次序的影响。假如声调决定 AB 的次序，有两种可能出现的情况：

① AB 同声调

② AB 异声调

从理论上讲，AB 同声调的并列式双音词在次序上有三种选择：(1)AB 的次序是约定俗成的；(2)AB 的次序是自由的，可 AB，也可 BA；(3)AB 的次序是由声调以外的强制性因素决定的。AB 异声调的都应遵循平上去入的次序。实际情况并不简单：(陈爱文，于平，1979)

1. AB 同声调。　　AB 的次序不是自由的(80 个)

心肝 *肝心	悲哀 *哀悲	报告 *告报
夫妻 *妻夫	完全 *全完	人民 *民人
教训 *训教	贡献 *献贡	勉强 *强勉

2. AB 异声调 {合乎声调规律的(358 个)
不合乎声调规律的(87 个)

这里就有 167 个例子不能用声调决定论来解释。声调决定论还有一个困难，就是不能解释“士兵/兵士”这样的同素异序词。

因此，我们说，对于语言系统的演化来说，语言内部结构的要求和语言外部环境的要求同样起作用。人们在创造一种结构模式时,不自觉地把自己对现实世界的认识揉了进去。我们说偏正结构偏在前、正在后,其实这也只是反映了人们对某一事物的认识水平。如:

公鸡	母鸡	公牛	母牛
(偏正)	(偏正)	(偏正)	(偏正)

如果碰到语素次序颠倒的情况,我们不会因为语义上的原因而改变偏前正后的结论:

鸡公	鸡婆	牛牯	牛母
(偏正)	(偏正)	(偏正)	(偏正)

认识是一种结构模式,这种结构模式在语言中必有反映。

附　注

①参看傅兴岭、陈章焕主编《常用构词字典》,中国人民大学出版社,1982年。

②参看宁继福《中原音韵表稿》,吉林文史出版社,1985年。

第二节 汉语四字格的平起仄收势
——统计及分析

2.1 上一节分析的是汉语双音节词的结构,这一节我们着重讨论四个音节的问题。汉语词汇中存在着大量的四字格形式(记作 ABCD),这些四字格熟语性很强,有的已经定型,被称为成语。我们对《分类实用成语词典》[①]进行了统计。该词典共收词条 3200 条,其中四字格形式 3150 条,占总数的 98%。

2.2 语言有节奏,语言的结构则必然会反映语言的节奏。汉语的四字格在结构方面的规律是比较明显的。这个问题来源于汉语教学的实践。最先碰到这个问题的是并列式四字格:在 ABCD 中 AB 与 CD 为并列结构。如:

回肠荡气　流光溢彩　魂飞魄散　贤妻良母
南来北往　琼浆玉液　高风亮节　男婚女嫁

学生的问题是:既然 AB 和 CD 是并列结构,那么能不能把 ABCD 说成 CDAB 呢?于是我们在课堂上进行了实验:

荡气回肠　溢彩流光　魄散魂飞　良母贤妻
北往南来　玉液琼浆　亮节高风　女嫁男婚

它们作为变体形式未尝不可以。但我们平时一般不用变体形式,除非为了押韵需要或者故意违反约定俗成的规矩。但是孰为正体孰为变体?AB 和 CD 有什么形式上的标记?为什么 CDAB 不如 ABCD 容易被接受?是什么制约着四字格 ABCD 的顺序?要回答这一连串的问题不能凭感觉和印象,必须经过一番考察才能得出结论。我们的考察首先从并列式四字格入手。

汉语的并列四字格可以分为两类。一类为二元并列四字格,即 AB、CD。例如:

唉声叹气　安邦定国　安家落户　安平乐道
风平浪静　标新立异　冰天雪地　残兵败将
称兄道弟　茶余饭后　愁眉苦脸　唇枪舌剑

另一类为四元并列四字格,即 A、B、C、D。例如:

分崩离析　魑魅魍魉　妖魔鬼怪　牛鬼蛇神
安富尊荣　博大精深　艰难险阻　骄奢淫逸

由于二元并列的形式在数量上远远超过四元并列的形式,二元并列处于强势,所以许多四元并列的形式也可以分析为二元并列。为了考察方便,我们只考察二元并列形式。下文的并列四字格不包括四元并列形式。

在 3150 条四字格中,二元并列的有 823 例,占四字格总数的 26%强。

我们随机抽取 400 例并列式四字格进行平仄分布的统计,发现 ABCD 的平仄分布是很不均匀的:

1. 平平平平	2 例	9. 仄仄仄仄	16 例
2. 平平平仄	17 例	10. 仄仄仄平	18 例
3. 平平仄仄	178 例	11. 仄仄平平	27 例
4. 平仄仄仄	0 例	12. 仄平平平	2 例
5. 平仄平仄	8 例	13. 仄平仄仄	77 例
6. 平仄平平	13 例	14. 仄平平仄	10 例
7. 平仄仄平	2 例	15. 仄仄平仄	7 例
8. 平平仄平	8 例	16. 仄平仄平	5 例

图表七　四字格平仄分布统计

从这种不均匀的分配中我们可以看出:在并列式四字格中,有两种平仄状态占绝对优势,它们是:

平平仄仄:178例　　　　仄平仄仄:77例

这两种情况加在一起占总数的63.75%。从这里可以得出这样一个结论:在并列四字格ABCD中,B和D基本上符合B平D仄的规律。这与并列式双音节词的平起仄收规律是一致的。[②]因为在许多并列四字格中,BD都可以构成并列式双音词。如:

风平浪静(平静)　　冰天雪地(天地)

藏龙卧虎(龙虎)　　不折不扣(折扣)

我们对200个例子进行考察,发现BD可以构成并列式双音词的有125例,占62.5%。这与B平D仄四字格所占的比例是相当接近的。

从总体上看,并列四字格ABCD中,AB为平声的比例和CD为仄声的比例都是相当可观的:

	A	B	C	D
平	0.595	0.7475	0.215	0.1925
仄	0.405	0.2525	0.785	0.8075

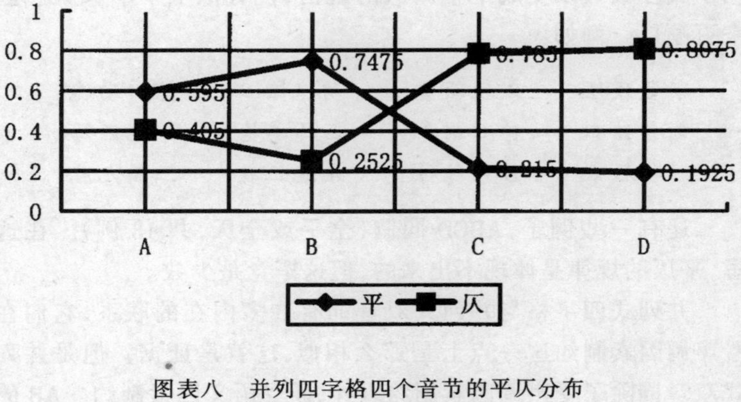

图表八　并列四字格四个音节的平仄分布

很明显,在AB两个音节中,平声占优势;在CD两个音节中,仄声占优势。也就是说,在并列四字格中,ABCD的平仄分配强势为平平仄仄。如果把AB看做头,把CD看做尾,那么并列四字格基本上呈现出头平尾仄的趋势。我们把这一分布趋势称作并列四字格的平起仄收势。

现在我们可以回过头来解释学生提出的问题了:凡是符合平起仄收势的皆为正体,不符合这一规律的皆为变体。AB与CD在形式上的分别就是AB多为平声,CD多为仄声。因为平平仄仄是并列四字格的分布强势,所以ABCD比CDAB容易被接受,ABCD的顺序受声调因素制约。之所以会有这样的分布规律,是因为有语言内在机制在起作用。这种内在机制对大多数人来说是一种不自觉的现象。正如一篇研究天津话声调的文章(石锋,1988)所说的,规则的应用方面有两个原则:(1)简便省力;(2)清晰稳定。

有一些并列四字格看起来不符合平起仄收的规律。恰好相反,它们在词典中表现为仄仄平平(在400例中有27例)。这些例子大多数可以变成平平仄仄的说法,优势似乎平平仄仄念起来更顺口。例如:

断壁残垣——残垣断壁　　动魄惊心——惊心动魄
刻骨铭心——铭心刻骨　　匹马单枪——单枪匹马
独往独来——独来独往　　九流三教——三教九流

还有一些例子,ABCD同调(全平或全仄,共18例)。在这里,平仄的规律是体现不出来的,但这毕竟是少数。

并列式四字格与并列式双音词有许多内在的联系,它们在受声调因素制约这一点上是那么相似,这就是证据。但是并列式双音词除了受声调因素制约以外,还受语义因素制约。AB的顺序反映了人们对语言之外的自然顺序、社会文化顺序的认识;而并列式四字格中有许多AC或BD并不是一个词,语义选择在这里不说明问题。在这里，平仄规律所起的作用更明显，更突出。那么，是不是所有的四字格形式都有这种平起仄收的趋势呢？我们现在把考察的范围扩大到并列式四字格以外。

2.3　我们仍然用随机抽样的办法选取了 560 例（包括并列式四字格和非并列式四字格），平仄分布的结果如下：

	A	**B**	**C**	**D**
平	0.5857	0.5643	0.3732	0.3339
仄	0.4143	0.4357	0.6268	0.6661

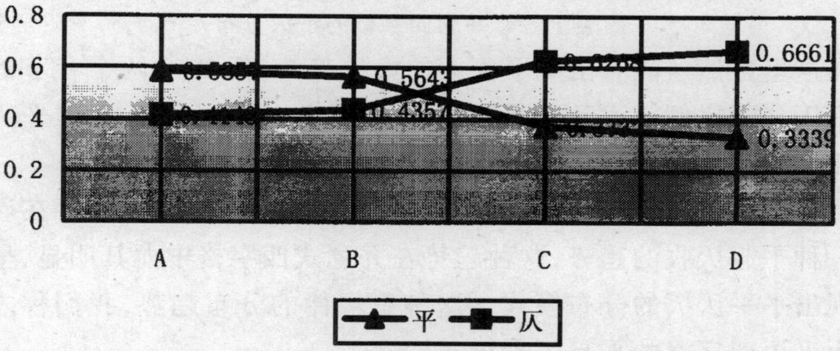

图表九　普通四字格的平仄分布

ABCD 的平仄分布虽不如并列四字格那么突出，但仍能看出：AB 两个音节平声占优势，BD 两个音节仄声占优势。如果再剔除其中的并列式，非并列式四字格 ABCD 的平仄分配情况为：

	A	**B**	**C**	**D**
平	0.583	0.501	0.429	0.383
仄	0.417	0.499	0.571	0.617

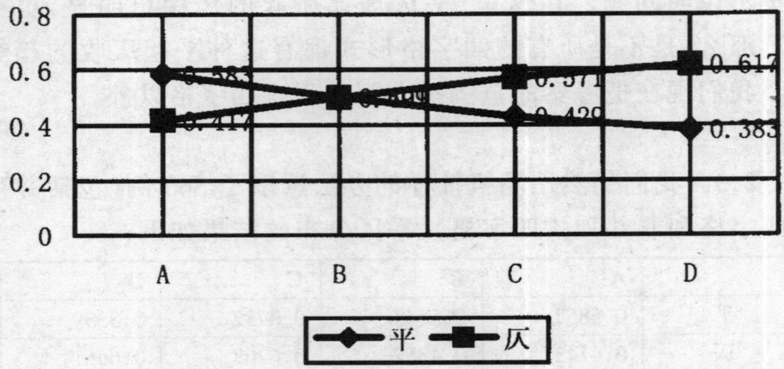

图表十　非并列四字格的平仄分布

在这里虽然还能看出平平仄仄的大致趋势，但 B、C 两个音节的平仄分配比例已大致拉平。只是首音节 A 与尾音节 D 的平仄比例差还比较明显。

至此，我们可以下这样一个结论：在汉语四字格中，存在着一种平起仄收的趋势，这种趋势在并列式四字格中尤其明显，呈现出平平仄仄的分布模式。这种有规律的分布趋势，我们称之为汉语四字格的平起仄收势。

2.4　发现问题不容易，解决问题就更不容易。对汉语四字格的平起仄收势我们该如何解释呢？

既然汉语四字格的平起仄收势与声调有关，那我们就从声调入手。我们对 ABCD 的平仄分配情况是以中古音为根据来考察的，平声为一类，上去入三声为一类。那么中古音的声调情况如何呢？迄今为止，我们对中古声调的基本情况还不甚了了，但可以从前人的描述中看出中古四声的大致特征。齐梁间沈约发现了四声，唐代有人对四声做过如下描述：“平声哀而安，上声厉而举，去声清而远，入声直而促”，何九盈先生对这句话的解释是：

> 所谓“哀而安”是出音哀婉而收音平稳，这是一个平调；“厉而举”是出音激厉而收音扬起，这是升调；“清而远”是出音轻清而收音悠远，这是降调；“直而促”是出音直捷而收音短促，当有塞音尾。[③]

何九盈先生的解释为我们勾画了中古四声的大致调型：平声是平调，上声是升调，去声是降调，入声是短调。入声调在时长上肯定比平上去三声短。[④]有一点特别重要，就是平声与上去入三声的区别：平声调平，上去入调仄。[⑤]平仄的分别总会有调型上的根据的。至于中古四声的调值如何，那就不得而知了。

明代真空和尚的《玉钥匙歌诀》关于四声的描写也可以作为中古调型的旁证。其歌诀云：“平声平道莫低昂，上声高呼猛烈强，去声分明哀远道，入声短促急收藏”。正如唐作藩先生所说的，这种描写有点“令人难以捉摸”。[⑥]沈约曾用春夏秋冬四季来比喻四声的特点：“昔周孔所以不论四声者，正以春为阳中，德泽不偏，即平声之象；夏草木茂盛，炎炽如火，即上声之象；秋霜凝水落，去根离本，即去声之象；冬天地闭藏，万物尽收，即入声之象”（沈氏《答甄公论》，引自《文镜秘府论校注》）。虽然这种比喻也“令人难以捉摸”，但我们知道了这样一个事实：平声的调型是平的，稳的，静的；仄声的调型是斜的，动的。至于四声的确切调值我们不必知道，因为调值不过是个相对音高。现代汉语的五度标音法也只不过是标其调型而已。汉语四字格的平起仄收律很可能跟调型的搭配有关系。[⑦]沈炯先生（1985）曾用实验语言学的手段对北京话声调进行了详细的描写。在他的实验里，多数阴平字呈微降曲拱，少数阴平字有微升曲拱（我们把它看成是高平调）；而阳平在语流中只有升的特征。从音域的角度看，阳平和去声两个调类的曲拱按不同的方向穿过音域，表现为相对的“升”和“降”。上声基本上是低降平调；去声也是降调，但起点比上声高。从北京话来看，阴平阳平（平声）表现为平升调，上声去声(仄声)表现为低降调,这与汉语的先升后降、前清后重的节律特征吻合。[⑧]林焘先生(1985)对北京话去声连读变调的调查表明,从北京城区和近郊农村55人的录音材料中考察去声加去声的词或词组,约1/3的人把前一个音节读成升调。其中文化程度低的人读成升调的比例最高。另有1/3的人把前一个音节读成平调,1/3的人读成降调。[⑨]这是因为先平升后低降符合(石锋,1988)省力的原则。[⑩]此外,徐世荣先生(1982)对汉语双音词的音量进行分析,他发现在20000个常用双音词中,前轻后重的有4100个左右。[⑪]现在我们可以解释为什么汉语四字格有平起仄收这样的规律了:因为平起仄收符合汉语的韵律特征。如果再进一步深究,汉语的这一节律特征很可能来源于古代的"调声之术"。古人作诗文,必使"宫徵相变,低昂舛节,若前有浮声,则后有切响。一简之内,音韵尽殊;两句之中,轻重悉异。妙达此旨,始可言文"(宋书·谢灵运传,转引自《文镜秘府论》),这虽然说的是写诗作文的技巧,但它对后世文风的影响不可低估。声律的发展在很大程度上影响了语言的结构方式。正如沈约所说的"若得其会者,则促文留意,失其要者,则喉舌蹇难。"(转引自《文镜秘府论》)所谓"得其会者",指的是写诗作文音韵谐和,这也是符合"音便"原则的。声病之说对中国文人的影响既深且远,从六朝到齐梁陈隋直至唐末,骈丽藻饰,尽工尽善,声律的追求无时无刻不在。这一切都注定会在语言上留下烙印。汉语四字格的平起仄收律一定与这种文化背景有关。

附 注

①编者高光烈,吉林文史出版社,1987年。

②崔希亮《并列式双音词的结构模式》,《第三届国际汉语教学讨论会论文选》,北京语言学院出版社。

③见何九盈著《中国古代语言学史》。

④这一点,上古汉语与现代方言都可以证明。顾炎武曾说过上古声调"平声音长,入声音短"的话,见王力《古代汉语》。

⑤仄有倾斜之意,也有逼窄之意。平仄之仄有本于此。

⑥唐作藩《音韵学教程》。

⑦虽然在语流中声调的调型会发生量变,但这种量变不会影响到声调的特征。因此在对四字格的考察中,可以不考虑语流的调节作用。可参看林茂灿(1988)《普通话声调的声学特性和知觉征兆》,载《中国语文》第3期。

⑧沈炯《北京话声调的音域和语调》,见《北京语音实验录》,北京大学出版社。

⑨林焘(1985)《北京话去声连续变调新探》,《中国语文》第2期。

⑩石锋(1988)《论天津话的声调及其变化》,《中国语文》第5期。

⑪徐世荣(1982)《双音节词的音量分析》,《语言教学与研究》第2期。

第三节 人称代词修饰名词时“的”字隐现问题

3.1 引言

在一篇文章中见到一个非常有趣的例子:有一个美国学生在作文中曾经写过这样一个句子:“我家有我爸爸、我妈妈和我狗。”[①]作者认为这个句子没有语法问题,只是社会文化的差异所致。对此我有不同看法。从英语语法的角度看,可以说 my father, my mother and my dog,然而就汉语语法而言,“我狗”的说法就不对了。我们找来一些相关的例子:[②]

(1) 因为我努力学习,所以我校长给了我奖学金。
(2) 我医生不同意我喝酒。
(3) 他反对我想法,我也反对他想法。
(4) 他用气功治好了我病。
(5) 我汽车是二手货。
(6) 我的爱人的家在旧金山。
(7) 她是我的爸爸的第一个妻子。
(8) 在我的国家没有这样的习惯。
(9) 去年王老师访问了我的大学。

很显然,“我狗”的说法不是一个孤立的现象。有的留学生认为人称代词“我”后边可以直接带名词,这是从“我爸爸、我妈妈、我哥哥、我姐姐”中类推出来的;还有一些留学生认为“我”和“我的”没有什么不同,可以任意选择。这里面有三个方面的问题:

① 人称代词(PP)修饰名词(N)在什么情况下用“的”,什么

情况下不用"的"？

② PP + N 与 PP 的 + N 有没有区别？有什么区别？

③ PP(的) + N 中的 PP 有时必须用复数形式，什么时候用复数形式？用什么样的复数形式？

我们以第一人称代词"我/我们"为例，对以上三个问题进行一番探讨，希望能找到问题的答案。

3.2 PP 与 N 的语义关系和"的"隐现

人称看起来很简单，所以前辈学者在这个问题上往往一笔带过。例如关于第一人称代词"我"，吕叔湘(1982)曾经这样写道："第一身指代词，白话用'我'，表领属加'的'，这很简单"(p.152)。在谈到"的"时，他又说，"白话在指称词后加'的'字表领属关系，这个'的'字往往可以不说，尤其是在'们'字之后"(同上 p.159)。吕先生注意到了人称代词表示领属关系时有时可以加"的"，有时可以不加"的"，但更详细的情况吕先生则没有谈。在此之前赵元任先生的《汉语口语语法》(1979 年中译本)以及在此之后朱德熙先生的《语法讲义》(1982)对这个问题均未提及，刘月华等著《实用现代汉语语法》(1983)以及最近翻译出版的《实用汉语参考语法》(李英哲等编著，熊文华译，1990 年北京语言学院出版社)也没谈到这个问题。《现代汉语八百词》(吕叔湘主编，1980)注意到了这个问题(pp.487 ~ 489)，该书指出"在下列场合，口语不常加'的'：在亲属或有亲属关系的人的名称前(引例省去，下同)。在'家'、'家里'、'这里'、'那里'以及方位词前('这里'、'那里'必不加)。在'着(那) + 数量词'前。"(pp.447 ~ 448)，但同时又说"在亲属名称前，用'我们'或'我'，加'的'或不加'的'，情况不一(p.489)。在谈到"我们"时，该书指出"但在跟自己有关系的人、团体、处所的名词前，口语全部加'的'"(p.489)。《八百词》强调不加'的'的情况都是在口语中出现的，这一点似乎与事实不符。凡是口语中可以不加"的"的例子，书面语也可以不加；同样，凡是口语中加“的”的，书面语中未必就能加。另外，所谓“跟自己有关系的人”、“有密切关系的人”语焉不详，起码有些语义模糊。

那么，PP(的)+N中“的”的隐现到底跟什么因素有关系呢？我们考察的结论是：PP(的)+N中“的”的隐现主要取决于PP与N之间的语义关系。

从语法的角度来看，PP+N是一种向心结构(endocentric construction)，N是向心结构的核。从语义的角度看，PP与N的关系是一种领属关系，细分起来，这种领属关系却有千差万别。我们不妨举例说明，这些例子似乎可以给我们一些启发。

A. PP与N具有不可变的领属关系[3]

① N是PP的血亲

爸爸/妈妈/爷爷/奶奶/哥哥/姐姐/叔叔/姑姑/舅舅/儿子/孙子/表弟/表妹……

② N是PP的姻亲

岳父/岳母/婆婆/公公/嫂子/姑父/姨夫/婶子/舅妈/姐夫/小姑子/大伯子……

③ N是PP的配偶

妻子/丈夫/老婆/老公/太太/先生/爱人/媳妇/男人……

④ N是PP的社会关系

师傅/徒弟/学生/同事/同学/朋友/邻居/老板/上司/同屋……

⑤ N是PP的一部分

脑袋/鼻子/耳朵/胳膊/眼睛/大腿……

⑥ N是PP的本源

家乡/老家/母校/祖籍/娘家/原籍……

B.PP 与 N 具有可变的领属关系[4]

⑦ N 是 PP 的私有财产
狗/手表/自行车/眼镜/钢笔/大衣……

⑧ N 是 PP 的精神产物
意见/想法/观点/看法/愿望/理想……

⑨ N 是 PP 的生理现象
肝炎/感冒/伤口/牙周炎/心脏病……

⑩ N 是 PP 的个人属性
性格/能力/水平/修养/特长/爱好……

⑪ N 是 PP 的社会属性
职业/义务/责任/权力/职权/职务……

C.PP 与 N 具有特殊的领属关系,N 不可能只属于某一个人

⑫ N 是 PP 的有衔上级
校长/处长/主任/经理/军长/总司令……

⑬ N 是 PP 的处所
学校/城市/国家/地区/山区/农村……

⑭ N 是 PP 的行政区域
北京(市)/河北(省)/海淀(区)/省/县/乡……

⑮ N 是 PP 的环境
地球/太阳系/银河系……

⑯ N 是 PP 所属的群体
海军/党/空军/大学生/农民……

在 A、B、C 三类中,C 类的 PP 必须是复数形式,PP 与 N 之间加“的”不加“的”语义不同。A、B 两类的 N 可以只属于某一个人,因此 PP 可以用单数形式。我们看看在 PP 是单数形式的情况下

“的”的隐现情况。我们用“+”表示必须加“的”，用“(+)”表示可以加也可以不加。A、B两大类的11小类可以列出一个矩阵：

1. N是PP的血亲	(+)
2. N是PP的姻亲	(+)
3. N是PP的配偶	(+)
4. N是PP的社会关系	(+)
5. N是PP的一部分	(+)
6. N是PP的本源	(+)
7. N是PP的私有财产	+
8. N是PP的精神产物	+
9. N是PP的生理现象	+
10. N是PP的个人属性	+
11. N是PP的社会属性	+

从这个矩阵中我们可以看出A、B两类的分野，这一分野正好与PP(的)N加“的”不加“的”的分野相吻合。A类可以加“的”，也可以不加“的”；B类可是非加“的”不可。也就是说，当PP与N具有不可变的领属关系时，PP与N之间可以加“的”，也可以不加“的”；当PP与N具有可变的领属关系时，PP与N之间一定要加“的”。这就是为什么可以说“我爸爸、我妈妈”却不能说“我狗”而只能说“我的狗”的原因。⑤

除了A、B、C三类外，人称代词“我/我们”还有一些特殊用法，如“我”单数形式可以表达复数意义，“我省、我市、我院”都是“我们省、我们市、我们院”的意思；“我们”也可以表达单数意义，这是一种自谦的用法，经常在论说文中出现。此外，像“我的太阳、我的大主任、我的唐明皇、她的杨贵妃、我的天哪、我的妈呀”等等用法，PP与N之间表达的不是一般意义上的领属关系。这些用法不在本文讨论的范围之内。

3.3　“的”的隐现与语义重心

在 A、B、C 三类中，A 类和 C 类既可以有 PP 的 + N 的形式，也可以有PP + N的形式。也就是说，在 A、C 两类中，“的”的隐现是自由的。表面上看是这样，但如果考虑到 PP + N 与 PP 的 + N 之间在语义上的差别，“的”字在 A、C 两类中自由隐现的结论就得修改。试比较：

A
我爸爸 – 我的爸爸
我姐夫 – 我的姐夫
我丈夫 – 我的丈夫
我师傅 – 我的师傅
我老家 – 我的老家
我脑袋 – 我的脑袋
L　R

C
我们校长 – 我们的校长
我们学校 – 我们的学校
我们北京市 – 我们的北京市
我们地球 – 我们的地球
我们海军 – 我们的海军
L　R

在比较中我们发现，PP 与 N 之间加“的”与否所表达的语义重心 (a focus of sense)不同。L 代表不加“的”的情况。R 代表加“的”的情况。我们发现，L 的语义重心总是落在 N 上，而 R 的语义重心总是落在“PP 的”上。换句话说，PP + N 强调的重心是 N，而 PP 的 + N 强调的重心总是“PP 的”。例如：

我爸爸在上海 – 我的爸爸在上海
那是我爸爸 – 那是我的爸爸

我们校长没来－我们的校长没来

那是我们校长－那是我们的校长

R 中所有的例子都有一个共同的特点：他们旨在强调 N 在领属关系上具有排他性。这与 B 类的特点相同，B 类例子在某种意义上说都是在强调 N 对 PP 来说在所有权方面具有排他性。“我的狗”中的“狗”在所有权上属于“我”，而“我爸爸”中的“爸爸”在所有权上并不属于“我”自己，他同时也属于我哥哥、我姐姐、我弟弟、我妹妹，如果我有兄弟姐妹的话。当然了，“妻子”、“脑袋”等本身具有领属关系上的惟一性，这种惟一性本身就是排他的，但是“我妻子是北京人”和“我的妻子是北京人”语义中心显然不同，“那是我妻子”和“那是我的妻子”语义中心也显然不同。说“我妻子”不意味着“妻子”对“我”来说有跟别人对比的倾向，但说“我的妻子”对“我”来说则隐含着与“别人的妻子”对比的倾向。另外，假使甲乙双方对“妻子”的所有权发生了争执，为了强调排他性，争执双方都会选择“这是我的妻子”，这样就会使语义重心落在“我的”上，强调了“妻子”在所属关系上的排他性。

正是由于 PP 的 + N 与 PP + N 相比在领属关系上强调排他性，所以如果有人说“我的国家”、“我的城市”、“我的大学”，我们就会觉得他在强调“国家”、“城市”、“大学”在所有权方面的排他性，听起来他好像是一个国家的君主，或一个城市的领主，要不就是一个大学的老板。

与 A 类情况相比，C 类的例子稍微有些复杂。因为“我们”有包括式和排除式两种用法。“我们校长”中的“我们”既可以包括听话人；也可以不包括听话人；但是“我们的校长”语义重心在“我们的”上，一般不包括听话人。又如“我们农村”与“我们的农村”语义重心的不同反映了说话人立场的不同。[6]说“我们农村”时，说话人是站在农村一边的，它是农村的一分子；但是说“我们的农村”时，说话人显然是站在更高的位置上，他强调的是“我们的”而不是“农村”，他可能不是农村的一分子。又如“我们北京市”和“我们的北京市”，前者“我们”与“北京市”为一体，它们的所属关系是可逆的，“我们”属于“北京市”，“北京市”也属于“我们”；但是后者的“我们”与“北京市”的所属关系只在一个向度上成立，即：只有“北京市”属于“我们”，“我们”则不一定属于“北京市”。一个上海人可以对外国人说“我们的北京市比你们的纽约市干净多了”，中国的国家领导人也可以说“我们的北京市有许多古建筑”，它们都不是站在“北京市”的立场上说话的，而是站在更高一层——“中国”的立场上说话的。“我们地球”与“我们的地球”有点特别，因为对人类来说只有一个地球，所以只要是跟人类对话，“我们”或“我们的”都不可能是排除式，除非有一天有人被开除球籍。

通过以上分析，我们可以得出这样的结论：PP + N 与 PP 的 + N 是有区别的，前者的语义重心在 N 上，后者的语义重心在“PP 的”上。对于某些 C 类例子来说，PP + N 说话人的立场在 N 一边，而 PP 的 + N 说话人的立场则在更高的层次上。

3.4　其他因素对“的”字隐现的影响

前边谈的是语义因素和语用因素对“的”字隐现的影响。首先是 PP 与 N 的语义关系对“的”的制约作用。当 PP 与 N 具有可变的领属关系时，“的”字必须出现（B 类）；当 PP 与 N 具有不可变的领属关系时（A 类），或 PP 与 N 具有特殊的领属关系，即 N 不可能为某一个人独享时（C 类），“的”字可隐可现。其次是话语中的语义重心对“的”字的制约作用。当说话人的语义重心落在 N 上时，“的”字不出现；当说话人的语义重心落在“PP 的”上时，“的”字必须出现。除了语义和语用因素，“的”字的隐现还会受到其他因素的影响，比如句法位置、音节数目等。语义的制约作用是基本的因素,语用和句法、节律方面的制约作用则是语言表达过程中的一种自动调节,这种自动调节主要以经济原则和音便原则为基础。

我们先看句法位置对"的"字隐现的影响。前边谈到过A类例子和C类例子PP与N之间的"的"字可隐可现。这是孤立地看的,在特定的句法位置上,"的"字的隐现会受到句法的限制。试比较:

Aa组
- 我姐姐的婆婆
- 我舅舅的老家
- 我奶奶的娘家
- 我哥哥的同学

Ab组
- 我姐姐婆婆的外甥
- 我舅舅老家的习惯
- 我奶奶娘家的亲戚
- 我哥哥同学的爱人

Ca组
- 我们校长的夫人
- 我们学校的礼堂
- 我们北京市的卫生
- 我们地球的前景
- 我们海军的传统

Cb组
- 我们校长夫人的哥哥
- 我们学校礼堂的电灯
- 我们北京市卫生的条件
- 我们地球前景的预测
- 我们海军传统的继承

Cc 组
- 我们校长夫人哥哥的洋房
- 我们学校礼堂电灯的花费
- 我们北京市卫生条件的标准
- 我们地球前景预测的文章
- 我们海军传统继承的问题

不管前边的修饰语有多长，"的"字总是出现在中心语(向心结构的核心)的前边。Aa 组"我"与"姐姐"之间要是加上"的"就显得累赘。Ab 组也一样，不但"我"和"姐姐"之间不能加"的"，而且"姐姐"和"婆婆"之间也不能加"的"。Ca、Cb、Cc 三组也是如此类推。当然了，在某些情况下，你可以说"我们的校长的夫人的哥哥的洋房"，就好像语法学界都熟悉的"父亲的父亲的父亲"一样，这毕竟不能算自然语言。好在修饰语的长度是有限度的，不然我们的分析也就很难止住了。修饰语一旦超过了某种限度就会影响到交际。

A 类例子可做 Aa、Ab 这样的延展，C 类例子可做 Ca、Cb、Cc 这样的延展，但是 B 类例子是不能做这样的延展的。原因很简单，因为"的"字总是出现在中心语前边，这也就意味着一旦出现"的"字，它后边的 N 肯定是中心语。B 类例子只有 PP 的 + N 的形式，所以"的"字不能省去；"的"字一来，结构就定型了，所以朱德熙先生(1983)把"的"看成是名词化的标记。

至于音节数目方面的影响到目前为止还不能说得很清楚，但是我们可以例举一些现象来说明这种影响。例如 A 类例子中的第 1 小类 N 是 PP 血亲，如果 N 是双音节词，则"我爸爸、我的爸爸"都可以被接受；但如果 N 是单音节词，那么，"PP 的 + N"就很难被接受了。例如：

我爸 - ? 我的爸	我妈 - ? 我的妈
我姐 - ? 我的姐	我舅 - ? 我的舅

我姨－？我的姨　　我姑－？我的姑

又如A类第5小类N是PP的一部分，如果N是双音节词，“我脑袋、我的脑袋”都可以被接受；但如果N是单音节词，“PP+N”则很难被接受，如：

？我头－我的头　　？我心－我的心
？我肝－我的肝　　？我腰－我的腰
？我手－我的手　　？我脚－我的脚

B类例子似乎不受音节数目的影响。如：

(1)我的表　　(1)我们的狗
(2)我的手表　　(2)我们的猎狗
(3)我的电子表　　(3)我们的纯种狗
(4)我的镀金手表　　(4)我们的德国猎狗
(5)我的镀金电子表　　(5)我们的爱尔兰猎狗
(6)我的卡西欧电子表　(6)我们的爱斯基摩猎狗

C类例子第14小类，当N是单音节词时，“PP的+N”很难被接受：

我们省－？我们的省
我们县－？我们的县
我们市－？我们的市
我们乡－？我们的乡

但是在某些特定的条件下（如对举），“PP的+N”有时可以被接受的。如：

你们的省和我们的省不一样，你们的外务省、大藏省相当于我们的外交部、财务部。

音节数目方面的影响很可能跟别的因素搅在一起，不容易看清楚。这方面的进一步研究还有待于未来。

附　注

①盛炎(1991)语言交际功能与功能教学,《第三届国际汉语教学讨论会论文选》,北京语言学院出版社。

②这些例子来源于留学生的课后作业,个别地方引用时做了修改。

③所谓不可变的关系是指一种天然的关系,或者说话人把这种关系看成是一种天然的关系。如“我爸爸、我岳父、我妻子、我师傅、我脑袋、我老家”。PP与N的关系一般来说要伴随PP的一生,“我爸爸”永远是我爸爸。从法律上说,姻亲、配偶关系是可以改变的,但是在中国人的观念里,从一而终的观念占主导地位,祥林嫂嫁给贺老六可还叫祥林嫂。师徒关系也是一种牢不可破的关系,是一生不可能改变的。

④所谓可变关系指的是一种临时关系,这种关系有时间性和阶段性。“我的狗”送给别人之后就变成“他的狗”了,“我的意见、我的病、我的性格、我的职业”都可能有变化。

⑤在诸如“我狗丢了”、“我自行车没铃”这样的句子中,“我”与“狗”、“自行车”之间没有直接的结构关系,应分析为“我/狗丢了”、“我/自行车没铃”。下面的如“我/意见与他不同”、“我/肝炎好了”、“我/职业是教师”、“我/性格不好”都应如此分析。

⑥“我们农村”、“我们北京市”、“我们地球”可以看成同位结构,“我们海军”、“我们大学生”也可以看成同位结构,但加“的”以后它们都变成了定中结构。这种结构上的变化与语义上的变化是互相关联的。但“我们校长”、“我们党”在结构上更倾向于定中结构。“我们省”、“我们区”也是定中结构。可见,“的”的隐现不光影响话语的语义重心,也会对结构的性质产生影响。

第四节 “把”字句和“将”字句

4.1 引言

人们一般都认为“把”字句和“将”字句没有什么分别，所以在讨论“把”字句的时候实际上也包括了“将”字句。[①] 从来源上看，无论是“把”还是“将”都是由动词变来的。在历史上，它们曾有过一段时间并驾齐驱，但最终“把”字句占了上风，到今天基本上取代了“将”字句。在明清白话小说里，“把”字句和“将”字句的出现频率因人而异，但是如果把考察的范围扩大就会发现，二者的使用基本上呈平衡状态。那么，“把”字句和“将”字句到底有没有分别？为了搞清楚这个问题，我们考察了《红楼梦》[②]中全部的“把”字句和“将”字句，结果发现：“把”字句和“将”字句在使用上是有分别的。这些分别体现在语体上、句法结构的选择上和句子的表达功能上。

为了更好地说明《红楼梦》中“把”字句和“将”字句的分别，我们首先对《红楼梦》以及《红楼梦》以前的作品做一个历史比较，然后再回过头来考察《红楼梦》内部的情况。

4.2 历史比较

我们选了六种在时间上早于《红楼梦》的作品：《刘知远诸宫调》(《刘》)、《董解元西厢记》(《董》)、《新校元刊杂剧三十种》(《新》，选七位北方作家：关汉卿、高文秀、郑廷玉、马致远、尚仲贤、纪君祥、武汉臣)、《水浒传》(《水》)、《老乞大谚解》(《老》)和《朴通事谚解》(《朴》)。[③] 其中《刘》和《董》可以断定是金代(约公元 1115 ~ 1234 年)的作品，《新》是元代(约公元 1271 ~ 1368 年)

的作品,《水》、《老》和《朴》都是明代(约 1340 ~ 1423 年)的作品。后两种书都是外国人写的汉语教科书,里面都是对话体语言,可以大致代表当时的口语。《红楼梦》是清代的作品,写作时间约在 1715 ~ 1764 年之间。以上作品大致能够代表金元明清 600 余年北方汉语的历史面貌。

需要说明的是,"把"字句和"将"字句在以上作品中有介词和动词两种用法,我们这里所说的"把"字句和"将"字句不包括"把/将"用作动词的句子。即不包括下面这些句子:

(1) 把不定心儿跳。(董 90)

(2) 将卓儿来。(老 72)

(3) 把什么去当?(朴 42)

王力(1980)在《汉语史稿》(411 ~ 412 页)中举了这样两个例子:

(4) 醉把青荷叶(杜甫诗)

(5) 醉把茱萸仔细看(杜甫诗)

王力认为"把"的意思是"拿","拿"是为了"看"的,于是句子的重音就渐渐转移到"看"上,"把"字就渐渐虚化了。王先生没有说明什么样的"把"是虚化了的,什么样的不是,所以我们很难判断哪个是动词哪个是介词。我们考察了王力的例子,也考察了祝敏澈(1957)的例子,发现凡是他们认为虚化了的"把 OV"句式都具有如下特征:O 是"把"的宾语,同时也是 V 的受事。凡具有这一特征的"把/ 将"字句都在我们考察之列。

我们把每一种作品的"把"字句和"将"字句都记录下来,然后根据它们出现的次数统计出它们的频率,最后根据它们频率的比值来观察"把"字句和"将"字句的增减情况。下表是我们考察的结果。

作 品 名 称	将字句	把字句	将:把	作品年代
刘知远诸宫调	18	34	.529	1115～1234
董解元西厢记	2	125	.016	1190～1208
新校元刊杂剧三十种	107	158	.677	1271～1368
水浒传[④]	220	1070	.206	1340～1380
老乞大谚解	18	3	6.000	1346～1423
朴通事谚解	15	33	.455	1346～1423
红楼梦	804	899	.894	1715～1764

图表十一 “把”、“将”历史比较

从图表十一我们可以看出,“将/ 把”字句的比值并不是像人们想像的那样在时间的向度上依年递减,而只是在一定的范围内上下波动。除了《老》外,“将/ 把”字句的比值一直是 P∠1。《老》《朴》都是外国人写的汉语教材,但是它们“把”字句和“将”字句的使用差别很大,这可能反映了编写者的个人差异。

从表一还可以看出,“把”字句和“将”字句并用至少有 600 年之久。就是今天“将”字句也没有完全退出历史舞台。在 600 多年的时间里,“把”字句一直占优势而并没有能取代“将”字句,这恰好说明二者的用处并非完全相同。我们对《红楼梦》的考察恰好证实了这一推断。

4.3 语体比较

语言材料有书面语和口语两种,研究近代汉语只能以文字材料为依据。怎么区分两种不同的语料呢?我们把语料分为叙事语料和对白语料,它们大致可以代表某一历史平面上书面语和口语的分别,而这种分别是有意义的。

在《红楼梦》前 80 回的统计中,“把”字句和“将”字句在不同的语体里出现频率是不同的。下表是我们统计的结果。

	叙事句	对白句	合计
“把”字句	167	398	565
“将”字句	517	51	568
合计	684	449	1133

	叙事句	对白句
“把”字句	.2442	.8865
“将”字句	.7559	.1136

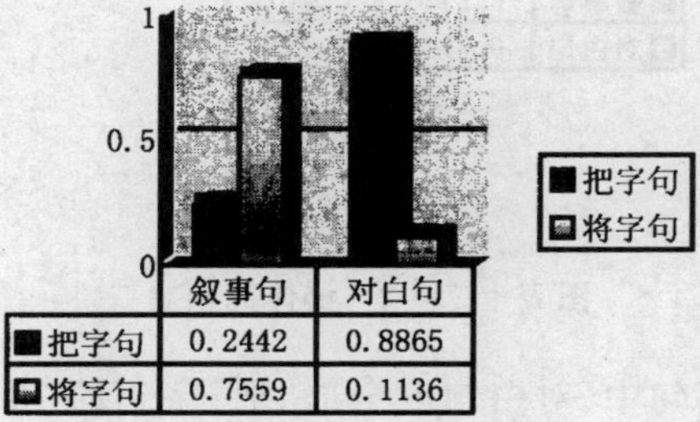

图表十二 - 1　语体比较之一

图表十二可以说明以下几个问题：

①《红楼梦》前 80 回“把”字句和“将”字句出现的频率大致相同(565:568)。

② 在对白句中，“把”字句占 88.65%，“将”字句却只占 11.36%。这说明“把”字在对白句中占绝对优势。

③ 在叙事句中，“将”字句占了 75.59%，而“把”字句只有 24.42%。这说明“将”字句在叙事句中占绝对优势。

我们还可以看看“把”字句和“将”字句中各有多少叙事句和对白句：

	叙事句	对白句
"把"字句	.2956	.7045
"将"字句	.9103	.0898

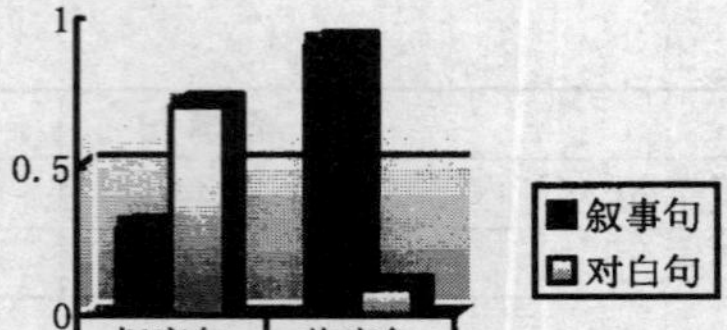

	把字句	将字句
叙事句	0.2956	0.9103
对白句	0.7045	0.0898

图表十二－2　语体比较之二

在"把"字句中，对白句占全部"把"字句的70.45%，叙事句占29.56%。在"将"字句中，对白句仅占全部"将"字句的9%，而叙事句却占91%。这也说明"把"字句多用于对白句，而"将"字句多用于叙事句。

我们所说的对白句应该说可以代表当时地道的口语，其特点与今天的北方话口语几乎相同。

(6) "把这四样水调匀。"(红108)
(7) "把匣子里的花儿拿来。"(红109)
(8) "把果子摆在里间小炕上。"(红116)
(9) "我哪一回把你的东西给人了？"(红116)
(10) "快把贺彩送上来。"(红313)

在语料中我们发现甚至有些情急之语，如：

(11) "我把你烂了嘴的！"(红276)

(12)“我把你这嚼舌根的小蹄子!”(红 520)

(13)“我把你这个混账东西!”(红 1315)

叙事句是指对白句以外的一切句子(包括诗词歌赋曲诔信函等)。如:

(14)待在下将此来历注明,方使阅者了然不惑。(红 1)

(15)并不曾把儿女真情发泄一二。(红 9)

(16)竟有许多夜叉海鬼将宝玉拖将下去。(红 91)

(17)周瑞家的将花送上,说明缘故。(红 110)

“把”字句和“将”字句在语体上的分别说明“将”和“把”不是古今词的分别,而是共时系统中功能的差别。下面的考察将进一步证实这一观点。

4.4 句法结构类型的比较

《红楼梦》1 ~ 80 回共有“把/ 将”字句 1133 例。根据它们的结构特征,我们把它们分成 19 类。

1. 把/ 将 N V C(趋向)

N 是名词性成分,V 是动词,C 是 V 的补语(下同),括号中的字注明补语的意义类。

(18)“平儿,来! 把你的收起去。”(红 596)

(19)“把他那一吊钱都拿过来。”(红 648)

(20)说着,便将礼单送上去。(红 794)

(21)柳家的听了,便将茯苓霜搁起。(红 853)

能出现在趋向补语位置上的趋向动词如下:

	上	下	进	出	过	回	起	开	到
来	+	+	+	+	+	+	+	+	★
去	+	+	+	+	+	+	+	-	★

其中,“到……来/去”只能分用,不能合用。其他趋向动词既可分用,又可合用。

下面三小类也包括在该类中:

1-1 把/将 N V n(数量)C(趋向)

(22) 单把那纹理细密的拣了几套进去。(红 324)

(23) 又起身将自己的一个拿了一个来。(红 273)

1-2 把/将 N V 了 在/到/回/……n(处所)来/去

(24) “倒把这女孩子送了别处去。”(红 379)

(25) “看的眼热了,也把我送在火坑里去。”(红 638)

1-3 把/将 N V 出 n 来

“出 n 来”在这里表示动作结果,与一般的趋向补语有所不同。但是从句法结构外部特征的角度考虑,我们仍把它归入第 1 类。

(26) “生生的把个孩子逼出病来了。”(红 408)

(27) “人先笑话我当家倒把人弄出个花子来。”(红 712)

2. 把/将 N V C(结果)

C 是结果补语,由形容词、动词或固定结构充当。VC 之间有时可以插入一些成分(如“得(的)”“个”“了个”等)。

(28) 袭人早已把书笔文物包好。(红 134)

(29) “将冯公子打了个稀烂。”(红 60)

(30) 忽见一股火光从山石那边发出,将雀儿惊飞。(红 822)

(31) 又把宝玉的一碗茶也砸得碗碎茶流。(红 142)

3. 把/将 N V C(处所)

(32) “你把林姑娘安置碧纱橱里。”(红 52)

(33)“将他二人安在一室之内。”(红 357)

(34) 莺儿便赌气将花掷于河中,自回房去。(红 836)

4. 把/将 N V C(数量)

当 C 是数词时表示一种分数。当 C 是数量结构时,表示名量、动量、时量或不定量。

(35) 因而将适才的精神减去十分之八九。(红 315)

(36) 又将林之孝家的申饬了一番。(红 1035)

5. 把/将 N1 V N2

(37)“趁早把银子还我。”(红 335)

(38)“不如把这事交与叶妈。”(红 788)

6. 把/将 N V 了/着

(39) 早又把眼圈儿红了。(红 226)

(40)“仍旧把花儿糟蹋了。”(红 325)

7. 把/将 N 一 V

(41) 凤姐听说,将眉一皱,把头一回。(红 379)

(42) 妙玉听了,忽然把脸一红,也不答言,低了头自看那棋。(红 1251)

(43) 黛玉将剪子一摔。(红 241)

8. 把/将 N V(一/了)V

(44)“过来,我替你把头发拢一拢。”(红 2589)

(45) 将贾蔷打谅了打谅。(红 218)

9. 把/将 N 我 VP

(46)“饶便饶你,只把袖子我闻一闻。”(红 274)

(47)“把屋子里的人我也带开。”(红 632)

10. 把/将 N VP1 – VP2

VP1 - VP2 是一种连谓结构，其中 VP1 都是述补结构(包括 V 了)，VP2 可以是述宾结构，也可以是主谓结构。

(48)“你把茄鲞搛些喂他。”(红 564)

(49)“快把你的袄儿脱下来我穿。”(红 1109)

(50)“把你们的好茶倒碗我吃。”(红 366 ~ 7)

11. 把/ 将 N1 V1 N2 V2

这是一个递系结构(兼语式)：

(51)“明儿我倒把这话告诉别人去评评。”(红 420)

(52)平儿又把方才的话说与袭人听。(红 592)

12. 把/ 将 N neg V

(53)“如今你和宝玉好，把我不答理。”(红 346)

(54)因此自己只装做不耐烦，把诗社便不起。(红 993)

(55)遂将司棋等事暂未理。(红 1060)

13. 把/将 N 来/去 VP

(56)因把些残花剩瓣去掩埋，由不得感花伤己。(红 385)

14. 把/ 将 N 怎么样

(57)“难道谁还敢把他怎么样呢？”(红 350)

(58)“多喝了又能把我怎么样？”(红 533)

15. 把/ 将 N 认为/看做/当成……x

(59)竟把凤姐认为知己。(红 946)

(60)“你太把人看糊涂了。”(红 781)

16. 把/ 将 N VP 的(C)

(61)“猴儿，把你乖的！”(红 477)

(62)“把你就伶俐的！”(红 728)

(63)“把他会说话的！”(红 619)

(64)“就把他兴的这样！”(红 377)

17. 把/ 将 N1 N2(同位)

(65)“我把你这瞎了眼的!”(红 654)

又见例(12)(13)(14)。

18. 把/ 将 N VP 了你的/他的

(66)“他再不说,把嘴撕烂了他的!”(红 606)

19. 其他句式(不能归入以上句式者)

以上 19 类句法结构类型基本上能够概括《红楼梦》“把/ 将”字句的情况。之所以描写得这样细,是因为《红楼梦》“把/ 将”字句的用法与现代汉语稍有不同。下面我们分别在对白句和叙事句中统计各类句法结构的分布。从中可以看出“把/ 将”字句在句法结构的选择上是有区别的。

我们在这里做了三项统计:表十三是“把”字句和“将”字句在各种句法结构中的分布。表十四、表十五分别是对白句和叙事句中“把/ 将”字句的分布以及各类结构在全部“把”字句和全部“将”字句中所占的比例。

序	结构类型例	把	将	比较
1	将礼单送上去	139	162	<
2	把书笔文物包好	84	87	<
3	将花掷于河中	34	47	<
4	将林之孝家的申饬了一番	29	31	<
5	把银子还我	51	65	<
6	把眼圈儿红了	47	41	>
7	把头一回	17	26	<
8	把头发拢一拢	14	21	<
9	把袖子我闻一闻	2	0	>
10	把你们的好茶倒碗我吃	53	46	>
11	把方才的话说与袭人听	16	29	<

（续表）

序	结构类型例	把	将	比较
12	把我不答理	14	0	>
13	把些残花剩瓣去掩埋	2	3	<
14	敢把我怎么样	3	0	>
15	把凤姐认为知己	9	0	>
16	把你乖的	5	0	>
17	我把你这瞎了眼的	6	0	>
18	把嘴撕烂了他的	2	0	>
19	其他	36	4	>
	合计	565	568	

图表十三 “把”字句和“将”字句分布比较

从表十三中我们可以得出以下结论：

① “把”字句和“将”字句出现的总次数相差无几，只是在某些句法结构形式中有“把”字句，没有“将”字句。如第 9 类、第 12 类、第 14 类、第 15 类、第 16 类、第 17 类、第 18 类结构形式，这说明“把”字句在运用中比“将”字句灵活，选择结构形式的范围比“将”字句宽。

② 凡是既有“把”字句又有“将”字句的结构形式，两者出现的频率相差不大。

③ 凡是没有“将”字句出现的结构形式都是口语化程度很高的句子，这只能说明前面的观点：即在语体分布上二者是的确有差别的。

为了找到它们在句法结构方面的差别，我们分别在对白句和叙事句中进行统计，然后比较两个统计的结果。这样比较容易看出哪些结构形式“把”字句占优势，哪些“将”字句占优势。

从图表十四和图表十五中我们得出以下结论：

① 无论是在对白句中还是在叙事句中，我们发现“将”字句在第 1 类、第 3 类、第 5 类、第 8 类和第 11 类句法结构形式中所

占的比例比“把”字句在这些结构形式中所占的比例大。

② 无论是在对白句中还是在叙事句中，我们发现“把”字句在第2类、第4类、第9类、第12类、第14类、第15类、第16类、第17类和第18类结构形式中所占的比例比“将”字句在这些结构形式中所占的比例大。

③ 在对白句中，“把”字句在第6类、第10类结构形式中占优势。而在叙事句中，“将”字句在这些结构形式中占优势。

④ 如果说“把”字句正在逐步替代“将”字句的话，那一定是先从第2类、第4类、第9类、第12类、第14类、第15类、第16类、第17类、第18类这9种结构形式开始的，因为在这些结构形式里“把”字句比较活跃。

由此可见，“把”字句总是在一些结构形式中占优势，而“将”字句总是在另外一些结构形式中占优势，这说明二者在结构分布方面还是有区别的。

“把”/“将”在各结构中的绝对频次

序	结构类型例	把	将
1	把/将 N V C(趋向)	101	17
2	把/将 N V C(结果)	50	6
3	把/将 N V C(处所)	22	6
4	把/将 N V C(数量)	7	0
5	把/将 N1 V N2	38	5
6	把/将 N V 了/着	41	1
7	把/将 N 一 V	6	1
8	把/将 N V (了/一) V	11	3
9	把/将 N 我 VP	2	0
10	把/将 N VP1 – VP2	46	3
11	把/将 N1 V1 N2 V2	12	3
12	把/将 N neg VP	12	0
13	把/将 N 来/去 V	1	0
14	把/将 N 怎么样	3	0

（续表）

序	结构类型例	把	将
15	把/将 N 认为……x	7	0
16	把/将 N1 N2(同位)	5	0
17	把/将 N VP 的(C)	6	0
18	把/将 N VP 他的/你的	2	0
19	其他	26	4
合计		398	49

“把”/“将”各种结构比例分配

	结构类型	把%	将%
1	把/将 N V C(趋向)	25.4	33.3
2	把/将 N V C(结果)	12.6	11.8
3	把/将 N V C(处所)	5.5	11.8
4	把/将 N V C(数量)	1.8	0.0
5	把/将 N1 V N2	9.5	9.8
6	把/将 N V 了/着	10.3	2.0
7	把/将 N 一 V	1.5	2.0
8	把/将 N V (了/一) V	2.8	5.9
9	把/将 N 我 VP	0.5	0.0
10	把/将 N VP1 - VP2	11.6	5.9
11	把/将 N1 V1 N2 V2	3.0	5.9
12	把/将 N neg VP	3.0	0.0
13	把/将 N 来/去 V	0.3	0.0
14	把/将 N 怎么样	0.8	0.0
15	把/将 N 认为……x	1.8	0.0
16	把/将 N1 N2(同位)	1.3	0.0
17	把/将 N VP 的(C)	1.5	0.0
18	把/将 N VP 他的/你的	0.5	0.0
19	其他	6.6	7.9

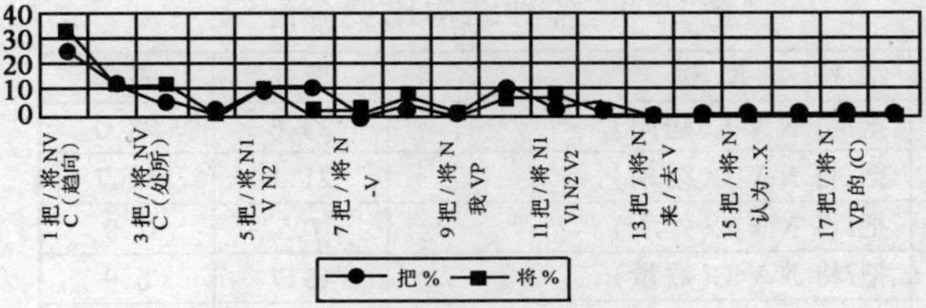

图表十四　对白句比较

"把"/"将"在各结构中的绝对频次

序	结构类型例	把	将
1	把/将 N V C(趋向)	38	145
2	把/将 N V C(结果)	34	81
3	把/将 N V C(处所)	12	41
4	把/将 N V C(数量)	22	31
5	把/将 N1 V N2	13	60
6	把/将 N V 了/着	6	40
7	把/将 N 一 V	11	25
8	把/将 N V (了/一) V	3	19
9	把/将 N 我 VP	0	0
10	把/将 N VP1 - VP2	7	43
11	把/将 N1 V1 N2 V2	4	26
12	把/将 N neg VP	2	0
13	把/将 N 来/去 V	1	3
14	把/将 N 怎么样	0	0
15	把/将 N 认为……x	2	0
16	把/将 N1 N2(同位)	0	0
17	把/将 N VP 的(C)	0	0
18	把/将 N VP 他的/你的	0	0
19	其他	10	0
合计		167	517

"把"/"将"各种结构比例分配

	结构类型例	把%	将%
1	把/将 N V C(趋向)	23.6	28.0
2	把/将 N V C(结果)	21.1	15.7
3	把/将 N V C(处所)	7.5	7.9
4	把/将 N V C(数量)	13.7	6.0
5	把/将 N1 V N2	8.1	11.6
6	把/将 N V 了/着	3.7	7.7
7	把/将 N 一 V	6.8	4.8
8	把/将 N V(了/一) V	1.9	3.7
9	把/将 N 我 VP	0.0	0.0
10	把/将 N VP1 - VP2	4.3	8.3
11	把/将 N1 V1 N2 V2	1.2	5.0
12	把/将 N neg VP	1.2	0.0
13	把/将 N 来/去 V	0.6	0.6
14	把/将 N 怎么样	0.0	0.0
15	把/将 N 认为……x	1.2	0.0
16	把/将 N1 N2(同位)	0.0	0.0
17	把/将 N VP 的(C)	0.0	0.0
18	把/将 N VP 他的/你的	0.0	0.0
19	其他	6.2	0.0

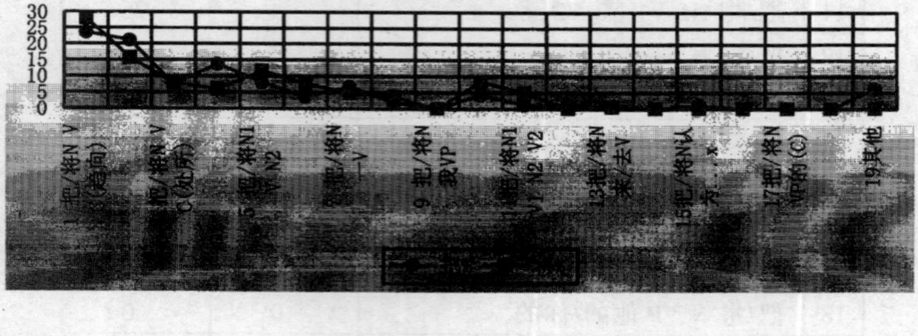

图表十五　叙事句比较

4.5 表达功能比较

句子的表达功能对句子的选择有一定的影响。虽然造成这种影响的因素很多,但最根本的还是表达形式本身的制约作用。我们以对白句为例,看一看“把”字句和“将”字句在不同的功能类型中分布是否均匀。

我们把句子的表达功能分为7类:

1. 表示祈使

(67)“把这荷包赏了罢。”(红240)

(68)“好姐姐,把你嘴上的胭脂赏我吃了罢。”(红329)

2. 表示疑问或反问、设问

(69)“若剃了头,可把这花儿戴在哪里呢?”(红110)

(70)“为什么使他违旨背亲,将混账名儿给我背着?”(红969)

3. 表示叙述或议论

(71)“把这香铺也不在这里开了。便把账物攒了一攒……”(红337)

(72)“他们必定把一句话拉长了做三截,咬文嚼字。”(红378)

(73)“便将那世上所有之物摆了无数,与他抓取。”(红28)

4. 表示建议或规劝

(74)贾母因说:“天热,把外头的衣服脱脱罢。”(红435)

(75)“这有什么趣儿,倒不如把个络子络上呢。”(红484)

(76)“就把这一两银子给他妹妹玉钏罢。”(红488)

(77)“将这四样花蕊,于次年春分这日晒干。”(红108)

5. 表示感叹

(78)“把一个莺莺小姐,反弄成拷打红娘了!”(红825)

(79)“怎么忽然把个晴雯姐姐也没了。”(红 1144)

6．表示强调

(80)“把珠子都看虚浮了。”(红 785)

(81)“把我的新裙子也脏了。”(红 882)

7．其他

通过对以上7类功能不同的句子的考察,我们发现:“把”字句和“将”字句的分布也是不均匀的。图表十六是我们统计的结果。

	“把”字句		“将”字句	
	句数	百分比	句数	百分比
1 祈使	98	24.6	16	31.4
2 疑问设问反问	20	5.0	4	7.8
3 叙述议论	161	40.5	18	35.3
4 建议规劝	61	15.3	12	23.5
5 感叹	21	5.3	0	0
6 强调	10	2.5	1	2.0
7 其他	27	6.8	0	0
合计	51	100	51	100

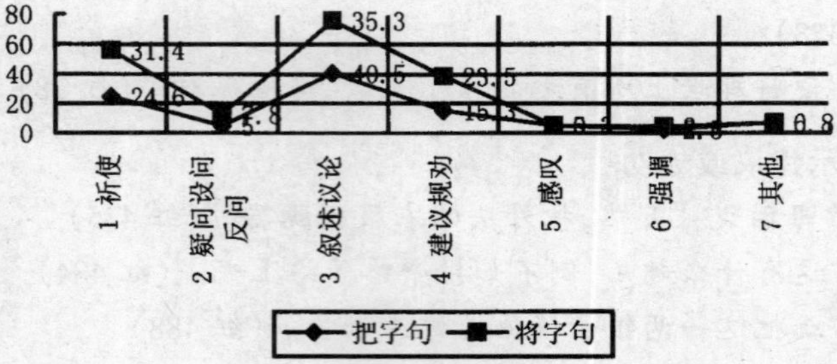

图表十六 表达功能比较

这个统计可以说明如下问题：

① 在表达祈使、疑问、反问、设问、建议或规劝等意义时，从比例上看，"将"字句占优势。

② 在表达叙述、议论或强调等意义时，从比例上看，"把"字句占优势。

③ 在表达感叹以及其他一些灵活复杂的意义时，只有"把"字句堪当此任。

必须指出，语言不是完全可以用简单统计的办法来说明的，统计数字只能作为参考，因为作家在运用语言时选择哪一种形式有一定的随机性。但是我们却不能把运用语言的过程看做随机过程(stochastic process)，因为语言在使用中不可避免地会受到语言内部因素和外部因素的制约。从这种意义上说，我们说没有绝对的同义词，也没有绝对的同义形式。

4.6　结语

"把"字句和"将"字句的比较实际上也就是"把"和"将"的比较。在汉语中它们是一对骈词，《红楼梦》中还有很多类似的骈词，比如"就/便"、"给/与"、"被/为"、"到/至"、"罢了/而已"等等。骈词的存在有其语言内部依据，那就是不同的分布条件。如果分布完全相同，那么一个就会让位于另一个。这是词汇发展中的替代规律。

附　注

①吕叔湘 1955；梁东汉 1958；王还 1959；祝敏澈 1957；王力 1980；等等。

②人民文学出版社 1982 年版。

③以上六种作品都选第一字为代表，后边的数字表示页码。下同。

④据向熹 1958。

第五节 “把”字句的若干句法语义问题

5.1 引言

汉语的“把”字句是个很特别的句子结构形式，有许多学者对它感兴趣，并在许多方面做了深入细致的研究(参看文末的参考文献)。关于“把”字句的语义语用问题，薛凤生(1987)和张旺熹(1991)的两篇文章都有很精彩的论述。这是一个很有意思的学术现象。有那么多的学者对“把”字句感兴趣，写了那么多的文章，应该说“把”字句的研究是在一步步走向深入。但是应该承认的是，“把”字句在教学中仍是一个老大难的问题。比如我们还不能很好地解释下面这些句子：

*他把饺子吃在五道口。

*他把花儿浇在院子里。

*把她离婚了。

薛凤生把“把”字句写成 A 把 B + VP，他对 A、B、VP 三者之间的关系做了概括的描写和解释。他说“‘把’字句中的 VP 必须是一个说明由于某一行动而造成 B 的某一状态的描述语段”(a descriptive statement about B’s condition as a result of a certain action)。我们说这种概括大体不错，但是还不够严谨。首先，不是所有“把”字句的 VP 都必须是一个说明由于某一行动而造成 B 的某一状态的描述性语段，例如“你先把课文念一遍”就不是；其次，我们很想知道这里的“某一行动”和“某一状态”到底是什么行动、什么状态。为了找到问题的答案，我们分两步走：第一步先看看都有哪些类型的“把”字句；第二步再考察一下有哪些动词可以进入“把”字句的 VP。

5.2 “把”字句类型——句法语义特征

5.2.1 我们将“把”字句记做（A）把/将 B－VP。其中 A 可以不出现。“把”和“将”语法价值相等，用法有别。B 通常是定指的体词性成分。在现代汉语普通话这个共时平面，VP 不是简单形式，VP 也不是否定形式。

现代汉语的句法结构以 VP 为中心，在 VP 中又以 V 为中心，一切变化都是围绕着动词 V 进行的。这里所说的变化不外乎三种情况：

① 在动词 V 前边加状语 AD；

② 在动词 V 后边加补语 R 或宾语 O；

③ 改变动词本身，即重叠。

“把”字句的结构变化其实就是 VP 的变化，因为“把”字句的其他部分是不变的。VP 的变化离不开上述三种情况。可以说 VP 是“把”字句的核心，“把”字句的语义焦点就在 VP 上，这也符合 END－FOCUS 的一般规律。“把”的作用就是将 B 提到前边作为话题，而把语义焦点放在 VP 上。下面我们还是从语言事实出发看一看“把”字句的具体情况。

5.2.2 关于语料来源的说明

为了说明“把”字句的结构类型，我们选择了两部在时间上相距 250 年的小说作为考察对象。它们是曹雪芹的《红楼梦》（简称《红》）（庚辰本 1～80 回）和张贤亮的《男人的一半是女人》（简称《男》）。两部小说在“把”字句的使用上有一些差别。比如《红》有 1265 个例句，其中“把”字句 600 个，“将”字句 665 个。而《男》有例句 361 个，其中“将”字句只有 22 个。从“把”字句的结构类型上看，两部著作没有太大的差别，但是各种结构类型出现的频率是有差别的。

5.2.3 “把”字句的结构类型

“把”字句的结构类型很多，但是最常见的是：

(A)把/将 B－VP（VP 是述补结构或包含述补结构的谓词性结构）

这是“把”字句的典型形式。我们对《红》和《男》的语料统计说明：VP 是述补结构或包含述补结构的“把”字句占绝大多数。其中结果补语、趋向补语又占绝对优势。这也就是说，薛凤生先生所说的 B 的状态多数情况下是由于某一行动而使 B 发生的变化：VP 描写的是 B 变化的结果、运动的方向、运动的终点等。薛凤生先生在这里只提到两个语义论元（arguments）A 和 B，实际上“把”字句有时会涉及三个语义论元：A、B、C，其中 A 是句子的句法主语，B 是句子的语用话题（“把”字的句法宾语），C 是动词前后由“朝、向、往、到、给、在、进”等介词连接的成分，它常常就是那个运动的方向或运动的终点。在下面的例子中我们可以看到这一点：

他把香烟在烟盒上顿了两下。（事件发生的场所）

他把篮球抛向空中。（B 运动的方向）

他把我带到北京站。（B 运动的终点）

5.2.3.1 (A)把/将 B－VP（VP 是述补结构或包含述补结构）

1. VP＝VR 或 AD＋VR（R 是结果补语）（AD 是状语，下同）

一场雨把我淋得浑身湿透。

她把台布仔细地扫干净。

把原来坑坑洼洼的土地几乎填平了。

像一个盖子似的把决口盖住了。

她把土踩瓷实。

你把裙子都弄湿了。

用铅丝把一根根栏杆拧紧。

我不想把那条大船击沉。

把钱藏好，路上别丢了。

她用一块破毛巾把身体仔仔细细地擦干。

2. VP = VR 或 AD + VR（R 是趋向补语）

我把他拉上来。

她强迫我把厚厚的工作服脱下来。

我把心里正想的话说出来。

我把脸朝这个小人凑上去。

想把我抓回去。

你去把窗帘拉上。

我使劲地把我的精神拉回来。

把这最后的帷幕揭开。

3. VP = VR 或 AD + VR（R 是数量补语）

她把针在头皮上刮了一下。

你把神经调整一下。

她把这些过程又演了一遍。

回身把平儿先打了两下。

你把稿子先过一遍。

又将林之孝家的申饬了一番。

4. VP = VR（R 是由介词短语构成的述补结构）①

他把我领到第一道走廊。

我把烟叼在嘴上。

把眼睛移向别处。

任微风把我吹到任何地方。

他把锹还给黄香久。

她把水递到我面前。

轻轻地把她拉进我的怀里。

他把手指插在背心口袋里。

她把饭端到餐桌上。

我把马鞭交给他。

5. VP = VR + VP (VP 是包含述补结构的连谓结构)

他们还要把你拉出来批斗。

他们虽然把你拉去陪杀场。

我把手表摘下来交给她。

把我的诗拿出来示众。

他把那顶帽子摘下来递给我。

他们将松树挖出来移植到院子里。

5.2.3.2. VP 是其他形式

A. VP = (AD) + 一 V(状语加上“一”再加上单个动词)

我把被头向下一拽。

罗宗祺把筷子朝桌上一拍。

他把袖子一挽，进了厨房。

她把日记本往我怀里一塞，哭着跑进里屋。

他把帽子往桌子上一摔。

你们把王八脖子一缩，死生由我。

B. VP = V –(一)– V (VP 是动词的重叠形式)

你把衣裳换换。

你把头发理理。

你把桌布洗一洗。

你把玻璃擦擦。

C. VP = 0 或 VP = Idiom（VP 是零形式，这时的“把”字句是非完整形式，但语义上常常是自足的；VP 是 Idiom，这时的 VP 是一个熟语形式）：

我把你这小蹄子！

你能把我怎么样？

为什么那时候我没闯进来把你们两个……

把他千刀万剐方解我心头之恨！

D. VP = V（VP 是单个动词）

这种例子极少，多出现在韵文中，否则语感上有些别扭：

眉对眉来眼对眼，眼睫毛动弹把言传。

不然也要当场将你逮捕。

我们之所以把 5.2.3.1 称做“把”字句的典型形式，是因为它们的出现频率大大高于 5.1.3.2。（参看下面的统计资料）当然，5.2.3.2 的 A 和 B 两种结构形式也是常见的“把”字句，不过句子的语义重心与典型形式有些不同：典型形式的语义重心通常在 R 上，而非典型形式的语义重心通常在 B – VP 上。如：

我把他打伤了。

他把眼珠子一翻。

前者语义重心在“伤了”上，薛凤生（1994）认为“伤”才是真正的动词；后者语义重心在“眼珠子一翻”上。

5.2.4 各类结构类型的统计及语义解释：

结构类型 / 语料来源	《红》		《男》	
例句数目及百分比	例句数目	百分比	数目	百分比
1. VP 是 VR 或包含 VR	1179	93.2%	339	93.9%
(1)VP = VR 或 VP = AD + VR(结果)	339		88	
(2)VP = VR 或 VP = AD + VR(趋向)	403		83	
(3)VP = VR 或 VP = AD + VR(动量)	81		4	
(4)VP = VR(R 是介词结构)	251		152	
(5)VP = VR + VP	105		12	
2. VP 是其他形式	86	6.8%	22	6.1%
(1)VP = AD + 一 V	44		4	
(2)VP = [V(一)V]	18		5	
(3)VP = 0 或 VP = Idiom	14		9	
(4)VP = (AD) + V	10		4	

图表十七 《红》[庚辰本 1~80 回]和《男》统计

从以上的统计中我们可以得出下面的结论：

(1) 大部分“把”字句都具有这样的特征：(A)把/将 B – VP 中的 VP 是述补结构或者包含述补结构的谓词性结构。我们把它们称做典型的“把”字句。

(2) 典型的“把”字句在数量上占绝对优势(93.4%)。

(3) 典型的“把”字句在语义表达上有如下特点：VP 是句子的语义焦点所在，在 VP 中，语义焦点又总是在后面的成分上。VP 是一个描述性语段，其功用在于说明 B 在某一行动的作用下所发生的变化或将要发生的变化，这些变化或将要发生的变化包括：(不包括数量补语的例子。数量补语在语义上跟动词重叠属于一类，见下文)

a. 某一行动带给或将要带给 B 的结果

我把玻璃打碎了→玻璃碎了

把脸冻得通红→脸通红

把烙铁烧热→烙铁将要变热或已经变热

b. 某一行动对 B 的性质发生或将要发生的影响

把羊变成了狼→羊成了狼

把他看做眼中钉→他变成了眼中钉

把他当作你的老师→他将要成为你的老师

c. 某一行动使 B 或将使 B 的位置发生的位移

把画儿摘了下来→画儿下来了

把目光移向别处→目光到了别处

把你的东西拿走→你的东西将离开原来的地方

d. 某一行动使 B 或将使 B 的状态发生的改变

把门推开→门由关到开(已然/未然)

把眼睛闭上→眼睛由开到闭(已然/未然)

而"把"字句的其他形式又可以区分为两种情况:

a. VP 描述动作的方式和/或表达动作的矢量

把筷子朝桌上一拍→描述动作的方式(突然性),矢量(频率是一次)

你把头发理理→表达动作量的大小(量小,尝试性)

b. VP 是熟语等,大部分属于语用问题,这里不讨论。

从语义上看,我们可以把所有的"把"字句分成两个部分:一部分跟动作及动作的结果有关,如典型形式的(1)(2) (4)(5),句子的语义焦点在 R 上(趋向补语和介词引导的补语也都有结果意义)我们把它们叫做结果类句子;另一部分跟动作的矢量有关,如典型形式的(3)以及其他形式的(1)(2),句子的语义焦点在整个 VP 上,我们把它们叫做矢量类句子。

结果类句子都可以分析为两个表述(predication)P1 和 P2:

P1 = A ~ V

P2 = B ~ R

这两个表述通过"把"实现连接。例如:

我把玻璃打碎了

P1 = 我打;P2 = 玻璃碎了

矢量类的句子不能做这样的分析。薛凤生先生的概括只适用于前者。

就结果类句子而言,P1 和 P2 之间存在着一种因果关系,前者是后者存在的必要条件,后者是前者合乎逻辑的结果。C 如果出现的话,它一定是 B 的位移终点。因此我们不能说"他把饺子吃在五道口","他把花浇在院子里"。因为"他吃"与"饺子在五道口","他浇"与"花在院子里"不存在因果关系,C 也不是 B 位移的终点。

5.3 "把"字句 VP 中的 V

5.3.1 "把"字句中动词的语义选择

VP 是一个非简单形式，那么是不是所有的动词都可以出现在"把"字句的 VP 中呢？回答是否定的。根据我们对 2167 个动词的考察,发现只有 63% 的动词可以出现在"把"字句的 VP 中。哪些动词可以出现,哪些动词不能出现呢？恐怕很难一言以蔽之。有人说跟动词的及物性有关,"把"字是句子及物性的标志(王惠,1992)。也有人说跟动词的处置意义有关,"把"字句主要用来表示处置(马真,1985)。

VP 是"把"字句的关键所在，如果我们把 B 看做是"把"字句的实际话题，那么 VP 就是用来说明话题 B 的。从信息存在的结构上看，B 是已知信息，VP 是信息焦点。也就是说，说话人在组织句子(sentence planning)时，首先考虑的是 VP。前面说过，典型的"把"字句 VP 是一个述补结构或者是一个包含述补结构的谓词性结构。这一点很重要，因为它可以为我们寻找"把"字句动词出现的条件提供线索。

5.3.2　动词的功能分布、意义范畴与"把"字句

郭锐(1991)在研究动词的过程结构时把动词分成三种典型形式:状态动词、动作动词和结果动词。这三类动词的核心是清晰的,但是边缘并不清楚,所以他把它们画在一个连续的数轴上。我们按照郭锐的做法对每一个动词进行了考察,发现能进入"把"字句的动词分配如下：

状态动词	51 例,占 3.7%
动作动词	1079 例,占 79%
结果动词	126 例,占 9.3%
其他动词	106 例,占 8%

从动词的过程意义方面考虑可能会找出一个带有柔性特点的规律来，但是从实用的角度考虑，状态、动作和结果(或者叫变化)都是模糊概念，不能直接观察。因此我们还得从形式特征方面找一找规律。

在上文的结论里，我们看到了"把"字句的 VP 有 93% 以上都是包含述补结构的谓词性结构（四种述补结构：R 为结果补语、趋向补语、介宾补语和数量补语）。因此我们可以推论：能够出现在 VP 中的大部分动词一定能带补语。另外，既然 VP 是用来说明 B 所发生或将要发生的变化的，而这个变化是由 V 造成的，因此我们又可以推论：V 一定是有动力的动词，它能够改变 B，使 B 发生变化。有动力的动词我们把它叫做动态动词，没有动力的动词叫做静态动词。

静态动词没有动量，因此它们没有大小，没有方向，也没有频率，也不会产生结果，表现在形式上就是不能带动量补

语，不能带趋向补语，不能与表示方向的介词（如朝、向、往等）共现，也不能重叠。动态动词有动量，因此它们或者有大小，或者有方向，或者有频率，或者有变化的结果。

为了证实我们的推论，我们统计分析了《红》《男》中出现的全部动词，除去重复的，两部著作在“把”字句中共使用了507个动词，其中有486个动词在我们所设计的六项指标中至少占有一项，它们属于我们所说的动态动词。六项指标一项也不能满足的（有的不是动词）共有21个。列举如下：

不好意思　告诉　辜负　会说话的　懒的
烂了嘴的　伶俐的　没(殁)　随他的便　听见
瞎了眼的　悬念　一挥而尽　怎么样　指腹为婚
置之度外　处死　逮捕　公开化

下面是我们具体的统计结果：

	总数	结果补语	趋向补语	动量补语	重叠	V一V	介词共现	六项合取	六项析取
红	376	327	297	267	239	231	176	121 32%	358 95%
男	205	194	186	155	154	135	134	102 50%	201 98%

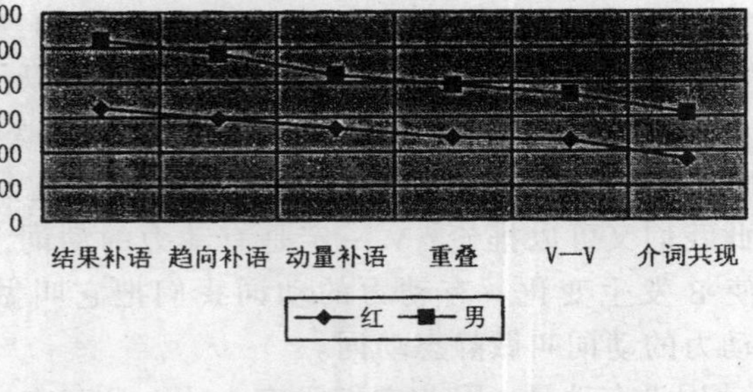

图表十八　《红》、《男》VP的结构

表中“总数”代表出现在“把”字句中的动词去重后的数目，“结果补语”代表能带结果补语的动词数目，“趋向补语”、“动量补语”以此类推；“重叠”代表能重叠的动词的数目，“V 一 V”代表能在 V 一 V 中始终出现的动词的数目；“介词共现”指可以与“朝、向、往、在、到”这一类介词共现的动词数目。“六项合取”指六项指标全部满足，“六项析取”指六项指标至少有一项满足。从这个统计中我们可以看出：出现在“把”字句中的动词能带结果补语和趋向补语的比例很大，六项中至少带一项的比例就更大了。从语料上看，两条曲线基本上是平行线，这说明《男》和《红》两部著作“把”字句的结构分布大致相同。从满足六项指标之一的条件看，“把”字句中出现的动词 95% 以上都可以至少带一项证明他们是动态动词的设定指标。这个结果充分证明了我们的观察和推论。

六项俱全的动词是最典型的动态动词。我们发现最典型的动态动词有如下特点：

1. 从形式上看，它们百分之百是单音节动词：其中《红》121 个，《男》102 个。（总体上看，单音节动词也占绝大多数。二书动词相加去重后共有动词 507 个，其中单音节动词就有 385 个，占 76%）

2. 从意义上看，它们全部都是动作动词，大部分跟人身体的动作有关。尤其是跟手的动作有关。因此动作动词是“把”字句的首选动词。

5.3.3　动词语认知过程

从意义上说，动词是表示行为、动作或者变化的词。这个概括虽然不够准确，可也不能算错。因为在我们的认知范畴里，动词的确与行为、动作或者变化这些概念相联系。我们对世界的认识离不开这样一些概念：对象的存在（方式，范围，状态）；对象之间的关系，对象的性质；对象的活动（方式，过程，空间，方向，大小，频率）；动作（方式，过程，空间，方向，大小，频率），对象的变化（开始，持续，结果）；对象的行为；对象的动作或者对象变化的伴随情况等等。这些概念边界不是很清楚，但是它们更能反映语言的本质特点，也是语言学习者首先考虑的东西。

如果我们从认知的角度给动词分类的话，大致可以分出以下一些主观类来：

静态动词	V1 存在动词	有，无，在，存在，堆 b[②]，挂 b，站 b，摆 b，放 b，停……
	V2 关系动词	是，为，指，像，相同，属于，姓，等于……
	V3 性质动词	讨厌，小心，轰动，佩服，热爱，信任，迷信，密切……
	V4 结果动词	出来，成立，发现，获得，解散，到达，批准，通过……
	V5 行为动词	拥护，帮助，服务，旅行，游泳，指导，祝贺，压迫……
动态动词	V6 变化动词	大，高，成，热，紧张，成熟，漂亮，地道，瓷实，结实……
	V7 活动动词	想，哭，笑，愁，当，看做，布置，打扮，筹备，联络……
	V8 动作动词	打，抓，摘，搂，拉，拽，脱，砍，剁，劈，砸，削，穿……
	V9 评价动词	看，当，说，夸，怀疑，算，称，叫……
	V10 感觉动词	愁，想，欢喜，忧伤，伤心，兴奋，疼，难受，寂寞……
	V11 生理动词	哭，笑，叫，喊，嚷，病，嚎，吵……

还有一些动词不能进入“把”字句，它们是动词的伴随动词。其中能愿动词是从意义上确定的，其他两类是从功能上确定的：

伴随动词	能愿动词	能，会，可以，情愿，宁，要，肯，敢，应该，得(děi)……
	前置动词	把，朝，向，往，被，对，对于，由，从，据，冲(chòng)……
	谓宾动词	省得，值得，任凭，给以，予以，加以，显得，难免……

考察“把”字句语料中的全部动词，我们可以得出结论说，出现在“把”字句中的动词是动态动词，具体说是表示动作、活动、评价、感觉和生理运动的动词。

5.4 结论

“把”字句在使用上有它的语用环境，这一点张旺熹(1991)有独到的见解；“把”字句也有它的句法环境：包括句法形式的选择和动词的选择。从句法结构形式上看，“把”字句可以分为两大类型：

典型形式：VP = VR 或 VP 包含 VR

其他形式：1. VP = (AD) + 一 + V

2. VP = (AD) + V(一)V

3. VP = 0 或 Idiom 或单个 V

它们在使用频率上是相差很大的，典型形式占 93% 以上，而其他形式只占 6% 强。这个差别很有意义，它说明我们在使用“把”字句的时候通常采用在动词后边加补语的方式，而不是采用在动词前边加状语的方式。当然动词前也可以加状语，但是 VP 中一定要有补语成分(有时“了”也可以)。例如：

他把烟叼在嘴上　　　* 他把烟在嘴上叼

根据表达的需要，可以说“他把烟往嘴上一叼”。但这涉及到另外一个问题：“把”字句的语义焦点在哪里的问题。典型的“把”

字句形式语义焦点在 V 动词后边的成分 R 上;而在其他形式中,第 3 类可以做语用的解释,且数量有限,我们不讨论。第 1 类和第 2 类的语义焦点显然在整个 VP 上。

从句子所表达的情态上看,典型形式与其他形式的 1、2 两类是互补的:典型形式表达的是结果的已然态或者未然态。其他形式的第 1 类表达的是即时态,它靠动词前边的"一"来实现,"一"表达的是动作、变化的突然性和即时性。第 2 类表达的是尝试态,它靠动词的重叠来实现。

现在我们回过头来看看薛凤生先生的结论:

1. 语法结构: A 把 B + VP

2. 语义诠释: 由于 A 的关系, B 变成了 VP 所描述的状态。

通过我们以上的考察, 我们把它修改和补充为:

1. 语法结构: A 把 B – VP 典型形式的 VP 是一个 VR 或包含 VR 的谓词性结构;其他形式的 VP 是动词的重叠或者在动词前面加"一 "。

2. 语义诠释(1): 从语义上看"把字句"有两类:结果类和矢量类;结果类都可以分析成两个表述 P1 和 P2,两者之间存在着因果关系。而矢量类"把"字句不能做这样的分析;也就是说,这一类"把"字句不能解释为"由于 A 的关系, B 变成了 VP 所描述的状态"。

3. 语义诠释(2): 如果把汉语的动词看成一个连续体, 那么能进入"把"字句的动词是动态动词。

4. 功能诠释: 从语法功能上看, 能进入"把"字句的动词大部分都能带结果补语,或趋向补语,或动量补语,或重叠,或与介词共现; 从认知范畴上看, 它们是表示活动、动作、评价、感觉和生理活动的动词,而最多的是动作动词。

附 注

①也有人分析为述补结构带宾语。

②堆 b 表示“堆”的静态义，以此类推。

第六节 动词的语义、配价及论元之关系考察

6.1 引言

前一节讨论的是构词的问题,主要是探讨汉语构词的理据问题。这一节我们把关注的焦点转移到句法上,讨论语义、配价以及论元的关系对语言理解的影响。我们以"在"字结构作为分析的对象。

6.2 "在"字结构的界定和描述

在现代汉语中,"在"有介词、副词、动词三种表现:

在黑板上写字 (介词表现或副词表现)
字写在黑板上 (介词表现)
他在上课呢 (副词表现)
今天我不在 (动词表现)

本文所说的"在"字结构指的是由介词"在"构成的结构形式,"A 在 NL - VP"或"A - V 在 NL"。"在"字结构的功能概括地说有两大类:一是表达具体意义(NL 是有形的,可以通过外感觉器官感知的),这一类包括空间位置、状态环境;二是表达抽象意义(NL 是无形的,不能通过外感觉器官感知的),这一类包括时间、条件、范围、方面、过程等。例如表达具体意义的:

我在办公室等你 (空间位置)
船在风雨中破浪前进 (状态环境)

如果说得再详细一点,空间位置可以是一个位置点,也可以是一个线段或者平面,还可以是一个三维空间。例如:

他在山顶上招手（绝对位置点）
他在前面开路（相对位置点）
他在从上海到北京的路上被人偷了钱包（线段）
他在墙上贴了一张地图（平面）
他在汽车里睡觉（三维空间）

状态环境可以是一个场所，也可以是一种场合，还可以是一种状况。例如：

他在礼堂教太极拳（场所）
他在舞会上认识了小王（场合）
他在黑暗中摸索了三年（状况）

表达抽象意义的“在”字结构我们举例说明如下：

电影在七点半准时开演（时间:时点）
他在三年里做了许多好事（时间:时段）
朋友们在精神上给了我很多支持（方面）
小树在他的精心照料下长势喜人（条件）
工程在建设中出了质量问题（过程）
有人在群众中散布不满情绪（范围）

表达具体意义的句子与表达抽象意义的句子在形式上有比较明显的区别:前者 VP 可以是一个简单形式(单个动词),后者 VP 必须是一个复杂形式(动词前后有其他成分)。限于篇幅本节只讨论表达具体意义的“在”字结构。

“在”字结构表达的都是一种关系,是一些语义论元与动词之间的关系,以及语义论元之间的关系。这种关系的确定是以人的认知为基础的,在语言形式上是有迹可循的。但有时相同的语言形式表达的是不同的关系。如：

在火车上写字

"火车上"可以理解为一个平面(火车表面),也可以理解为一个三维空间(火车里边),有时也可以理解为位置点(火车顶上),这实际上反映了论元之间不同的位置关系,这种不同的位置关系表现在论元的语义角色上。朱德熙先生(1989)[①]把这种句子叫做有歧义的句子。朱德熙从动词语义特征上去寻找产生歧义的条件,用变换的办法来区分歧义格式,用动词的语义特征来描写结构,这种做法具有方法论意义,给了我们很大的启发。另外,范继淹(1982)和平井和之(1987)的两篇文章也从不同的侧面讨论了"在"字结构的一些具体问题。齐沪扬(1995)又从动词的配价方面讨论了位置句的一些问题,也给了我们一些有益的启示。我们对这个问题感兴趣还有一个原因,在对外汉语教学实践中,我们经常碰到这样的问题:"我在东京住"和"我住在东京"都是合法的句子,它们有什么不同?又"他在街上逛"为什么没有"他逛在街上"的对应形式?"他死在海外"又为什么没有"他在海外死"的对应形式?另外有些动词如"爱戴、标志、爱护、变迁、并列、鞭策、保重、在座、准许、自主"等根本不能用于"在"字结构,有什么条件没有?针对这些问题,我们对 2898 个常用动词进行了试验分析,并从动词的语义、配价、论元之间的关系等几个方面探讨问题的答案。

6.3 "在"字结构中的动词

在我们所考察的 2898 个常用动词中,有 1504 个不能用于"在"字结构,能用于"在"字结构的有 1394 个。凡是不能用于"在"字结构的动词在语义上都有共同的特征:它们只有动相,没有动态,在时间特征上具有泛时性。它们也没有空间特征,它们不必强调论元(actant)所占据的空间位置,它们本身也不要求一定的空间方位。它们不是表示现实动作、现实行为或现实结果的动词,动词的语义内涵不具有主动或被动的特性,在形式上表现为不能用于“把”字句或被动句(有少数例外)。与其说它们是表示陈述的动词,毋宁说它们是表示指称的名词。其实除了一些单音节形式(有的是否成词还可以讨论),双音节形式都是所谓的名动词(带词缀的双音节形式除外)。从词的长度上看,双音节占绝大多数(约78%),这与能用于“在”字结构的动词情况有些不同(详见下面的统计表)。崔希亮(1995)曾根据动词是否具有动量特征把动词分成动态动词(dynamic verbs)和静态动词(stative verbs)。[②]其中动态动词有动量,它们有大小,有方向,有频率,有结果,表现在形式上就是能带动量补语,能带趋向补语或与“朝、向、往”等表示方向的介词共现,可以重叠,能带结果补语。而静态动词没有动量,因此它们也没有大小,没有方向,没有频率,没有结果,表现在形式上就是不能带动量补语,不能带趋向补语或与“朝、向、往”等表示方向的介词共现,不能重叠,不能带结果补语。从我们的考察结果来看,凡是不能用于“在”字结构的动词都有静态动词的特征。

能够进入“在”字结构的动词具有动态动词的特征,这并不是说所有的动态动词都能进入“在”字结构。能进入“在”字结构的动态动词又有不同的情况。有的只能出现在“在 NL VP”中(Va),有的只能出现在“V 在 NL ”中(Vb),有的既能出现在“在 NL VP”中,又能出现在“V 在 NL ”中(Vc)。例如:

Va:听,蹦,唱,吵,吃(“吃在广州”例外),催,逗,逛,吼,喊,叫,哭,读,搜,问,学,练习,伴奏,报销,参观,测算,劳动,辩护,调查,打听,沉思,比赛,表演,补习,波动,操劳,观察,吹捧,效劳,颤动,爆破,测验,膨胀,申请,示威,袭击,张望,增添,制造

Vb:爱,败,凑,昏,溶,应,泄,喜,升,出,淹,陷,渗,关,皱,溶化,溶解,涌现,照耀,分散,发配,打发,出身,附属,隔离,重叠,呈现,伴随,漏,束缚,保管,沉淀,反射,堵塞

Vc1:活,死,憋,堵,病,陪,套,烫,愣,忍,活跃,包括,分配,包围,清除,封锁,固定,分布,限制,排除,消灭,捐赠

Vc2:浇,躲,编,包,绑,抱,背,插,冲,抽,捶,打,叠,放,盖,钉,画,焊,堵,飞,改,挂,踢,咬,煮,游,安排,安装,布置,奔驰,抄写,登记,陈列,储存,等候,复制,颠簸,躲藏,发表

我们把 Vc 类动词分成 Vc1 和 Vc2 是因为它们在使用中存在着明显的差别:Vc1 用于"在 NL－VP"时是有条件的,即 VP 必须是一个复杂形式,而 Vc2 不必。例如:

Vc1	Vc2
* 在心里憋 ～ 在心里憋了三天了	在黑板上画 ～ 画在黑板上
* 在园子里清除 ～ 在园子里清除杂草	在外边等候 ～ 等候在外边

其实 Vc 类动词内部还存在着一种区别,有的 Vc 类动词用于"在 NL VP"和用于"V 在 NL"A 的语义角色不变(Vcx),如"躲、飞、颠簸、陈列";有的动词用于"在 NL VP"和用于"V 在 NL"A 的语义角色发生了变化(Vcy),如"浇、绑、抄写、安装"。试比较:

Vcx		Vcy	
A 在 NL－VP	A－V 在 NL	A 在 NL－VP	A－V 在 NL
他躲在门后	他在门后躲着	他在园子里浇水	水浇在园子里
飞机在空中飞	飞机飞在空中	他在树上绑着什么	他绑在树上
小船在风浪中颠簸	小船颠簸在风浪中	他在纸上抄写什么	什么抄写在纸上
文物在台上陈列着	文物陈列在台上	他在家里安装空调	空调安装在家里

既不能出现在"在 NL VP"中,又不能出现在"V 在 NL "中的动词,我们把它们单独归为一类(Vd)。

Vd:闭,奔,扑,成,创,除,付,敢,慌,爱护,败坏,备用,比喻,

贬低，表达，迟到，承办，变迁，仇恨，充满，报复，补助，好像，加以，敢于，不堪，回避，感觉，合伙，后退，互助，供应，告诫，富有，告辞，冲击，害怕，缓和，活该，及格，忽视，逃跑，通用，投降，推迟，重视，自信，尊重，治理

这四类动词在数量上是不均衡的，Vd 最多，Vc 次之，Va 又次之，Vb 最少。下面是我们统计的结果：

动词的类	动词数量	百分数	单音节百分比	双音节百分比	多音节百分比
Va	697	24.05	19.66	80.20	0.14
Vb	213	7.35	46.48	53.52	0.00
Vc	484	16.7	68.60	31.40	0.00
Vd	1504	51.9	21.61	77.99	0.40

图表十九　四类动词分项统计

Vd 类动词不能出现在"在"字结构中，所以本文不拟详细讨论。Va、Vb 类动词和 Vc 类动词各具不同的语义特征：Va 类动词是主动态动词或者自发态动词，Vb 类动词是被动态动词或者是自发态动词，Vc 类动词可以是自发态动词，也可以是包含被动、主动两重语义特征的动词，其中的 Vc1 类动词对于论元 A 来说都是被动态动词或者自发态动词，Vc2 类动词对于论元 A 来说主动态和被动态都是可能的。实际上我们可以这样理解：Vc 类动词兼有 Va 类动词和 Vb 类动词双重身份，或者说在 Vc 类动词身上共生着两种语义属性，在不同的结构环境中表现出不同的语义特征，即在"在 NL－VP"中表现为 Va 类动词的语义特征，在"V 在 NL"中表现为 Vb 类动词的语义特征，如果是 Vcy 类动词，论元 A 的语义角色会发生变化。动词的主动态、被动态、自发态我们可以这样界定：在一个由体词性成分和谓词性成分构成的结构里，有这样一种序列：

(A)－V－(B)(其中 A、B 是体词性成分，它们是动词的必有论元)

所谓主动态动词是指：对于论元 A 来说，动词 V 是 A 自主发出的动作，动作的动力来源于 A；所谓被动态动词是指：对于论元 A 来说，动词 V 不是 A 所发出的动作，动作的动力来源于别的论元，但是这个动作却对 A 发生影响（包括使 A 位移、固定或受损），这个动作可能通过 A 表现出来，但 A 是不自主的；所谓自发态动词是指：只有一个必有论元 A，且对于论元 A 来说，动词 V 所发出的动作是不受控制的，无所谓主动或者被动，动作的动力来源是自然力，它通过论元 A 表现出来。而包含被动、主动两重语义特征的动词是指在某个搭配条件下它表现为论元 A 自主发出的动作，在另外的搭配条件下它又会表现为论元 A 以外的论元发出的动作，此时对于论元 A 来说动词表现为被动态。自发态动词不能变换为被动句；主动态动词如果是一价动词，也不能变换为被动句；如果是二价或三价动词，在形式上可以有被动形式，但是语义指向已经发生了变化，只有被动态动词可以顺理成章地改写为被动句。例如：

柳絮飘在空中→ * 柳絮被飘在空中（"飘"是自发动词）

他住在东京→ * 他被住在东京（"住"是一价主动态动词）

他踢在石头上≠他被踢在石头上（"踢"在这里是二价主动态动词）

衣服挂在树上→衣服被挂在树上（"挂"在这里是二价被动态动词）

动词的语义态不能把 Va、Vb 和 Vc 彻底分开，所以我们在这里还可以借用郭锐（1993）的研究结果：郭锐根据动词的过程结构把动词分成三个连续类，从一个方向到另一个方向依次是状态类动词、动作类动词、结果类动词。如图所示：

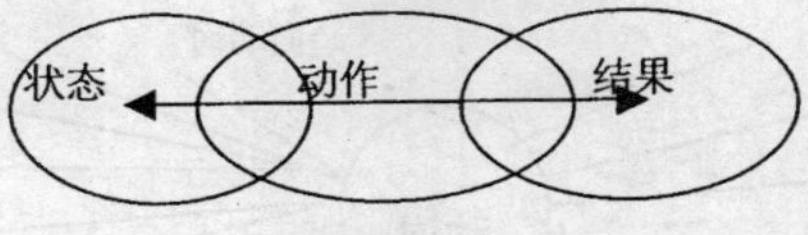

从动词的内部语义特征上看,Va类动词属于典型的动作类动词;Vb类动词有的属于结果类动词,有的属于状态类动词,是一种内部不稳定的类;Vc1类动词属于兼属状态类和结果类的动词,它们在“A在NL-VP”中是状态类动词,在“A-V在NL”中是结果类动词;Vc2类动词属于兼属动作类和状态类的动词,它们在“在NL-VP”中表现为动作动词,在“V在NL”中表现为状态动词,只有此时才表现出朱德熙所说的[+附着]的语义特征。

每个动词在进入句子之前都只有动相。动词的动相可以看成是动词的遗传特性。动词一旦进入句子,它们就会取得一些表现特性。在我们的心理词典(mental lexicon)中,动词的遗传特性和表现特性的关系是一种共生(symbiotic)关系。

不同的动词在配价和对论元关系的制约方面也表现得十分复杂,所以在句子运用中才会出现这样的差异。这一点我们将在下文中逐渐讨论。

6.4 “在”字结构各论元的语义角色

我们把“在”字结构中的VP具体化,VP可以是动词与前后成分构成的任何一种结构形式。动词前后可能出现的成分有:动词前边的伴随成分,如副词、助动词、谓宾动词、介词结构、个别数词和伴随动词等;动词后边的后续成分,如名词或名词性成分、形容词、趋向动词或趋向动词加名词(谓词性结构)、介词结构、数量结构、助词、感叹词、语气词等。如果说动词本身有变化的话,只有一种,那就是动词的重叠。如图所示:

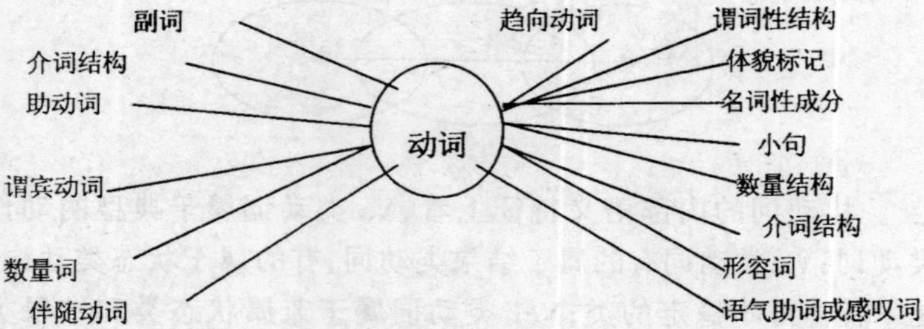

为了研究“在”字结构论元之间的关系，我们把“在”字结构写成以下形式：

(1)A－在－NL－V－(B)

A、B只是体词性论元出现在结构中的先后顺序，只有当V是二价或三价动词时才会有B这个论元，在我们所考察的结构里，B出现与否会影响到结构的意义。这个格式在一定的条件下可以写成：

(2) A－(B)V－在－NL

(3) (A)－把－B－V－在－NL

(4) A－被－(B)－V－在－NL

在这里，动词V至少有一个语义论元作为它的配价成分，至多有三个语义论元作为它的配价成分。如果动词只有一个语义论元作为配价成分，那么这个论元可以是A，也可以是B。如果动词有三个语义论元，那么除了A、B之外，还有NL。NL有时是动词的必有论元，有时不是。各个语义论元在不同的结构里表现为不同的关系，也就是说，它们在不同的句法环境中扮演着不同的语义角色。在“在”字结构中，动词的语义论元主要表现为以下一些语义角色：

施事论元(Agt = Agent)；受事论元(Pat = Patient)；数量论元

(Qnt = Quantifier)；处所论元(Loc = Location)；当事论元(Exp = Experiencer)；与事论元(Dat = Dative)；对象论元(Tgt = Target)；成果论元(Pdc = Product)；工具论元(Ins = Instrument)；内容论元(Sub = Substance)；指事论元(Ref = Referent)。下面我们举例说明：

(1)他在教室住(他 = Exp；教室 = Loc)
他在教室洗(衣服)(他 = Agt；教室 = Loc；衣服 = Pat)
他在教室看(书)(他 = Exp；教室 = Loc；书 = Tgt)
他在教室研究(了三天)(他 = Exp；教室 = Loc；三天 = Qnt)
我在家里总是吃大碗(我 = Exp；家里 = Loc；大碗 = Ins)
他在业大学(外语)(他 = Exp；业大 = loc；外语 = Sub)
这支笔在黑板上写(字)(这支笔 = Ins；黑板上 = Loc/Tgt；字 = Pdc)
三天在业大学外语，三天在家(三天 = Qnt；业大 = Loc；外语 = Sub)

(2)他住在教室(他 = Exp；教室 = Loc)
字(我)写在黑板上(字 = Pdc；我 = Agt；黑板上 = Loc)
画儿(我)挂在教室(画儿 = Tgt；我 = Agt；教室 = Loc)
那件事发生在教室(那件事 = Ref；教室 = Loc)
他死在海外(他 = Exp；海外 = Loc)
他关在教室(他 = Pat；教室 = Loc)
一刀砍在石头上(一刀 = Qnt；石头上 Loc/Pat)
那笔账记在我头上(那笔账 = Sub；我头上 = Loc/Dat)

(3)他把画儿挂在教室(他 = Agt；画儿 = Pat；教室 = Loc)
敌人把他关在教室(敌人 = Agt；他 = Pat；教室 = Loc)
他把字写在黑板上(他 = Agt；字 = Pdc；黑板上 = Loc)
他把这笔账记在我头上(他 = Agt；这笔账 = Sub；我头上 =

Loc/Dat）

(4)画儿被(他)挂在教室(画儿 = Pat;他 = Agt;教室 = Loc)
他被(敌人)关在教室(他 = Pat;敌人 = Agt;教室 = Loc)
这笔账被记在我头上(这笔账 = Sub;我头上 = Loc/Dat)

从这里我们可以看到各语义角色在不同结构里的搭配格局：

(1) A – 在 – NL – V –（B)
Exp – 在 Loc – V
Agt – 在 Loc – V – Pat
Agt – 在 Loc – V – Tgt
Exp – 在 Loc – V – Qnt
Exp – 在 Loc – V – Ins
Agt – 在 Loc – V – Sub
Ins – 在 Loc/Tgt – V – Pdc
Qnt – 在 Loc – V – Sub

(2) A – V – 在 – NL
Exp – V 在 Loc
Pdc –（Agt) – V 在 Loc
Tgt –（Agt) – V 在 Loc
Ref – V 在 Loc
Exp – V 在 Loc
Pat – V 在 Loc
Qnt – V 在 Loc/Pat
Sub – V – 在 Loc/Dat

(3) A – 把 – B – V – 在 – NL
Agt 把 Pat – V 在 Loc
Agt 把 Pdc – V 在 Loc

Agt 把 Sub－V 在 Loc/Dat

(4) A－被－B－V－在－NL

Pat 被 Agt－V 在 Loc

Sub 被 Agt－V 在 Loc/Dat

从这里我们还可以看到,在结构(1)中,论元 A 表现为以下语义角色:当事、施事、数量、工具;论元 B 表现为以下语义角色:受事、对象、数量、成果、内容、工具。当动词是一价动词时,只有一个语义论元,而且这个论元只能是当事。在结构(2)中,当动词是一价动词时,也只有一个语义论元,而且这个论元也只能是当事。当论元 A 表现为受事、数量、指事时,论元 B 一般不出现。当 A 表现为成果、对象等语义角色时,论元 B 可以出现,也可以不出现,但论元 B 一定为施事。在结构(3)中,论元 B 可以是受事、成果和内容,论元 A 永远是施事。在结构(4)中,论元 A 可以是受事和内容,论元 B 永远是施事。NL 在结构(1)中有时表现为对象,条件是 A 的语义角色是工具,B 的语义角色是成果;NL 在结构(3)(4)中会表现为与事,条件是论元 A 或 B 为内容。

为了看得更清楚一些,我们把各个论元表现的语义角色以及它们与结构的关系列在一张二维图表中。

	A 语义角色									B 语义角色								NL 语义角色		
	Agt	Pat	Tgt	Sub	Qnt	Exp	Pdc	Ins	Ref	Agt	Pat	Tgt	Sub	Qnt	Exp	Pdc	Ins	Tgt	Loc	Dat
(1)	+				+	+		+			+	+	+	+		+	+	+	+	
(2)		+	+	+		+	+		+	+										+
(3)	+										+		+			+				+
(4)		+		+						+										+

图表二十 A、B 和 NL 语义角色分配

从这个表我们看到:在结构(1)和结构(2)中,A 和 B 的语义角色分配有一种奇妙的对应关系:即结构(1)当中论元 B 所充当的语

义角色在结构(2)中大部分由论元A来承担。只有当A或B的语义角色表现为当事的时候,(1)(2)才有可能重合,也就是说,只有当论元A或B为当事的时候,结构(1)与结构(2)所表达的意义才是相同的;结构(3)(4)中A和B的语义角色也是严格对应的。

语义角色是由结构和动词决定的,不同的结构要求不同的语义角色,或者相同的语义角色在不同的结构里要求占据不同的句法位置。但是为什么在相同的结构里并且占据相同句法位置的论元会表现为不同的语义角色呢?这就是由动词决定的了。在A和NL不变的情况下,改变动词就会使A和NL的语义角色发生变化,也会使论元的语义关系发生变化。例如:

1.他在树上蹲着(他 = Exp;树上 = Loc;Exp附着于Loc)

2.他在树上吊着(他 = Exp/Pat;树上 = Loc;当A = Exp时,Exp附着于NL;当A = Pat时,Pat附着于NL,此时Agt位置不明)

3.他在树上绑着(他 = Agt/Pat;树上 = Pat/Loc;当A = Agt时,Agt可能挨近或附着于NL;当A = Pat时,Pat附着于NL,此时Agt位置不明)

4.他在树上看着(他 = Exp;树上 = Tgt/Loc;当NL = Tgt时,Exp挨近NL;当NL = Loc时,Exp附着于NL)

5.他在树上听着(他 = Exp;树上 = Loc;Exp附着于NL)

6.他在树上摘着(他 = Agt;树上 = Loc;Agt与NL的关系不明)

7.他在树上砍着(他 = Agt;树上 = Pat/Loc;当NL = Pat时,Agt位置不明;当NL = Loc时,Agt附着于NL)

8.他在树上蹭着(他 = Exp;树上 = Tgt;Exp挨近并接触NL)

以上八个例子从形式上看都是“A在NL－V着”(“着”表示动作

的静止态），但是它们在语义层面上的区别是很明显的。它们具有不同的变化形式：

1. 他在树上蹲着→他蹲在树上
2. 他在树上吊着→他吊在树上
3. 他在树上绑着→他绑在树上（他 = Pat）* 他绑在树上（他 = Agt）
4. 他在树上看着→ * 他看在树上（树上 = Loc）他往树上看着（树上 = Tgt）
5. 他在树上听着→ * 他听在树上
6. 他在树上摘着→ * 他摘在树上 他从树上摘着
7. 他在树上砍着→ * 他砍在树上 他往树上砍着（树上 = Tgt）
8. 他在树上蹭着→ * 他蹭在树上

在这些例子里，所有动词都要求论元 A 具有[+ 有生]这样的语义特征，（"吊" 和"绑"有例外）。如果我们把 A 换成带[- 有生]语义特征的动词，情况会怎么样呢？

1. 果子在树上结着（果子 = Exp；树上 = Loc；Exp 附着于 NL）
2. 蘑菇在树上长着（蘑菇 = Exp；树上 = Loc；Exp 附着于 NL）
3. 泡沫在树上沾着（泡沫 = Exp；树上 = Loc；Exp 附着于 NL）
4. 烟雾在树上弥漫着（烟雾 = Exp；树上 = Loc；Exp 附着于 NL）
5. 衣服在树上挂着（衣服 = Exp；树上 = Loc；Exp 附着于 NL）
6. 刀在树上插着（刀 = Exp；树上 = Loc；Exp 附着于 NL）
7. 斧子在树上砍着（斧子 = Exp；树上 = Tgt/Loc；Exp 附着于 NL）
8. 布告在树上贴着（布告 = Exp；树上 = Loc；Exp 附着于 NL）

这八个例子简单多了，尽管它们在我们大脑中形成的印象很不相同,但是各个论元之间的语义关系却出奇地一致,并且它们具有一致的变换关系,它们都可以变换为"A - V 在 NL"。由此可见,动词内部的语义特征对语义角色的影响是很直接的。

其实,结构(3)(4)跟结构(1)没有直接的变换关系,它们都是从结构(2)变换来的。这就是说我们可以这样理解,只有结构(1)和结构(2)才是"在"字结构最基本的结构。所以我们下面主要讨论结构(1)和结构(2)。

6.5 关于"A 在 NL VP"和"A - V 在 NL"

"A 在 NL VP"(S1)和"A - V 在 NL"(S2)是"在"字结构的两种基本表现形式,前者是用状语的方式表达论元所处的方位、空间或状态,后者是用补语的方式表达论元所处的方位、空间或状态。这两种表达方式在上古汉语和中古汉语中都已经有了,例如:

上古汉语:

S1:子在川上曰:"逝者如斯夫,不舍昼夜!"(论语·子罕)

S2:鱼在在藻,依次其蒲。(诗经·小雅)

中古汉语:

S1:今在家习学,何愁伎艺不成?(敦煌变文集·秋胡变文)

S2:余乃生于巴蜀,长在藿乡。(敦煌变文集·伍子胥变文)

可见 S1 和 S2 的存在已经有了很长的历史了。虽然 S1 和 S2 结构在一定的条件下具有可变换性,而且是可逆的变换。(朱德熙,1989)但是我们必须知道,第一,它们之间的变换是有条件的;第二,它们在表意方面的区别是不能忽视的。下面我们考察一下 Va、Vb 在 S1、S2 中的表现。

S1(Va)	S2(Vb)
星星在天上闪烁。	人们拥挤在一起。
他在寒风中颤抖。	他暴露在寒风中。

他们在操场上比赛。　　他们留在操场上。

这六个例子里面的动词都是一价动词,每个动词只联系一个必有论元。其中 S1 结构都不能变换为 S2 结构,而 S2 结构在一定的条件下似乎可以变换为 S1 结构。如:

人们在一起拥挤了三个小时。

他在寒风中暴露出自己的身体。

他们在操场上留下了汗水。

其实变换以后的结构在表意上与原来的结构已经大相径庭了,所以它们不是 S2 真正的变换形式。论元 A 在原式中的语义角色都是当事,而在变式中 A 的语义角色已经变为施事。这里有两个因素在起制约作用:一个是两种结构表达的语义焦点不同。S1 侧重于动作的具体动态,S2 侧重于动作的结果;另一个是语言中自我调节机制在起作用。动词后边的东西太多,就把一部分移到动词前边去。在汉语句子结构格局里,有两个中心点。一个是作为话题或宾语的体词性成分,它对动词具有选择和限制作用。这种选择和限制不是性、数、格等语法范畴上的一致关系,而是语义上的一致关系。另一个是谓词性成分,它在语义上与体词性成分保持一致关系,同时通过前后的伴随成分和后续成分表达时(tense)、体(aspect)、态(mood)等语法意义,而不是通过动词本身的词形变化来表达这些语法意义。

用配价语法的眼光来看,动词前后的成分可能影响对动词价的计算。动词的价反映的是动词内在的语义属性,配价成分是这种语义属性对体词性成分的内在要求。但是同一个动词在不同的结构中可能表现为不同的配价要求,在计算动词价的时候要仔细甄别。比如在"他暴露在寒风中"动词"暴露"只有一个必有论元"他",而在"他在寒风中暴露出自己的身体"中,同一个动词"暴露"就有了两个必有论元"他"和"自己的身体"。动词在不同的结构中有不同的价，也会影响论元的语义角色。

在上面我们所讨论的例子中，我们所选择的 Va 和 Vb 都是一价动词。在这里 S1 和 S2 的区别表现为论元关系的不同。这种不同既是结构的不同，又是动词的不同。因为归根结底结构是由动词决定的，这种不同最终会在结构方面表现出来：

S1

星星在天上闪烁→星星在天上，星星在闪烁呢

他在寒风中颤抖→他在寒风中，他在颤抖呢

他们在操场上比赛→他们在操场上，他们在比赛呢

S2

人们拥挤在一起→人们在一起，*人们在拥挤呢

他暴露在寒风中→他在寒风中，*他在暴露呢

他们留在操场上→他们在操场上，*他们在留呢

上例中的 Va 和 Vb 都是一价动词，在配价数目上没有什么不同，但是动词和论元之间的深层语义关系还是有所不同的，Va 是论元所发出的动作，它们是有过程结构和时间结构（郭锐 1995）的动词，而 Vb 则不是论元所发出的动作，它们隐含着一种被动意义（所以由 Va 构成的句子不能变换成被动句，而由 Vb 构成的句子可以变换成被动句），它们是结果兼状态动词，它们表达的是既成事实以后的状态。如果说有过程的话，那么这个过程也已经完结，因此不能进入“在……呢”框架。正是这种动词和论元之间深层语义关系的不同造成了 S1 和 S2 在表达上的差异。

当动词表现为二价动词和三价动词的时候，它们所具有的不同变换关系就更加清楚了。例如：

S1（Va）	S2（Vc）
他在饭馆吃饺子	地图挂在墙上
他在汽车上看书	骨灰撒在海里

他在业大补习外语　　　　车堵在半路上

S2可以用“把”字句来表达;如果不是祈使句,也可以用被动句来表达,它们所表达的基本事实没有变化。如:

把地图挂在墙上　　　　地图被挂在墙上
把骨灰撒在海里③　　　　骨灰被撒在海里
把车堵在半路上　　　　车被堵在半路上

但是S1如果变换成“把”字句或被动句,问题就复杂了。第一,必须在动词后加上一些后续成分句子才有可能成立,因为“把”字句和被动句中的动词不能是简单形式。第二,变换后的句子与原句所表达的基本事实已经发生了变化。例如:

他在饭馆把饺子吃了　　　　饺子在饭馆被他吃了
他在汽车上把书看了　　　　书在汽车上被他看了
他在业大把外语补习了补习　　＊外语在业大被他补习了补习

原句中的受事“饺子”、对象“书”、内容“外语”都是未知信息,它们不在听话人的预设(presupposition)之内。而变换句中的“饺子”、“书”、“外语”都是已知信息,它们在听话人的预设之内。另外,变换句还有一些言外之意:“把”字句中的“吃饺子”、“看书”、“补习外语”对施事来说是计划之内的事。被动句中的“吃饺子”、“看书”对某些人来说是预料之外的事,是违背某(些)人意志的事,属于被禁止的事。

S1和S2的不同还表现在论元之间现实关系的不同:

S1 (Va)

他在饭馆吃饺子→Agt位于NL,通过Va使Pat发生位移。位移的终点是Agt。

他在汽车上看书→Agt位于NL,通过Va使Agt发生变化。对象论元不发生位移,但是对象论元的信息被 Agt 吸收了,所以 Agt 仍然是信息的运动终点。

他在业大补习外语→Agt 位于 NL,通过 Va 使 Agt 发生变化。内容论元不发生位移,但是对象论元的知识被施事论元吸收了,所以 Agt 仍然是信息的运动终点。

S2(Vc)

地图挂在墙上→Agt 并不位于 NL,也不是 Pat 位移的终点。Pat 位移的终点是 NL。

骨灰撒在海里→Agt 可能在 NL,也可能不在 NL。但 Pat 位移的终点是 NL。

车堵在半路上→没有 Agt,当事论元 Exp 在 NL。没有位移。

S1 和 S2 都可以写成两个表述,但是它们所写成的两个表述是不平行的:

S1→A 在 NL,A V B, * B 在 NL

S2→ * A 在 NL,A V B, B 在 NL

从论元之间的关系上看,S1 和 S2 的区别是很明显的。在 S2 类句子里,Agt 都是隐性的,或者根本就找不到 Agt。如果有 Agt 的话,一定要变成“把”字句或“被”字句。这两个不平行的表述说明了这样一个问题:S1 的功能在于强调 A 所在的位置、环境以及 A 所发出的动作,而 S2 的功能在于强调 B 所处的位置、环境以及 B 的持续状态。

6.6　结语

“A 在 NL－V”(S1)和“A－V 在 NL”(S2)是现代汉语“在”字结构的两种基本形式。出现在 S1 中的动词 Va 对于必有论元 A 来说具有[＋主动]或[＋自发]的语义特征。而出现在 S2 中的动词 Vb 对于必有论元 A 来说则具有[＋被动/受损]或[＋自发]的语义特征。既能用于前者又能用于后者的动词 Vc 对于必有论元 A 来说可以有[＋自发]的语义特征,也可以有[＋主动]的语义特征,还可以有[＋被动/受损]的语义特征,有时动词对于 A 来说无所谓主动被动。如果是一价动词,A 只能是当事;如果是二价动词,S1 和 S2 有不同的语义解释,它们在句法形式上好像具有变换关系,但在语义上不具有等值关系。此时 S1 通常是有歧义的,因为在这里动词的两个必有论元与 NL 之间的关系具有不确定性。从句法上来说,S1 通常是不自足的,动词后边还要加上一些成分(第二个必有论元或者数量词语),而 S2 是自足的,后边不能再加别的成分。从表达的语义焦点上看,S1 侧重于动作的具体动态表现,V 在这里指涉的是现实动作或即将变为现实的动作;S2 侧重于动作的结果,尤其是当动词为二价动词时更是如此,此时动词所指涉的动作已经结束,表现为一种持续态。现在我们可以回过头来解释引言中提出的问题了:一价动词“住”对于它的必有论元来说在语义上无所谓主动被动,所以“我在东京住”和“我住在东京”在语义上是等值的。如果说有什么不同的话,主要表现在句法上:“我在东京住”可以在后边扩展成“我在东京住了三年”;而“我住在东京”不能做同样的扩展。至于为什么不说“他逛在街上”和“他在海外死”,这是因为动词“逛”对于“他”来说具有[＋主动]的语义特征,“死”对于“他”来说具有[＋被动/受损]的语义特征。不能用于“在”字结构的动词在语义上只有动相,没有动态,它们不必强调论元所占据的空间位置。它们本身也没有方位特征,它们是静态动词。

附录：动词分类词表

Va

哀求	暗示	把	扒	拔	拜访	颁布
扮	扮演	伴奏	办理	包装	报销	暴动
爆破	爆炸	背诵	崩溃	比赛	辩护	辩解
辩论	辨认	表示	表演	表扬	表彰	播放
播送	播种	波动	捕	捕捞	补习	裁决
裁判	采访	采购	采用	参观	参加	操劳
操练	策划	测	测定	测量	测试	测算
测验	查阅	岔	拆	产生	颤	颤动
颤抖	敞开	畅谈	唱	倡议	超出	超额
超过	超越	嘲笑	吵	吵闹	炒	沉思
称呼	称赞	成立	乘	承包	承认	吃
充当	重申	冲	出版	出境	出世	出售
锄	储蓄	传	传达	传递	传染	传授
喘	闯	创办	创建	创立	创业	创作
吹捧	伺候	催	磋商	搓	答辩	打扮
打量	打扫	打听	逮捕	担保	担任	叨唠
倒腾	悼念	盗	盗窃	抵抗	抵制	缔结
掂	点燃	雕刻	雕塑	钓	调查	调动
调度	订购(定购)		动员	斗	斗争	逗
读	赌	赌博	锻炼	兑换	对付	对抗
对立	对应	对照	哆嗦	发抖	发挥	发明
发起	发射	发行	发展	翻译	反驳	反对
泛滥	防守	防御	访问	废除	吩咐	分辩
分辨	分析	奉献	敷衍	抚养	辅导	复辟

复活	复习	复印	改良	感染	感受	干
搞	告	告别	歌唱	革命	更改	更换
更正	工作	攻读	攻关	攻击	购	购买
鼓吹	鼓动	雇	刮	瓜分	观测	观察
观光	观看	观赏	灌溉	贯彻	逛	寒暄
喊	喊叫	号召	喝	合唱	哼	横
轰动	轰炸	吼	划分	欢呼	欢送	欢迎
换取	幻想	晃	挥	回答	回想	回忆
会见	会谈	会晤	汇报	豁	获	获得
激	激发	讥笑	集会	急需	寄	继承
纪念	加强	加入	加深	假定	假装	驾
驾驶	监察	监督	监视	坚持	煎	兼
兼任	检查	检举	检讨	检修	检验	减
减低	鉴别	鉴定	践踏	见	见识	建设
建议	建筑	讲	讲解	讲述	讲演	交换
交流	交涉	交谈	教	嚼	缴纳	较量
叫喊	叫唤	叫嚷	揭	揭发	揭露	揭示
接触	接待	接到	接见	接近	接洽	接收
接受	节省	解除	解答	解决	解剖	借
借鉴	介绍	尽	进入	进行	进修	禁
禁止		惊动	经历	经受	经销	经营
警告	警戒	警惕	竞赛	竞选	竞争	纠正
救	救济	就餐	举办	举行	聚会	掘
觉得	决定	决赛	决算	决战	开采	开动
开发	开放	开垦	开辟	开始	开拓	开演
开展	凯旋	勘探	看望	抗击	考	考察
考试	咳嗽	控诉	哭	夸	夸奖	款待
亏损	扩充	扩大	扩散	扩展	扩张	朗读

朗诵	浪费	劳动	乐	垒	离休	联欢
恋爱	炼	练	练习	量	聊	疗养
了解	列举	领	领导	流传	流动	流浪
流通	旅行	旅游	绿化	掠夺	抡	论述
论证	罗列	骂	买	卖	埋怨	蔓延
梦想	弥补	面对	描绘	描述	描写	明确
摸索	磨	闹	拟定	捻	撵	念
酿	捏造	弄	怒吼	殴打	呕吐	扒
拍摄	拍照	攀	攀登	盼	盼望	判定
判断	刨	培训	培养	培育	烹调	膨胀
批改	批判	批评	批示	批准	骗	聘
聘请	聘任	聘用	平衡	评	评比	评价
评论	评选	破获	迫害	起伏	乞求	气喘
洽谈	签订	签署	强调	抢劫	切	窃听
倾听	清查	庆祝	求	取得	去世	劝
劝告	劝说	劝阻	燃烧	嚷	忍耐	忍受
认识	杀	闪烁	商量	商榷	商议	摄
射击	设计	设想	设置	申请	申述	呻吟
审查	审定	审理	审判	审讯	审议	声明
生产	生存	生育	生长	实施	实行	实验
使用	示威	侍候	释放	试验	试用	收割
收买	梳	输送	舒展	树立	耍	说
说明	撕	送	送行	搜	搜查	搜索
谈	谈论	谈判	谈天	探测	探索	探讨
探望	叹	掏	讨	讨论	腾	提交
提问	提醒	提议	体验	替代	替换	挑选
调整	挑拨	挑衅	跳高	跳跃	通报	同情
同意	偷	投入	推销	推行	推选	拖延

挖掘	完成	威胁	微笑	危害	维护	维修
闻	问	问世	呜咽	舞	熄	袭击
喜欢	洗	下达	掀起	陷入	想	想像
享有	削	销售	笑	欣赏	兴起	形成
休息	休养	修订	修复	修筑	嗅	宣称
宣读	宣告	宣扬	旋转	选取	学	学习
熏	寻求	寻找	训	训练	研究	研制
演	演唱	演出	演讲	演说	演算	演习
演奏	邀请	摇	议论	引导	隐瞒	营业
迎接	应付	游览	游行	阅	阅读	运转
酝酿	遭	遭到	造	增加	增设	增添
炸 zhá	炸 zhà	摘	瞻仰	展出	展览	展现
展销	战斗	张望	招	招呼	招聘	招收
找	照顾	照料	召开	侦察	诊断	震荡
震动	振动	征收	争	争吵	争夺	争论
争取	整	整理	支持	直播	指	指点
致词	置	制定	制订	制造	治疗	主持
主张	注射	注释	注视	祝贺	祝愿	转
转动	转换	转	装备	准备	琢磨	自杀
自学	租	钻研	座谈			

Vb

挨	挨	爱	暗杀	把	摆动	败
拜会	颁发	伴	伴随	包含	包括	包围
保持	保管	抱怨	暴露	爆	逼	表现
憋	病	并	并列	播	操	侧
铲	扯	沉	沉淀	撑	呈	呈现
充实	冲锋	重叠	愁	出	出产	出身

出生	储备	处	垂	凑	凑合	摧毁
搭配	打发	带	代	诞生	挡	荡
捣	抵	递	定	丢失	堵塞	夺
罚	反射	反应	纺	分布	分配	分散
封锁	附属	概括	割	隔	隔离	耕种
公布	勾	勾结	固定	关	关闭	规定
归	归纳	合	合并	化	怀	晃
毁灭	汇	昏	活	活跃	降临	浇灌
截止	紧缩	拘留	局限	开除	来	牢记
联络	连接	笼罩	漏	露	露	录取
落实	埋没	闷	蒙	派	派遣	赔
配合	牵扯	染	融化	熔	溶	溶化
溶解	伤	伤害	烧	渗	渗透	升
使	收藏	收拾	收缩	束缚	死	瘫痪
疼	体现	停	停泊	停止	停滞	通行
痛	吐	吐	推荐	退	托	往返
围绕	喜	下	下放	衔接	现	陷
限	限制	挟持	携带	卸	泻	泄
泄露	汹涌	选	淹	淹没	掩盖	掩饰
仰	依	依靠	遗留	遗失	移	移动
抑制	应	应	应用	映	拥抱	拥挤
涌现	约束	跃	运用	晕	孕育	葬
占	掌管	掌握	照耀	蒸	织	皱
拄	驻	驻扎	转移	啄	综合	走
组合	组织	醉				

Vc

安	安排	安置	安装	按	掰	摆

拜	搬	拌	办	绑	包	剥
保存	保留	抱	报	背	奔驰	奔跑
蹦	避	编	标	别	拨	搏斗
补	补充	布置	步行	部署	擦	裁
踩	采	采集	藏	操纵	蹭	插
叉	掺	搀	缠	产	抄	抄写
撤	陈列	成长	盛	冲	抽	出入
出现	储藏	储存	触	穿	传播	串
吹	捶	锤	刺	窜	存	存放
搭	打	呆	戴	待	担	倒
倒	登	登记	蹬	等	等候	滴
递交	颠簸	点	点缀	垫	叨	掉
吊	调	跌	叠	盯	钉	顶
定居	钉	丢	冻	冻结	兜	抖
堵	镀	端	堆	堆积	蹲	躲
躲藏	跺	发表	发布	发生	发现	翻
反映	贩卖	犯	放	放映	飞	飞舞
飞翔	飞行	分	奋斗	奋战	封	封闭
缝	伏	扶	服务	浮	浮动	俯
覆盖	复制	附加	改	改建	盖	赶
搁	跟随	跟踪	弓	拱	挂	灌
跪	滚	滚动	裹	含	焊	航行
横行	糊	护	花	划	画	划
汇集	绘	混	活动	击	积累	积压
集合	集中	挤	寄托	计	计算	记
记录	记载	夹	夹杂	加	架	歼灭
间隔	拣	捡	剪	溅	建	建立
建造	降落	交	交叉	交错	交代	交替

浇	搅	搅拌	绞	叫	接	结
劫	劫持	结	结合	进	浸	精简
揪	居住	举	聚	聚集	捐献	捐赠
卷	卡	开	开办	开设	刊登	看
砍	看	扛	烤	靠	磕	刻
啃	控制	抠	扣	挎	跨	捆
困	拉	落	赖	拦	烂	捞
勒	愣	立	联合	联系	连	晾
淋	留	流	拢	搂	录	落
埋	弥漫	密封	描	灭	摸	抹
拿	尿	捏	拧	扭	挪	趴
爬	拍	排	排除	排挤	排列	徘徊
盘	盘旋	抛	跑	泡	陪	配
喷	喷射	捧	碰	批	披	劈
飘	飘扬	漂	撇	泼	扑	铺
沏	骑	砌	掐	牵	潜伏	嵌
抢	敲	瞧	翘	清除	清理	取
绕	忍	扔	揉	撒	洒	塞
散	散布	散发	扫	晒	删	闪
上	射	设	设立	伸	生	盛开
施加	收	收集	守	守卫	竖	刷
摔	甩	拴	睡	饲养	搜集	缩
锁	踏	摊	弹	探	躺	烫
套	踢	添	填	填补	填写	挑
挑	跳	跳动	贴	听	停顿	停留
挺立	捅	统一	投	投放	投掷	涂
团结	团聚	推	吞	屯	拖	驮
挖	挽	围	维持	温	吻	卧

握	吸	吸收	吸引	牺牲	掀	衔
显示	献	相识	镶	销毁	消灭	消失
歇	写	兴建	行驶	修	修建	绣
蓄	悬	悬挂	旋	循环	巡逻	压
压缩	押	轧	掩	掩护	咽	养
养活	摇摆	摇晃	咬	倚	隐蔽	隐藏
印	迎	涌	用	游	遇	约
蕴藏	砸	杂	栽	攒	遭遇	凿
扎	沾	粘	站	长	照	罩
召集	遮	折	挣扎	支	支撑	掷
种	种植	煮	铸	铸造	住	抓
拽	装	装配	撞	捉	钻	做
坐						

Vd

哀悼	爱戴	爱好	爱护	爱惜	安定	安慰
熬	巴结	把握	霸占	罢	败坏	搬运
扳	帮	帮助	绑架	包办	包干	保
保护	保健	保守	保卫	保温	保养	保障
保证	保重	报答	报复	报告	报考	爆发
背叛	备用	奔	奔腾	奔	绷	逼近
逼迫	比	比较	比如	比喻	闭	必修
必需	必须	避免	鞭策	编辑	编制	贬低
便利	便于	变	变动	变革	变更	变化
变换	变迁	辨别	辩证	标志	表达	表明
并存	并排	剥削	驳斥	捕捉	补偿	补救
补贴	补助	卜	不顾	不比	不解	不堪
不可	不满	不容	不如	不惜	不朽	不止

猜	猜测	猜想	采纳	采取	餐	参考
参谋	参与	参阅	参照	操作	查	查处
查获	查明	差	阐明	阐述	尝	尝试
偿	偿还	畅通	畅销	超	超产	朝
撤退	撤销	陈述	称	成	成功	成熟
成为	惩	惩办	惩罚	澄清	承办	承担
承受	持续	迟到	迟疑	充满	冲击	冲破
冲突	重复	崇拜	崇敬	踌躇	筹	筹建
仇恨	出动	出发	出访	出卖	出租	除
除外	处罚	处分	处决	处理	处于	处置
触犯	传说	传送	创	创新	创造	垂直
春耕	纯洁	辞	刺激	从事	促	促进
促使	摧残	存在	答	答复	答应	达
达标	打击	打扰	打算	大于	带动	带领
代办	代表	代理	代替	贷	怠工	耽误
担负	担忧	当	当	当心	当选	当
当做	倒闭	导航	导演	导致	到	到达
到来	倒退	道	得	得以	得罪	得
等待	等于	瞪	低	敌	敌对	敌视
抵达	递增	颠倒	颠覆	惦记	奠定	调换
叮嘱	订	订阅(定阅)		懂	懂得	动荡
动摇	动用	督促	毒	毒害	独裁	独立
杜绝	度过	渡	端正	断	断定	断绝
兑现	对	对比	对待	对话	多亏	夺得
夺取	躲避	堕落	讹	恶心	恶化	饿
发	发出	发动	发觉	发扬	发育	伐
繁荣	繁殖	烦	反	反攻	反击	反抗
反馈	反思	反问	返	返回	泛	方便

防	防护	防止	防治	妨碍	仿佛	纺织
放大	放弃	放射	放松	飞跃	诽谤	废
沸腾	费	分别	分付(吩咐)		分割	分化
分解	分离	分裂	分泌	粉碎	丰产	丰富
丰收	逢	讽刺	奉行	否	否定	否决
否认	辐射	符合	服	服从	服气	抚育
辅助	腐烂	腐蚀	赴	赋予	复	复合
复述	复兴	付	付出	负	负担	负责
富有	富余	附带	附和	该	改编	改变
改革	改进	改善	改造	改正	改组	干扰
干涉	干预	甘心	感到	感动	感化	感激
感觉	感慨	感冒	感谢	敢	敢于	高产
高兴	告辞	告诫	告诉	歌颂	革新	隔绝
给	给以	给予	根据	耕	更新	攻
攻克	供	供给	供销	供应	公开	公认
公用	巩固	贡献	共计	共有	沟通	构成
构思	构想	够	辜负	估计	孤立	鼓
鼓励	鼓舞	雇佣	顾	顾虑	固有	挂念
拐	怪	关怀	关系	关心	关照	观
管	管理	管辖	惯	光	光临	广播
规范	规划	归还	归结	过	过渡	过滤
过问	害	害怕	含有	捍卫	好比	好像
好转	耗	耗费	号称	好	和解	合成
合乎	合伙	合算	合营	合作	恨	哄
烘	哄	候补	后悔	后退	呼	呼吸
呼啸	呼吁	忽略	忽视	胡来	胡说	互助
花费	化合	化验	怀念	怀疑	欢笑	还
缓和	换	患	唤	慌	挥霍	恢复

回	回避	回顾	回击	回收	毁	毁坏
悔	悔改	悔恨	贿赂	会	会话	会同
昏迷	混合	混淆	活该	火	获取	祸害
积	激动	激励	集资	及格	急于	即
嫉妒	给予	计划	计较	记得	记忆	忌
继	继续	嘉奖	加急	加紧	加剧	加速
加以	加重	假冒	嫁	坚定	坚信	检测
检察	简称	减轻	减弱	减少	见效	健全
将近	奖	奖励	讲究	降	降低	交付
交际	交往	缴	教导	教唆	教训	教养
教育	截	节	节育	节约	结束	结算
解	解放	解雇	解散	解释	借口	借助
进步	进攻	进化	进军	进来	进取	进展
晋升	近似	惊	精通	经	经过	经商
警卫	敬	敬爱	净化	就	居	拒
拒绝	据	具备	具有	觉	觉察	觉悟
觉醒	决策	决心	绝缘	开化	看待	看做
抗议	考古	考核	考虑	考验	靠近	可怜
可能	可行	可以	渴望	克服	客气	肯
肯定	恳求	空想	恐惧	空	垮	亏
亏待	扩建	来访	来临	来往	来自	老化
涝	乐意	冷淡	冷却	犁	离	离别
理	理睬	理会	理解	利用	例如	例外
力求	力图	力争	联	联想	连绵	连续
恋	亮	了	列入	列席	裂	临
临近	邻	零售	领会	领先	令	溜
留恋	留神	留心	留意	流露	流行	垄断
露面	路过	录用	履行	略	轮流	论

落成	落选	麻痹	麻烦	麻醉	迈	瞒
满怀	满足	盲	盲从	冒	冒进	冒险
没	眯	迷	迷惑	迷失	迷信	密切
免	免除	勉励	勉强	面临	蔑视	灭亡
明白	鸣	模仿	摩擦	抹杀	谋	谋求
目睹	乃	耐	难怪	难过	恼火	能
能够	拟	扭转	奴役	暖	暖和	怕
排斥	判处	判决	叛变	抛弃	赔偿	陪同
配备	佩服	烹饪	批发	批复	譬如	偏向
瞥	拼	拼搏	品	品尝	平均	平整
凭	评定	评估	评审	破	破除	破坏
破裂	破碎	迫使	普查	普及	期待	期望
欺负	欺骗	歧视	齐	起	起飞	起诉
起义	起源	企图	启程	启发	启示	气
牵引	牵制	迁	迁就	签发	前进	前往
谴责	欠	枪毙	强化	强制	强迫	抢救
窃取	钦佩	侵犯	侵害	侵略	侵入	侵蚀
侵占	轻视	倾向	清	清醒	请	请教
请求	请示	请愿	庆贺	秋收	求得	区别
区分	屈服	驱逐	取代	取消	娶	去
缺	缺乏	缺少	瘸	确保	确定	确立
确认	确信	燃	让	饶	扰乱	惹
热	热爱	热闹	任	任命	认	认得
认定	认可	认为	容	容纳	容忍	容许
如	如同	入	入境	入侵	入手	赛
散	丧失	扫除	杀害	筛	闪跃	擅长
善于	商	商讨	赏	上报	上交	上进
上升	上诉	上涨	捎	烧毁	少	舍

舍得	涉及	设法	申报	伸展	深化	深入
审	审美	审批	生怕	生殖	省	省略
盛产	盛行	剩	剩余	胜	胜利	失
失败	失掉	失眠	失去	失误	施	施行
施展	拾	食	食用	实践	实习	实现
识	识别	使得	驶	始	示范	逝世
是	适合	适应	适用	视	视察	试
试行	试制	收复	收购	收回	收获	收入
首创	授	授予	售	受	输	输出
输入	疏忽	书写	熟悉	数	属	属于
衰退	率领	顺	思	思考	思念	思索
死亡	似	松	耸	苏醒	速成	塑造
诉讼	肃清	算	算是	随	损	损害
损耗	损坏	损伤	损失	缩短	缩小	塌
抬	贪	贪污	坦白	逃	逃避	逃跑
逃走	淘汰	提	提拔	提倡	提高	提供
提炼	提前	提取	提升	提示	提早	体会
体谅	体贴	剃	替	调和	调剂	调节
调解	听取	听写	挺	通	通告	通过
通航	通用	通知	同一	统筹	统计	统治
痛恨	偷窃	投产	投机	投降	透	突出
突击	突破	屠杀	团圆	推测	推迟	推辞
推动	推广	推进	推理	推论	推算	退步
退出	退还	退休	脱	脱离	脱落	妥协
瓦解	歪曲	外出	外流	弯	玩儿	玩弄
完	完毕	完善	挽救	惋惜	亡	往来
望	忘	忘记	忘却	妄图	妄想	违背
违反	违犯	围攻	为	为难	为期	为首

为止	委屈	委托	伪造	畏	喂	位于
慰问	为	为了	温暖	闻名	问候	污蔑
污染	诬蔑	诬陷	无	无所谓	无意	武装
侮辱	悟	误	误会	误解	吸取	希望
熄灭	习惯	喜爱	洗涤	瞎	下降	吓
先行	嫌	显	显得	现代化	羡慕	陷害
限期	限于	相比	相差	相等	相对	相符
相关	相交	相通	相信	想念	响应	享乐
享受	像	向	向往	象征	削减	削弱
销	消	消除	消费	消耗	消化	晓得
小心	笑话	协调	协商	协议	协助	协作
写作	谢绝	谢谢	屑	辛苦	心疼	信
信赖	信任	信仰	兴	兴办	形容	行
行动	行使	醒	姓	修改	修理	修正
锈	需	需要	须	许	许可	酗酒
叙述	叙谈	絮叨	续	宣布	宣传	选拔
选定	选举	选修	选用	选择	询问	寻
压迫	压抑	压制	哑	严格	严禁	严密
严肃	延长	延缓	延伸	延续	眼看	演变
厌恶	宴请	验	验收	验证	扬	氧化
养成	养育	养殖	要求	邀	遥控	要
冶炼	医	医疗	医治	依据	依赖	遗传
疑惑	疑问	疑心	以为	意料	意识	意味着
忆	饮	引	引进	引起	引入	引用
引诱	印染	印刷	应当	应该	赢	赢得
盈利	影响	应酬	应邀	拥护	拥有	勇于
忧虑	邮购	邮寄	犹如	游击	有	有待
有的是	有关	有意	诱	诱惑	余	予

予以	娱乐	愈	欲	寓	预报	预备
预测	预定	预订	预防	预告	预计	预料
预期	预习	预言	预约	预祝	冤枉	原谅
援助	愿	愿意	怨	曰	越	越过
跃进	匀	允许	运	运动	运输	运送
运算	运行	杂交	栽培	宰	载	载重
再见	再说	在	在乎	在意	在于	在座
赞成	赞美	赞赏	赞叹	赞同	赞扬	赞助
遭受	糟蹋	责备	责怪	增	增进	增强
增援	增长	赠送	眨	诈骗	榨	斩
展示	展望	占据	占领	占有	战	战胜
张	涨	胀	障碍	招待	着	照明
照射	照应	折合	折磨	折腾	珍惜	针对
针灸	震	震惊	振	振奋	振兴	镇
镇压	蒸发	挣	睁	征服	征求	争议
整顿	证明	证实	支出	支付	支配	支援
知	知道	直	直达	直到	直至	植
执法	执行	值	值得	指出	指导	指定
指挥	指明	指示	指望	指引	止	至
致	致电	致富	致敬	致使	制	制裁
制约	制止	制作	治	治理	中断	中立
忠诚	忠于	终止	肿	中	重视	周转
嘱咐	嘱托	主办	主编	主导	主管	著
助	助长	筑	注册	注解	注目	注意
祝	祝福	抓紧	专	专用	专政	专制
转变	转播	转达	转告	转化	转交	转让
转入	转向	转折	赚	转动	装饰	装卸
装置	壮	壮大	追	追查	追悼	追赶

追究	追求	追问	准	准许	酌情	着
着手	着想	着重	咨询	资助	滋长	自觉
自卫	自信	自愿	自治	自主	总	总得
总计	总结	走访	奏	揍	阻碍	阻挡
阻拦	阻挠	阻止	组	组成	尊	尊敬
尊重	遵守	遵循	遵照	左右	作	作为
作用						

附　注

①此文最初发表于 1978 年《语言教学与研究》5 月号上，1981 年修改后重新发表于《语言教学与研究》第 1 期，1989 年发表的这篇是第二次修改稿。

②动态动词和静态动词有时有交叉，比如“旅行、游泳、指导、祝贺、服务”类动词有时表现为动态动词，有时表现为静态动词。但是这两种相互对立的特征不能同时出现，我们说它们没有共存性。这一点是崔希亮(1995)没有提到的。

③其实“把骨灰撒在海里”的另一个必有论元可以指代不同的实体，它们的语义角色一个是当事，一个是施事：

(1) 周总理把骨灰撒在海里(当事)

(2) 卫士们把周总理的骨灰撒在海里(施事)

在这里论元和动词的关系是不同的，因此动词本身的语义内涵也是不同的。例(1)的“撒”不是一个现实的行动，例(2)中的“撒”是一个现实的行动。这两个句子所指涉(denote)的事件是不同的，例(1)所指涉的不是现实状况，(2)所指涉的事件是现实状况。

第三章　汉语语法的认知研究

第一节　空间方位关系及其泛化形式的认知解释

1.1　引言

在现代汉语里,空间方位关系①的表达主要依靠处所词、方位词,或者介词与处所词、方位词的配合。关于处所词和方位词的基本语法功能和表达功能,前人都有比较概括的(朱德熙 1982)或详细的(赵元任 1979;刘月华等 1983)描写,兹不赘述。方位词除了表达空间方位关系外还可以表达时间关系,因为人们对空间方位关系的认识与人们对时间关系的认识存在着一种共同的认知基础。在现代汉语的方位词中,使用频率最高、表达功能最多的方位词有三个:"上"、"下"和"中(里)"。它们与介词配合,除了表达基本的空间方位关系以外还可以表达范围、方面和条件等。其中"上"表达功能最强,理解难度最高,因此我们把"在 X 上"作为本文的主要研究对象进行个案解析。X 位置上的词语可以是一个名词或名词性短语,也可以是几个名词,还可以是一个动词或动词性短语。例如:

(1) 那支只吸了一口的香烟搁在茶几上。(X 是名词)

(2) 而那老头儿也依旧坐在一旁的马扎上。(X 是名词性短语)

(3) 他们活跃在科技、教育和医疗卫生等各条战线上 (X

是几个名词)

(4) 要在管理上下工夫。(X 是动词)

(5) 他们在加强管理检查狠抓落实上制订了一套计划。(X 是动词性短语)

当 X 是名词的时候,它可以是具体名词,也可以是抽象名词。在意义上既可以表达具体的空间方位,也可以表达抽象的范围、方面等。例如:

(6) 在蔚蓝色的泳道上有很多新手超过了他。(具体名词,非定指的空间方位)

(7) 头发长在我脑袋上,爱留多长留多长。(具体名词,定指的空间方位)

(8) 我们希望与中国在国际舞台上建立紧密的合作关系。(具体名词的引申用法)

(9) 中方愿意在和平共处五项原则的基础上,进一步发展两国在各个领域里的友好合作关系。(具体名词的引申用法)

(10) "青年志愿者行动"是"跨世纪青年文明工程"先行实施的一个重要项目,自去年底启动以来,在社会上和广大青年中引起了较大的反响,呈现出良好的发展势头。(抽象名词,表示范围)

(11) 同时也需要在经济立法上给予支持。(抽象名词,表示方面)

例(6)-(7)的 X 是具体名词,"在 X 上"表达具体的空间方位。例(8)-(9)的 X 是具体名词,但是在这里它们都是一种引申用法,可以认为它们是空间方位在心理上的延伸("基础"的本义已经快要被它的比喻义替代了)。例(10)-(11)中 X 的核心是抽象名词,它们所表达的似不能概括为空间方位,而是范围和方面。当 X 是动词的时候，它所表达的并不是一个具体的具有动态特征的动作，而是一种概念化了的行为，它的指称性远远超过它的陈述性。从某种意义上说，它与抽象名词没有太大的不同。

关于“在 X 上”这个结构或这类结构，有两种结构类型，即：“VP 在 X 上”和“在 X 上 VP”。这两种结构类型之间的种种句法问题，前人有过种种相关的讨论（朱德熙 1981；范继淹 1982；俞光中 1987；朱德熙 1989；金立鑫 1994；齐沪扬 1995；崔希亮 1996；周小兵 1997 等）从这些讨论中我们可以看到：“在”是汉语中一个非常重要的角色，由“在”构成的结构其语义理解在汉语中具有不确定性。但是这种不确定性更多地体现在“在 X 上 VP”这个结构上，如“在火车上写字”。如果不考虑时间信息的话，只是与空间方位关系有关的信息就至少可以产生以下几种不同的潜在理解或者说不同的含义（implications）：

P1. 写字的人在火车里，字写在纸上。

P2. 写字的人在火车里，字写在火车上。

P3. 写字的人不在火车上，字写在火车上。

P4. 写字的人在火车顶上，字写在火车顶上。

P5. 写字的人在火车顶上，字写在火车以外的什么物体上。

以上几种不同的情形都可能成为现实意像。但是 P1 是常规关系，人们的理解趋向于 P1。从 P1 到 P5，理解的难度越来越大。而“VP 在 X 上”在理解上没有那么多的可能理解，如“字写在火车上”和“他撞在火车上”（“在火车里”、“在火车外”）以及“他站在火车上”（“在火车里边”、“在火车顶上”）都只有两种可能的理解。“在 X 上”在什么情况下会有理解上的多重选择？是哪些因素指引着听话人找到正确的理解门径？这是本文要讨论的问题。

1.2 存在、存在物和存在物所在的空间方位

"在"的基本意义是"存在"。"存在"是一个十分基本的概念,它至少与两个论元(actant)相关:存在物 A 与存在物所在的空间位置 X。存在物在语言表达中如果处于话题的位置上通常可以省略,而空间位置是必不可少的。也就是说,"A 在 X 上"的 A 不是必有论元,X 是必有论元(obligatory actant)。从语料[②]中我们知道,X 除了表达空间方位以外还可以是范围或方面,它们可以看成是空间位置的心理延伸。具体的事物是以具体的空间位置为存在的依附点或支撑点的,而抽象的事物或概念只能以心理的空间位置为依附点或支撑点。时间、范围和方面也可以看做是一种心理的空间位置。心理的空间位置与现实的空间位置有一种合理的像似性(iconicity)。"在 X 上"是一种存在形态,但是它不是一种简单的以存在物附着于空间位置为惟一特征的存在形态。换言之,"在 X 上"不仅仅可以表达某物依附在某个点、面、线、矩形、圆形、三角形、梯形、多边形、不规则图形以及球体、圆柱体、锥体、立方体等三维物体上,它所能表达的远远比这些复杂。例如:

(12) 每一个生命都依附在无始无终的时间链条上,时间一个链环一个链环朝固定的方向移动。(X 是时间,一种心理上的线)

(13) 我们必须在产品质量上把好关。(X 是一种人为规定的衡量标准,可以概括为一种"物理量")

(14) 他们是在电话上认识的。(X 是一种通讯媒介,是声音的载体)

(15) 他们在饭桌上都是英雄豪杰。(X 是一种场合)

(16) 我的名誉毁在她手上了。(X 是一种心理上的媒介物)

(17) 看在老朋友的份上帮我一把。(X是一种关系元素)

例(12)的X可以看成是一种心理空间,例(13)可以解释为方面或某一基底(base)上的一个侧面(profile),例(14)-(17)不能概括为有依附点或支撑点的空间位置或者抽象的范围方面。以上这些例子中的"在X上"都不表达典型的空间方位关系,我们把它们看做空间方位的泛化形式。上引各例存在物A与空间位置X的关系都不存在实际的接触关系,依附或支撑也就谈不上。也就是说,这是一种虚拟的存在形态。还有一种存在形态处于虚实之间。例如:

(18) 圆圆的目光落在那把小提琴上。

(19) 他那色眯眯的眼睛在月儿身上扫来扫去。

(20) 他的目光凝聚在一只白底蓝花的小瓷碗上。

(21) 全场观众的目光都盯在一个运动员身上。

这里的接触也不是真正的接触。但是在交际者的心理上完全可以认为这也是一种接触。

例(14)中的"电话"是一个个体名词,"在电话上"在理解上也存在着歧解的可能性,但是例(14)不会有人理解为下面的①②义。尽管"在电话上"可以有三种可能的意像:

① 附着在电话机的表面:

在电话上落着一只花脚蚊子。

② 附着在电话机里边或在电话线路上:

在他的电话上安装了窃听器。

③ 以电话这种通讯工具为媒介:

他们在电话上聊了一个多小时。

是什么因素使"在X上"的理解走上正确的道路?多重可能怎么会变成惟一的可能?听话人是如何滤掉①②两种意义

的？以前我们总是说语境可以消解理解上的歧义。那么语境又是什么？这些问题对于使用语言的人来说似乎不是问题，起码是意识不到的问题。人们不必费力气就能准确地把握“在X上”的现实关系以及X与VP的关系。

出现在X位置上的语言片段可以是名词，但是并不是所有的名词都可以出现“在X上”这个框架里。那么究竟有哪些名词不能出现在这个框架里？为什么？这也是我们要回答的问题。话语的理解过程是一个对现实意像的解码过程。听话人可以调动起所有的感知器官去理解他所听到的一串声音符号（如果是阅读理解过程那么读者看到的是一串字符），他要依靠自己的心理词典把这些符号转换为一个一个有意义的词汇单位，并且还要弄清楚它们的意义以及彼此的关系。同时听话人还要调动起他所积累起来的全部知识，把他所理解的意义和它们之间的关系转换为现实的意像或者心理的意像，然后过滤掉现实或者心理接受难度大的意像，保留一个与现实或心理意像契合得最好的理解，这就算完成了一个理解过程。从这个意义上说，理解的一部分过程可以看成是一个筛选过滤的过程，它完全符合Broadbent（1958）提出的过滤模型（filter model）。但这只是个单通道模型，话语的理解过程不仅仅是个知觉过程。我们可以用下面的模型来说明话语的理解过程。

假定言语交际活动所使用的语言是我们熟悉的语言，则我们听到的是一串有清晰界限的音节。语音的过滤过程是为了排除噪声和口音干扰，使听话人顺利地在自己的心理词典中找到对应的形式，把语音信号转换成意义信号。接下来听话人会借助自己的语言知识（语法知识和语义知识）建立起各个意义之间的联系（生成句子），并把这种联系送到语义分析器中去进行语义分析，确定主目和谓项，确定各个论元的语义角色以及各个角色之间的关系。这样听话人得到一个或几个语义解释。照理说

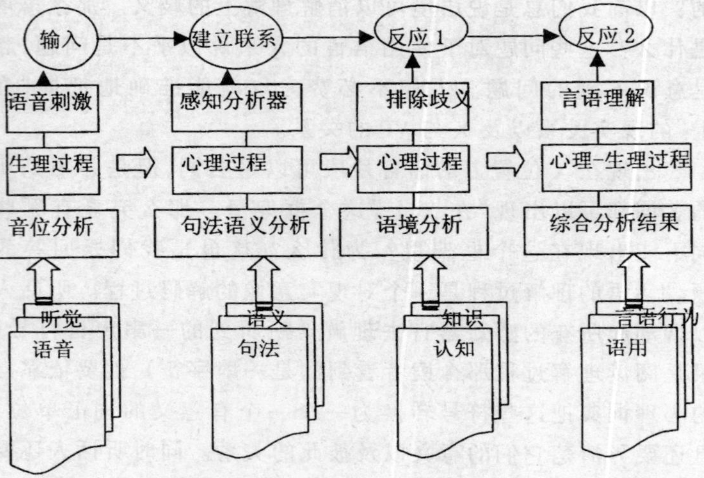

一个理解过程到这里就结束了。但是我们看到"他在火车上写字"竟然有 5 种语义解释,究竟哪一种是惟一正确的?[3] 这时听话人要参照语境进行过滤。这里的语境包括狭义的和广义的两种:狭义的语境就是上下文,广义的语境是自己的认知经验。听话人要把他建立起来的语义理解与现实意像或心理意像相对照,验证自己的语义解释是否是惟一的。当然在实际的交际过程中理解是在瞬间完成的。从某种意义上说,听话人的认知背景对话语的理解有很大的影响。(崔希亮,1992)"在火车上写字"如果没有上下文,我们的理解一般不会是引言中提到的 P2~P5。但是如果有一定的上下文,听话人的理解就会不同。例如:

(22) 在火车上写字不如在家里写字舒服。

(23) 那个小男孩在火车上写字让列车员训了一通。

(24) 他往站台上一看,几个油漆工正在火车上写字呢。

(25) 在火车上写字可要当心,掉下来可不是闹着玩儿的。

"在火车上写字"在上面这几个句子里会有不同的理解。这完全是知识背景在左右着听话人的判断。句子中的一些线索(clues)限定了句子的理解,同时也为听话人的认知选择和修正错误提供路标。在上下文里边,一定有一个信息结点明示或暗示地为听话人指引了理解的路径。那么,只要我们找到这个或这些线索就能找到理解的关键。(22)的理解线索来源于"在家里写字"的对比作用,(23)的理解线索来源于"让列车员训了一通",(24)的理解线索来源于"油漆工",(25)的理解线索来源于"要当心"和"掉下来"。可见存在物与存在物所在的空间方位的关系不完全取决于"在X上"这个结构本身,听话人的理解必须依赖认知选择。认知过滤器不仅能为听话人指引正确的路径,它甚至能自动修正说话人的错误。④

1.3 "在X上"与空间方位关系的不确定性

我们已经看到了,"在X上"这个结构可以表达多种空间方位关系。而在别的语言里,可以通过不同的手段来消除部分歧义。例如"我在火车上写字",德语里至少可以把三种不同的意义用不同的介词区别开来:

1. Ich schreibe im Zug.
2. Ich schreibe an den Zug.
3. Ich schreibe auf dem Zug.

德语除了介词之外还有格标记,可以表达清楚到底是哪个论元与空间方位发生关系。1和3都是与格(Dativ),说明的是主语Ich(我)与Zug(火车)的存在关系。2是宾格(Akkusativ),说明的是schreibe(写)这个动作与Zug(火车)的关系:动作所产生的结果一定在Zug上。汉语的"在X上"这个结构歧义指数非常大,当X或X的中心语是具体名词时,这个结构至少可以表达以下几种潜在的现实意像：

1. 在X的内部(X为封闭的空间)：

　　在火车上，在汽车上，在飞机上，在轮船上

2. 在X的表面：

　　在黑板上，在桌子上，在足球上，在月球上

3. 在X的顶端：

　　在针尖儿上，在烟头儿上，在树梢上，在山顶上

4. 在X的边缘：

　　在悬崖边儿上，在岸边上，在刀刃上，在房檐儿上

5. 在X的某一点：

　　在国境线上，在地平线上，在雪线上，在树枝上

6. 在X的接触点或者面：

　　在睫毛上，在翅膀上，在沙子上，在泥上

在空间方位关系的表达上，X是必有论元。它作为存在的空间或场所总要有一个接触的点或面。这个点或面可以是物质的，也可以是虚拟的。虚拟的X应被看做准空间方位(quasi-spatial locatives)。比如：

1. 以X为媒介物：

　　在报纸上，在书刊上，在电视上，在影视节目上

2. 以X为活动场所：

　　他在酒桌上有本事，在运动场上比比，在舞会上认识的

3. 以X为背景或环境：

　　云在天上，雪莲开在雪山上，渔民生活在水上

4. 以X为隐喻的施事：

　　他败在我手上，毁誉都在他那张嘴上，你的命运就在这张纸上

5. 以X为隐喻的环境：

在人生舞台上,他睡在刀尖儿上,写在人生边上

6. 以 X 为隐喻的处所受事:

这把刀扎在他的心上

7. 以 X 为某种关系的结点:

看在朋友的份上,看在我的面子上

8. 以 X 为隐喻的依赖物:

躺在功劳簿上

"在 X 上"可以表达各种空间方位关系和准空间方位关系。孤立地看这个结构我们很难得到一个统一的意像,但是我们在使用这个结构的时候却很少发生理解上的困难。这是为什么呢?这是因为我们在对一个句子进行理解的时候所依据的不仅仅是句子的表层结构。根据我们的理解模型,句子的理解过程可以看做是一个解码过程,或者说是一个翻译过程。听话者把听到的话语形式转译为某种现实意像,在转译的过程中如果同时出现两种以上不同的意像,听话者会根据自己的知识图式选择一个与现实契合的意像,过滤掉与现实相悖的意像。如果不止一个意像与现实契合,听话者会自动排序,把与现实契合得最紧密的意像排在前面。

例如"我在火车上写字"。对于听话者来说首选意像是"我在火车里写字,字写在纸上"。因为在我们的认知经验中,这个意像是最常见的。同样的道理,"在黑板上写字"这个句子中的施事论元也可以有不同的意像(如"站在黑板上写字"和"站在黑板前往黑板上写字")。但是我们首先理解的是第二个意像。我们说"他骑在马上"的心理接受难度比"他骑在羊上"要小得多。因为"人骑马"这个意像和"人骑羊"这个意像相比,显然前者更为常见。也就是说,在人们的认知经验中,"人"与"马"的互动关系(interactive relationship)跟"人"与"羊"的互动关系不同。我们在理解"他们是在电话上认识的"这个句子的时候,不会把它理

解为"他们互相认识的场所或地点是在电话上"。因为在我们的认知经验里,"人"与"电话"的互动关系不会是存在物与存在场所或地点的关系。如果说"他们是在火车上认识的",那么听话者完全可以自动找到一个与现实最为契合的意像。这两个句子惟一的不同在于 X 是不同的名词。从这里我们得到一个启发:X 的内在特性以及 X 与论元之间的关系、论元与论元之间的关系在"在 X 上 VP"结构的理解中都有可能成为理解的线索和指引听话人认知选择的路标。

1.4 从 X 看"在"字结构

我们以前讨论"在"字结构时是从动词出发的。那样可以发现一些问题,但是也会使一些问题隐蔽起来,看不清楚。现在我们换一个角度看看"在"字结构中的名词。名词实际上具有很多的个性特征。宏观上看,名词具有两面性:一面是具体的,定指的,可以具体刻画的。比如可以加上个体量词,用"这个""那个"指代等;另一面是抽象的,泛指的,作为概念存在的,不能具体刻画的。比如不能加个体量词,不能用"这个""那个"指代等。举例来说:

马:
- (a)他那匹马会得冠军。("马"是定指的,且有具体所指)
- (b)他骑马来的。("马"是定指的,但无具体所指)
- (c)马是人类最好的朋友。("马"是泛指的,且无具体所指)

当 X 或 X 的中心语是抽象名词或泛指的名词时,"在 X 上"这个结构又会表现出新的特性:只有"在 X 上 VP"一种结构形式,而没有"VP 在 X 上"。在这里,"在 X 上"只是限定某种范围,或限定某个方面。例如:

(26) 今年要在充分考虑国家、企业和群众承受能力的基础上,适当调整能源和粮、棉等价格。

(27) 江泽民对肯尼亚政府奉行“一个中国”的立场表示赞赏，对肯尼亚在西藏和恢复中国在关贸总协定缔约国地位问题上给予中国的支持表示感谢。

(28) 他说，在人权问题上，中肯两国相互支持，进行了很好的合作。

(29) 从 1993 年初开始，锦西市在产权制度改革上，进行了大量探索。

(30) 巴美在知识产权问题上的分歧由来已久。

(31) 这些会晤虽然也有一些进展，但终因双方在上述问题上歧见较深而没能达成协议。

(32) 双方民事委员会在环保、石油开采、文物发掘等问题上取得共识。

(33) 俄罗斯认为这在战略上对自己极为不利。

(34) 政府部门要在结构和规模上加强宏观调控。

当 X 是动词或谓词结构的时候，“在 X 上 VP”结构无例外地是限定某一基底上的一个或几个侧面，如：

(35) 要利用辽宁丰富的资源和庞大的基础工业优势，在精深加工上下工夫，提高产品的附加值。

(36) 这就要求我们善于处理好各种矛盾关系，在战略、时机和节奏的掌握上，在具体步骤措施的运筹上，要做到积极慎重，举措得当……

(37) 在调整结构、提高效益上狠下工夫。

(38) 最近，我拿了两组数据做经济发展走势分析，一组是锦江建区 3 年来的发展速度，目的是看成绩，增强我们在保持经济持续、快速、健康发展上的信心……

这里的“在 X 上”都是“在某一方面”的意思。虽然从心理空间上看，“方面”也未尝不可以看做是一种空间方位。不管 X 的核心是抽象的 NP 还是 VP,它都是一个两端被限定了的、边界比较清楚的空间范畴。在“A 在 X 上 – VP”这个结构中,X 的存在可以是为 A – VP 这个活动或事件限定一个空间方位或者范围,也可以是为了突出某一基底上的一个或几个侧面。所以从话语结构上看,“在 X 上”是句子的二级话题。假如把它们去掉,句子从句法上看完全没有问题。例如上引 X 核心为抽象名词的例(26) ~ (34)去掉“在 X 上”以后:

(26′) 今年要适当调整能源和粮、棉等价格。

(27′) 江泽民对肯尼亚政府奉行“一个中国”的立场表示赞赏,对肯尼亚给予中国的支持表示感谢。

(28′) 他说中肯两国相互支持,进行了很好的合作。

(29′) 从 1993 年初开始,锦西市进行了大量探索。

(30′) 巴美的分歧由来已久。

(31′) 这些会晤虽然也有一些进展,但终因双方歧见较深而没能达成协议。

(32′) 双方民事委员会取得共识。

(33′) 俄罗斯认为这对自己极为不利。

(34′) 政府部门要加强宏观调控。

“在 X 上”也可以移位到句子的前面做一级话题,仍看上面 9 个例子:

(26″) 在充分考虑国家、企业和群众承受能力的基础上,今年要适当调整能源和粮、棉等价格。

(27″) 在西藏和恢复中国在关贸总协定缔约国地位问题上,江泽民对肯尼亚政府奉行“一个中国”的立场表示赞赏,对肯尼亚给予中国的支持表示感谢。

(28″) 在人权问题上,他说,中肯两国相互支持,进行了很好的合作。

(29″) 锦西市在产权制度改革上,从1993年初开始,进行了大量探索。

(30″) 在知识产权问题上,巴美的分歧由来已久。

(31″) 在上述问题上,这些会晤虽然也有一些进展,但终因双方歧见较深而没能达成协议。

(32″) 在环保、石油开采、文物发掘等问题上,双方民事委员会取得共识。

(33″) 在战略上,俄罗斯认为这对自己极为不利。

(34″) 在结构和规模上,政府部门要加强宏观调控。

X是动词或动词结构时情况也是一样的。这是“在X上-VP”的特点,“VP在X上”中的“在X上”绝对不能去掉。也就是说在“在X上-VP”这个结构中的“在X上”是选择性的(optional),而在“VP在X上”这个结构中“在X上”则是必有的(obligatory)。这说明在这两个结构形式中,“在X上”的入句条件是不一样的:“在X上-VP”中的“在X上”意义不是那么固定的,所以在理解上有不确定性。而“VP在X上”中的“在X上”意义是固定的,所以理解上没有游移性。并非所有的名词都能出现在X的位置上,因为只有具有空间方位特征或心理上的空间方位特征的名词才具备起码的条件。据我们考察,下面一些名词都不能表达物质的空间方位:

1.称谓:

阿姨　哥哥　总理　先生　同志　皇帝　烈士
女士　青年　朋友

2.时间名词:

今天　当初　现在　过去　未来　今年　春天
礼拜一

3.方位词：

里　外　前　后　前边　后边　南边　北边

外头　里头　中间　东面

4.处所名词：

郊区　边疆　角落　农村　首都　图书馆　学校

北京　热带　上游

5.集合名词：

花朵　河流　山川

6.边界不清的普通名词：

阴谋　害处　黑夜　西医　光辉　初期　暴雨　春季

故乡　民间　民族　野兽　友谊　优点　犯人　寡妇

近代　隔壁　居民　集体　动静　黄昏

“在X上”表达了两种关系：位置和空间范围，而位置又总是处于一定的空间范围中。具体的事物有具体的存在范围。这个具体范围的边界一般是相对清楚的；起码在交际者的心理上是清楚的；尽管实际上这个范围的边界可能是模糊的。交际者把这个空间范围当作一个连续的认知整体，尽管实际上这个范围可能是离散的。“在火车上”只是给出了一个存在的范围，并没有给出具体的存在位置。“火车”是一个整体，有清楚的界限。至于“火车”是专指的还是泛指的也不清楚。“我在火车上写字”与“我专门在火车上写字”中的“火车”是有区别的。前者不知道是不是专指某一节火车车厢，后者是泛指的。“他在讲台上站了40分钟”和“他在讲台上站了40年”中的“讲台”也是有区别的。前者“讲台”是定指的，连续的；后者的“讲台”是泛指的，离散的，区别来自“40分钟”和“40年”。在人们的认知经验里，两个“讲台”都限定了一个范围，然而它们却是不同的范围。如果换成“他（的塑像）在讲台上站了40年”则与“他在讲台上站了40年”又有不同，区别来自“他”与“他（的塑像）”。在句子结构里，任何一个参数性质的变化都会给句子的理解带来影响。而这些参数的性质并没有外在的标记(如冠词、格尾等)。“在X上”所表达的空间方位关系的不确定性与各项参数的变化是分不开的,因此汉语空间方位关系及其泛化形式的理解是一个整体的认知过程。从上面的分析中我们看到:论元角色的变化、论元与论元之间的关系、存在的方式、句子中的上下文信息、听话人的知识背景等等都是理解中可能左右理解方向的元素。

附　注

①我们所说的空间是拓扑学(topology)意义上的空间,而不是欧几里得式的空间。在拓扑空间里,被感知的物体及其存在形态与感知者的关系是一种动态的互动关系。

②孙宏林先生和阎晓颐女士为本文提供了大量语料,谨致谢忱。

③除非说话人故意制造双关语,一般的言语交际活动都有明确的交际目的,说话不会含含糊糊,一句话只有一个意思。

④例如当你听到“小芹不小心把井掉到桶里了”这样一个语义上有问题的句子时,你会根据自己的认知经验在理解中自动地把它调整为“小芹不小心把桶掉到井里了”。

第二节 “在”与空间方位场景的句法表现和语义映射

2.1 句法格式与语义场景

2.1.1 空间方位关系是我们现实生活中最常见的一种关系。不同的语言对空间方位关系的表达可以依赖不同的语法手段。例如日语由处所名词加上格助词系统来实现,德语由介词加名词和格范畴来实现,英语通过介词加名词来实现。在现代汉语普通话中,空间方位关系的表达通过以下一些手段来实现:

1. 方位结构:

桌子上 口袋里 教室内 黑板前 石头下
汽车旁边

2. 命名性处所词[①]:

车站 公园 学校 西直门 居庸关 八达岭
中文系

3. “在”+方位结构:

在桌子上 在口袋里 在教室内 在黑板前

4. “在”+命名性处所词:

在车站 在公园 在学校 在西直门 在居庸关

本文只讨论与介词“在”相关的空间方位关系的表达问题。方位词系统的介入使汉语的空间方位关系的表达多了一种手段,但同时也为学习汉语的人带来了麻烦。[②]因为由介词“在”与其他成分合起来所表达的空间方位关系歧义指数很高,常常给理解和表达造成困难。方位词可以构成方位结构,由方位词构成的最小方位结构有以下一些形式:

～上	～下	～里	～外	～前	～后	～左	～右	～旁	～东	～南	～西	～北	～内	～中	这儿	那儿
～上边	～下边	～里边	～外边	～前边	～后边	～左边	～右边	～旁边	～东边	～南边	～西边	～北边				
～上面	～下面	～里面	～外面	～前面	～后面	～左面	～右面	～旁面	～东面	～南面	～西面	～北面				
～上头	～下头	～里头	～外头	～前头	～后头				～东头	～南头	～西头	～北头				

2.1.2　由介词“在”构成的介词结构可以表达时间和空间两种关系，在这里我们暂不考虑时间关系的表达问题。[3]所谓空间方位关系实际上可以理解为一种“存在”关系，通俗地说，就是“某东西在某地方”。当然“存在”可以有不同的层次，有物理空间的存在，也有心理空间的存在，还有虚拟空间的存在。我们把非物理空间的“存在”叫做空间方位关系的泛化形式（崔希亮1998）或者叫做隐喻形式（metaphors）。“存在”至少涉及到三个要素：存在物，存在处所，存在方式。有时还会有不止一个存在物。最小的存在关系可以表达如下：

存在物 Ei + 在 + 存在处所 L + 存在方式 M

$E_i \Leftrightarrow L$
M

2.1.3　存在范畴的句法实现有两种途径：

A 式：E_i + 在 + L + M

B 式：E_i + M + 在 + L

其中 Ei 可以写成 NP，L 可以写成表一中的方位结构或命名性处

所词,存在方式 M 表现为 VP。因此上面的两种句法形式可以改写为:

A 式: E_i + 在 + L + M → NP + 在 + L + VP

B 式: E_i + M + 在 + L → NP + VP + 在 + L

VP 的情况又有许多变化,我们分成以下几种:

1. 当 VP = V(单音节)时

A 式(A1):NP + 在 + L + V　小妹在北京住
　　小妹在沙发上睡

B 式(B1):NP + V + 在 + L　小妹住在北京
　　小妹睡在沙发上

2. 当 VP = VO 时

A 式(A2):NP + 在 + L + VO　小妹在院子里晾衣服
　　小妹在树上晾衣服

B 式(B2):NP + VO + 在 + L　*小妹晾衣服在院子里
　　*小妹晾衣服在树上

3. 当 VP = VC 时

A 式(A3):NP + 在 + L + VC　小妹在海边晒黑了
　　小妹在日本学乖了

B 式(B3):NP + VC + 在 + L　*小妹晒黑了在海边
　　*小妹学乖了在日本

4. 当 VP = V + Asp(Aspect markers)时

A 式(A4):NP + 在 + L + V + Asp　小妹在树上绑着
　　小妹在日本毕业了

B 式(B4):NP + V + Asp + 在 + L　*小妹绑着在树上
　　*小妹毕业了在日本

在这里我们看到,A、B 两种格式只有在 VP 是单音节动词时才是可以互相变换的。两种句式都是可以接受的,尽管我们仍然可以感觉到两种句式表达的意思有区别。在其他情况下，A、B两种格式显然不存在平行变换关系。但是除了A、B两种格式以外，表示存在的句子还可以写成其他格式。也就是说，存在这一意念范畴还可以用其他句法形式来表达。我们可以把它们看成是两种格式的衍生形式。例如：

A式的衍生形式：

C式：在 L + E_i + VP　　在院子里小妹晾衣服

D式：E_i 在 L 把 O + VP　　小妹在院子里把衣服晾丢了

E式：在 L + E_i 把 O + VP　　在院子里小妹把衣服晾丢了

F式：O 在 L 被 E_i + VP　　衣服在院子里被小妹晾丢了

G式：在 L + O 被 E_i + VP　　在院子里衣服被小妹晾丢了

B式的衍生形式

H式：O(E_i) + VP 在 L　　衣服(小妹)晾在院子里

I式：E_i 把 O + VP 在 L　　小妹把衣服晾在院子里

J式：O 被 E_i + VP 在 L　　衣服被小妹晾在院子里

2.1.4　汉语缺乏严格意义上的形态变化，因此词序的改变就是很重要的表达意义的手段。这些衍生形式在表达功能上是有区别的，这种区别表现在不同的语义关系上。我们把不同的语义关系描写为不同的语义场景(scenario)。在A、B两种句式里，Ei都是典型的存在物，然而在它们的衍生形式里，E_i 已经不是单纯的存在物了，它与句子中的另一个体词性成分O有比较明显的支配关系。为什么会有这样的不对称现象？因为不同的句法形式可以表达不同的语义场景。不同的语义场景可以分解为不同的空间方位关系，在认知上凸显的是不同的部分。以A式为例，一个句法形式可以表达不同的语义场景：

场景1：一个小男孩儿在地上坐着

场景2：队员们在草地上跑着

场景3:妈妈在大树下讲故事

场景4:圆圆在手上贴了一块创可贴

场景5:弟兄们在操场上踢球呢

场景6:哥哥在机场找到一份差事

场景1是简单的存在场景,凸显(to profile)的是射体(Trajector,TR)和地标(Landmark,LM,参见Langacker1987)的静态存在关系。场景2凸显的是射体和地标的动态存在关系。这两个场景的地标是空间范围,没有参照物。场景3凸显的是一个活动场景,这个场景涉及到的地标是有参照物的方位处所。"讲故事"是一个完形结构(Gestalt structure),指涉一项有头有尾有过程的活动场景,"妈妈"和"故事"都处于相同的方位。场景4凸显的也是一个活动场景,这个场景所表达的关系有点特殊,两个角色"圆圆"和"创可贴"不处于相同的方位处所,"圆圆"与"手上"有整体和部分的关系。场景5凸显的也是一个活动场景,"踢足球"与"贴创可贴"不同,地标"操场上"是一个空间范围,"弟兄们"和"足球"都在操场上。场景6表达的是一个关系场景,射体和地标处于一种关系网络中。由此可见,所谓存在关系可以分为静态的和动态的两种:

- 存在
  - 静态存在
    - 凸显射体和地标的相对位置
    - 凸显存在物的存在状态或者变化结果
    - 凸显射体与地标的关系
    - ……
  - 动态存在
    - 凸显某一背景下射体的运动状态
    - 凸显某一背景下射体所参与的活动和事件
    - 凸显射体在某一背景下的具体动作
    - 凸显射体在某一背景下的行为
    - ……

不同的语义场景不仅仅与句法形式相关,句子内部各论元之间的关系,人们的认知图式也会影响到语义场景的句法实现。我们观察到的好像都是存在物与空间方位的关系,但是在语义上它们激活的是不同的场景,也就是不同的空间方位关系。所以我们认为分析句法上的表现不能不涉及空间方位关系所关涉的语义场景。

2.2 语义场景及其分解

2.2.1 存在关系表现为各种各样的场景,而这些场景是通过句法上的细微变化和各个相关论元的内部语义关系决定的。它们可以用不同的关系特征来描述。下面一些例子都是表示空间方位关系的句子,可以刻划为不同的场景:

(1) A.小妹在北京住
B.小妹住在北京

(2) A.小妹在路上跑
B.小妹跑在路上

(3) A.小妹在窗前织毛衣
B. * 小妹(把)毛衣织在窗前

(4) A.小妹在地板上钉钉子
B.小妹(把)钉子钉在地板上

(5) A.小妹在脸上抹雪花膏
B.小妹(把)雪花膏抹在脸上

(6) A.小妹在银行找到一份工作
B. * 小妹(把)一份工作找到在银行

(7) A.小妹在水里看到一个月亮
B. * 小妹(把)一个月亮看到在水里

(8) A. * 小妹在路上倒

B. 小妹倒在路上

(9) A. 小妹在外语上下了很大的功夫

B. 小妹(把)很大的功夫下在外语上

上面9组例子在句法形式上都可以概括为A、B两种，但是在表达语义场景上它们是有变化的。

1. 静态存在场景。只有一个存在物 E_i，凸显L与Ei的包容关系。

2. 动态变化场景。只有一个存在物 E_i，A凸显L与Ei的包容关系，B凸显 E_i 与L的相对位置关系。

3. 静态活动场景。有两个存在物 E_i 和 E_j，只有A式，凸显 E_i 的活动内容，L是背景，是羡余信息。

4. 动态活动场景。有两个存在物 E_i 和 E_j，A凸显 E_i 和 E_j 两个存在物与L的包容关系，E_i 和 E_j 都被包容在L之中；B凸显 E_j 与L的接触关系。

5. 动态动作场景。有两个存在物 E_i 和 E_j，A凸显 E_j 与L的存在关系，E_i 和L没有存在关系，它们之间是整体与部分的关系；B凸显 E_j 与L的接触关系。

6. 静态关系场景。有两个存在物 E_i 和 E_j，只有A式，凸显 E_i 与L之间的隐喻性联系，E_j 是这个联系的纽带。

7. 静态存在场景。只有A式，这是一个歧义格式，如果凸显 E_j，那么存在物 E_j 与L有存在关系，如果凸显 E_i，那么存在物 E_i 与L有存在关系。

8. 静态结果场景。只有B式，凸显 E_i 与L的存在关系。

9. 虚拟空间场景。有两个存在物 E_i 和 E_j，其中 E_j 不是实体；A、B都表现 E_i 和 E_j 两个存在物与L的相关关系，A凸显Ej；B凸显 E_j 与L的非现实性接触关系。

2.2.2　以上各种与空间方位有关的语义场景并不是 A、B 两个句法形式所能表现的全部语义场景。为了更清楚地说明它们彼此之间在语义场景上的区别，我们列表并图示如下：

特征描述/场景例		Ei	Ej	凸显 Ei	凸显 Ej	凸显 L	场景分类	场景图示
1	A	+	-	-	-	+	静态存在场景	
	B	+	-	-	-	+		同上
2	A	+	-	+	-	-	动态变化场景	
	B	+	-	+	-	+	静态定格场景	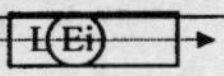
3	A	+	+	+	-	-	静态活动场景	
	*B							
4	A	+	+	+	+	-	动态活动场景	
	B	+	+	-	+	+	动态活动场景	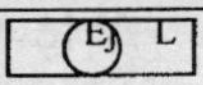
5	A	+	+	-	+	+	动态动作场景	
	B	+	+	-	+	+	动态结果场景	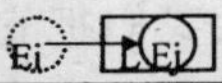
6	A	+	+	+	-	+	静态关系场景	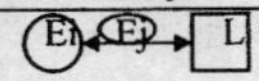
	*B							
7	A	+	+	-	+	+	静态存在场景	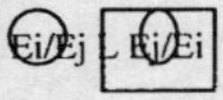
	*B							
8	*A						静态结果场景	
	B	+	-	+	-	+		
9	A	+	+	-	+	+	虚拟空间场景	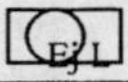
	B	+	+	-	+	+	虚拟空间场景	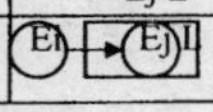

图表二十一　各类场景及其描述

我们用圆圈儿来代表存在物 E_i(射体 TR)，用方框来代表存在物所在的或与存在物相关的空间方位 L(地标 LM)，它们共同构成一个个场景。

2.2.3 我们说“在”表达空间方位关系，但是必须声明的是，不能把空间方位关系理解得过于狭窄。空间可以有许多个侧面，也就是说，L可以有许多属性特征。我们看下面的例子：

第一组

摩托车在马路上呼啸而过 (L是真实的物理空间)
摩托车在眼前呼啸而过 (L是真实的物理方位)
摩托车在记忆中呼啸而过 (L是虚拟空间)
摩托车在烟雾中呼啸而过 (L是真实的环境)
摩托车在呛人的汽油味中呼啸而过 (L是嗅觉隐喻空间)
摩托车在一路“突突”声中呼啸而过 (L是听觉隐喻空间)
摩托车在屏幕上呼啸而过 (L是视觉隐喻空间)
摩托车在凌晨呼啸而过 (L是时段)

上面这些例子描绘的都是一种动态的场景，构成一种活动的画面，我们把它叫做活动场景(live scene of activity)。这种活动场景都源于一种容器隐喻图式(container metaphor schema)。下面这些句法结构相同的句子描绘的却是不同的画面：

第二组

摩托车在他手上很听话 (L是施事者)
摩托车在他眼中只是一个玩具 (L是映像处所)
摩托车在商店里卖得很贵 (L是处所)
摩托车在机动车里是污染比较严重的 (L是分类)
摩托车在价钱上比汽车便宜 (L是方面)
摩托车在历史上曾经做过贡献 (L是时段)
摩托车在中国不是重点发展对象 (L是范围)
摩托车在外观上比较好看 (L是侧面)

上面这些例子所表达的就不是一种动态场景了，它们中间的L也不是真正物理意义上的空间方位，但是它们也仍然源于容器图式。我们把它们叫做叙事场景(narrative scene)。这种场景也适合于A式结构。下面一些例子构成了另外一种场景:

第三组

摩托车在马路边摆着	(L是方位)
摩托车在树上靠着	(L是对象)
摩托车在地上倒着	(L是处所)
摩托车在书上画的很逼真	(L是媒介)
摩托车摆在马路边	(L是方位)
摩托车靠在树上	(L是对象)
摩托车倒在地上	(L是处所)
摩托车画在书上	(L是媒介)

它们所表现的是静态的存在场景(static existence scene)。这种静态存在的场景可以用A式结构,来源于容器图式。也可以用B式结构,可以用路径隐喻图式(path metaphor schema)来解释。还有一种场景凸显的是一个有尾迹、有终点的过程意像。例如:

第四组

摩托车被他一辆一辆地摆在马路边	(L是方位,运动的终点)
摩托车一下子靠在树上	(L是对象,接触点/面)
摩托车慢慢地倒在地上	(L是处所,运动的终点)
他把摩托车一笔一笔地画在书上	(L是媒介,附着点所在)

这些例子都描绘了一种运动过程,而且都有最后的结局,我们把这些例子所表现的场景叫做过程-结果场景(scene of process and result)。它们的运动过程是由状语来凸显的,补语部分指示运动的终点或接触点/面。“在L”不仅指示了运动的终点,还指示了运动的方向,因此与B式结构比较容易亲和。

第五组

小王在银行工作　　　　　　(L是处所/机构空间)

小王在银行给我找了一份工作　　(L是机构空间)

小王在银行界很有名　　　　　(L是领域空间)

2.2.4　这些例子描述的是一种关系场景,包括直接关系、间接关系和包容关系。不同的场景实际上可以反映不同的意像图式(image - schemas)在语言表达和语言理解层面上的语义映射(semantic mapping)。有的场景映射的是容器隐喻图式,有的场景映射的是路径隐喻图式:

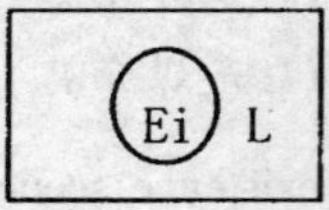

容器隐喻图式

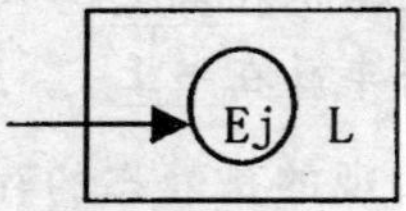

路径隐喻图式

A式和B式来源于不同的认知图式。在最典型的情况下,前者凸显 E_i,后者凸显 E_j。

2.2.5　意像图式来源于我们日常生活中与世界的互动经验的简单而基本的认知结构。(Langacker1990;张敏,1998)A式例子中的L在人们的知识结构中可以想像为一个有内外、有边界的容器,E_i 可以在里边,也可以在外边,可以进,也可以出。如"妈妈在院子里洗衣服"的"院子里"隐喻为一个有边界、有内外的容器,这个容器被更大的范围如"学校"、"北京"、"华北地区"、"中国"、"亚洲"、"地球上"等包含,理论上我们可以把"院子里"替换成"学校"、"北京"、"华北地区"、"中国"、"亚洲"、"地球上",而实际上我们不能这样替换。为什么?因为在我们的世界知识(world knowledge)里,"洗衣服"这样的活动所关涉的容器大小是有一定规格的,比这个容器更小、被这个容器包含的容器可以替换它,如"院子里的井台上"、"院子里的老槐树下"等等。我们不能说"妈妈在华北地区洗衣服"、"妈妈在亚洲洗衣服",但是可以说"妈妈在华北地区打游击"、"妈妈在亚洲做买卖"。活动场景中的活动有不同的量级,需要不同的活动空间。而B式例子中的L在人们的知识结构里是一个运动的终点,这个运动的轨迹在人们的想像中是可以描摹出来的。这个运动轨迹就是运动过程所经由的路径。

2.3　A式与B式在句法结构和语义映射方面的区别

2.3.1　A、B两种格式不仅在认知上反映了两种不同的隐喻图式,而且在句法表现和语义表达上也可以找到区别。这种区别印证了这样一个原则:在结构上有区别的句法形式在语义上也一定有区别;反过来,语义上有区别的语义场景在句法表现上却不一定能找到区别性的形式标记。也就是说不同的语义内容(sense)可以用相同的句法形式(form)来表达,这意味着有限的句法形式可以表达无限的意义,歧义格式也由此产生。语义上的歧义实际上是语义场景的复杂性造成的。

2.3.2　我们对表示空间方位关系的句法形式进行归纳后得到两类形式很多种衍生形式,我们可以把它们看做是不同语义场景的句法表现。然而这些衍生形式不在同一个句法层面上,根本的差别表现在A式和B式两种不同的结构类型上。赵金铭先生(1995)认为A式中的"在"和B式中的"在"根本不是同一个东西,它们在语音和语义乃至语法性质都不同一。我们认为赵金铭先生的分析是很有道理的。我们之所以把这两种句法格式放在一个平面上考察,是因为在表达空间方位关系这一点上两者具有可比性。A式的"在L"是VP的状语,B式的"在L"是VP的补语,两者的区别在很多方面可以看成是状语和补语的区别。

2.3.3 范继淹先生(1982)和朱德熙先生(1981,1989)分析了“在”在表达空间方位关系时句法上的复杂性,但是并没有详细说明A式和B式的区别,也没有详细地讨论它们的衍生形式。赵元任先生(1979)、朱德熙先生(1982)、李英哲等先生(1990)、房玉清先生(1992)、侯学超先生(1998)等前辈学者在他们的教科书里都注意到了两种句式的区别。但是我们的考察显示:仍有许多问题没有被揭示出来。教科书上的描写过于简单化。本文准备在这一部分着意刻画VP之前的“在”所构成的表达空间方位关系的句法形式和VP之后的“在”所构成的表达空间方位关系的句法形式之间在句法形式的变化和语义映射方面的区别。

2.3.4 A式和B式在句法结构方面的差异

A式和B式在句法结构方面的差异表现在许多个侧面。我们从约31万字的现代汉语语料里随机抽取了400个包含介词“在”的样本,并对它们的结构逐一进行分析,发现A式和B式在以下一些方面有所不同。

2.3.4.1 在400个样本中,A式的VP多是复杂形式,而B式的VP全是简单形式。这种现象可以这样解释:汉语的句子通常不能由单个动词煞尾。也就是说,一个句子E_i在L+VP的VP部分一般不能是简单形式。虽然介词结构放在动词的前面可以使句子的谓语部分变成一个有状语的复杂形式,然而状语与中心语的关系比较松散,动词后面的成分更重要。但是在B式中情况不同了,“在+L”放在动词后使“VP+在+L”构成一个复杂形式,如果VP再是一个复杂形式,句子结构就过于复杂了。再者,“在+L”在动词后和动词一起构成句子的语义焦点,因此补语与动词的关系比状语与动词的关系要紧密的多。“在”紧紧地附着在动词后,更像是动词的一个后附成分。

A式和B式VP情况	复杂V	简单VP	样本例数
A式	196	4	200
B式	0	200	200

这里A式和B式各有200个例句。这个结果纯属偶然，并非有意各取200个随机样本。所谓复杂形式指的是VP不是单个动词，在动词前后一定有其他成分；如果没有其他成分，动词重叠也算复杂形式。A式和B式的这种区别在两种句法形式的语义解释上是有价值的，这一点我们在下文里会再一次提到。

2.3.4.2　A式和B式的可扩展能力是不同的。A式的"在+L"与VP之间可以插入其他成分；B式"在+L"与VP之间不能插入其他成分，包括停顿或插入语。换言之，A式的"在+L"与VP之间关系相对松散，而B式的"在+L"与VP之间关系紧密。这也是状语和补语的根本不同。例如：

A式：

我在北京住了10年了

我在北京已经住了10年了

我在北京差不多已经住了10年了

我在北京从1988年算起差不多已经住了10年了

我在北京吧，从1988年算起差不多已经住了10年了

我在北京啊，我想想，从1988年算起差不多已经住了10年了

B式不能把动词与"在+L"分开。所以在进行句法分析时可以认为A式的"在+L"是一个语法体，B式的"在+L"不是一个语法体，"VP在"才是一个语法体。

2.3.4.3　A式和B式的"在+L"句法地位不同。A式的"在+L"从结构上看是可以删除的，删除以后句子仍然成立；但是B式

的"在＋L"是不能删除的，删除以后句子就不完整了。袁毓林(1998)把前者叫做外在处所格，把后者叫做内在处所格。例如：

A 式	B 式
我<u>在北京</u>住了10年了	10年了我一直住<u>在北京</u>
妈妈<u>在院子里</u>晾衣服	妈妈(把)衣服晾<u>在院子里</u>
老师<u>在黑板上</u>写字	老师(把)字写<u>在黑板上</u>

A 式画线部分可以删除，B 式画线部分不能删除。

2.3.4.4　只要语义上允许，A 式的"在＋L"可以移位到全句的开头部分做一级话题，(崔希亮，1996) 而 B 式的"在＋L"不能移位到句首：

他们在校园里种了许多树→在校园里他们种了许多树

学生们在操场上踢足球→在操场上学生们踢足球

爷爷一屁股坐在地上→＊在地上爷爷一屁股坐

地图挂在教室的墙上→＊在教室的墙上地图挂

2.3.4.5　A 式的"在"有时兼有介词/动词或者介词/副词两种职能，B 式的"在"没有这种情况。例如：

他在家吃饭（"在"兼介词和动词两种职能）

他在客厅里会客（"在"兼介词和副词两种职能）

从这个意义上说，A 式在格式上是有歧义的。有歧义的 A 式可以分解为两个语义断言(assertion)。例如：

他在家吃饭 ↗ 他在家（"在"是动词，重音在"家"上）
　　　　　 ↘ 他(在家)吃饭("在"是介词，重音在"吃饭"上)

他在客厅里会客 ↗ 他在客厅里("在"是介词，重音在"客厅里")
　　　　　　　 ↘ 他在会客("在"是副词，重音在"会客"上)

而绝大多数 B 式不能分解为两个断言。只有可以进行 A→B 变换的句子例外。所谓可以进行变换的句子指的是由“住”类动词构成的句子。如：

我在北京住→我住在北京 （我住，我在北京）
在南面开门→门开在南面 （开门，门在南面）
她在外边等(着)→她等在外边 （她等(着)，她在外边）

2.3.4.6 A 式如果 VP 不是一个包含补语的复杂形式，很难直接变换为“把”字句和被动句，因为典型的“把”字句要求 VP 是一个包含补语的谓词性结构；（崔希亮，1996）B 式只要有两个潜在的论元（NP_1，NP_2），无论实际上出现几个论元，都比较容易变换成“把”字句或被动句。例如：

学生们在操场上踢足球 →＊学生们把足球在操场上踢
→＊学生们在操场上把足球踢
→＊在操场上学生们把足球踢
→＊足球被学生们在操场上踢
→＊在操场上足球被学生们踢
地图挂在教室的墙上 →把地图挂在教室的墙上
→地图被挂在教室的墙上
→妈妈把衣服晾在院子里
→衣服被妈妈晾在院子里

2.3.4.7 A 式和 B 式都可以表达静态的存在关系，但是 A 式的 VP 要后附“着”，用“着”来表达状态的持续；B 式的 V 不必也不能用“着”。比较：

(1a)画在墙上挂着 (1b)画挂在墙上
(2a)帽子在头上戴着 (2b)帽子戴在头上
(3a)他在家里呆着 (3b)他呆在家里

总结一下，句法结构还会受到其他因素的影响。比如：

第一个，VP 的复杂程度会影响到结构：

{小妹在院子里晾衣服 → *在院子里小妹晾衣服
小妹在院子里晾了很多衣服 → 在院子里小妹晾了很多衣服

{小妹在深圳做生意 → *在深圳小妹做生意
小妹在深圳做服装生意 → 在深圳小妹做服装生意

这两组例子中的 VP 都是复杂形式，但是复杂程度不一样。"晾衣服"和"做生意"在意义上比"晾很多衣服""做服装生意"笼统，在语义表达上后者更精确，信息量更详细。VP 越长，它所包含的信息量越充分。

第二个，VP 的内部语义结构以及 L 与论元的关系会影响结构：

小妹在院子里洗衣服→*小妹把衣服洗在院子里

小妹在院子里晾衣服→小妹把衣服晾在院子里

"洗衣服"和"晾衣服"构成不同的语义场景，"洗"和"院子里"的关系与"晾"和"院子里"的关系不一样。如果不是用平行变换的办法我们无法看到这种影响。

2.3.5 A 式和 B 式在语义表达上的差别

A 式和 B 式在语义表达上也有区别。语义上的区别不像语音和句法区别那样有明显的形式标记，所以有时不容易刻画。我们在对两种句法形式进行分析时感觉到两种结构形式在语义表达上的区别可以归纳为以下几个方面：

第一点，A 式的 L 通常是活动（activity）进行的场所或事件（event）发生的处所，或者是存在（existence）的时空范围；B 式的 L 通常是 E_j 位移的终点或目标，或者是 E_j 所处的方位。因此在 A 式中，VP 多为表示活动或事件的复杂形式；而 B 式的 VP 多为表示运动或附着的单个动词，表示运动的动词常常带有方向性，趋向于运动或位移的终点或目标。例如：

A 式：

(10) 要不是课时限制，我真想在农村多实习一段时间（活动场所）

(11) 杜逢时虽然没来，可他俩在当院这么一喊一答，却把十九岁的金枝小姐招出来了。（事件发生的处所）

(12) 观众不多，且多老派人物，送鲜花之举，在剧团里就显得十分希罕。（存在的时空范围）

B 式：

(13) 张全义坐在了小板凳上。（位移的终点）

(14) 那把匕首"嗖"的一声，不偏不倚，扎在他身后的大门上。（终点和目标）

(15) 小刘来至仁德胡同 18 号——金府的红漆大门前，揿了电铃，便退后几步，站在老槐树的荫凉下擦汗。（位移后所处的方位）

第二点，A 式和 B 式所表现的空间方位关系不同，形成不同的语义场景。A 式所表达的空间方位关系有三种可能：

(16) NP_1在 L：他在飞机上看海
（"他"在"飞机上"，"海"不在"飞机上"）

(17) NP_2在 L：他在黑板上写字
（"他"不在"黑板上"，"字"在"黑板上"）

(18) NP_1 和 NP_2 都在 L：他在火车上看书
（"他"和"书"都在"火车上"）

B 式没有这三种可能。对于 B 式来说，E_i 与 L 有接触或附着关系（包括隐喻上的接触或附着，感知上的接触或附着，不一定是物理意义上的接触或附着），"在 + L"往往是动词所导致的

一种结果,或者是一种状态的持续存在。至于导致这种状态存在的使动者的位置或者不清楚,或者不存在。例如:

(19) 学校把出租汽车拦在大门外面。

("学校"不在"外面")

(20) 钥匙妈妈锁在汽车里了。

("妈妈"不在"汽车里",在哪里不清楚)

(21) 月亮高高地挂在天上。

("月亮"是谁挂在天上的? 没有使动者)

第三点,如果 VP 是单个的身体动作动词,A 式和 B 式动词的意义有所不同。A 式的动作动词表示的是连续的动作,频率不会是一次;而 B 式的动作动词是一次性的动作。从动作的自主倾向上看,对于 A 式来说,动作肯定是施事者有意为之;而对于 B 式来说则不一定。试比较:

(1a)在床上跳/跳跳/跳来跳去

(1b)*跳跳/*跳来跳去/跳在床上

(2a)在头上敲/敲敲/敲来敲去

(2b)*敲敲/*敲来敲去/敲在头上

(3a)在身上踢/踢踢/踢来踢去

(3b)*踢踢/*踢来踢去/踢在身上

如果 VP 是简单动词,我们以 L 为观察点的话,动词的动作所关涉的必有论元其语义角色在 A 式和 B 式中是不同的。试比较:

(1a)(Agt)在船上射　　(1b)(Dat)射在船上

(2a)(Agt/Pat)在锅里煮　(2b)(Pat)煮在锅里

(3a)(Agt)在树上绑　　(3b)(Pat/Ins)绑在树上

A 式凸显 E_i 与 L 的关系,B 式凸显 E_j 与 L 的关系。(1a)的

E_i 是施事，而(1b)的 E_j 是与事。(2a)的 E_i 是施事或者受事，而(2b)的 E_j 是受事。(3a)的 E_i 是施事，而(3b)的 E_j 是受事或者工具。

2.4　余论

我们曾经在一篇文章中(崔希亮 1998)说过"句子中有一些线索(clues)限定了句子的理解，同时也为听话人的认知选择和修正错误提供路标"。各种图式可以为不同语义场景的理解提供一个现成的范式，也可以为句法层面的结构方式提供一个基于心理现实性的结构动因。不同的句法表现正是以传达不同的信息为目的的。而所谓不同的信息表现为不同的语义场景，不同的语义场景映射的是不同的认知图式。认知图式是由人们与世界的互动经验中得来的，因此是形而下的，经验主义的，非客观主义的(non-objective)。场景与意像图式的契合可以证明理解上的完形性。也就是说，人们理解句子不是一个词一个词去理解的，而是把句子作为一个整体去把握的。所以我们听到有人说"她不小心把井掉到桶里了"这样的言语错误，会自动地修正它。这给我们一个启示：研究语言不仅要研究语言的结构，而且要研究各种语义场景的表达手段和各种意像图式的实现方式。

附　注

①参看储泽祥 1997a、1997b 关于命名性处所词的界定。

②我们从汉语中介语语料库中发现留学生在表达空间方位关系时有以下一些倾向：第一，他们选择 A 式或选择 B 式的几率差不多，在"汉语中介语语料库"里，A 式出现的例句 5788 个，B 式出现的例句 5785 个。第二，B 式使用错误。第三，缺少方位词。第四，"在 + 方位结构"位置错误。第五，用"在"字结构表达空间方位时造成句子结构过于复杂而出现结构问题。例如：

一天早上我从家里出去到地铁站走，<u>在人上</u>撞了。

三峡的美在于险峻之中透着秀气，这是我在课本学到的。

我们只好留她们在上海。

我无法用语言表达我多么喜欢在森林休息。

一天早晨窗外的鸟叫声催醒了我，原来是几只麻雀在我的房间。

对我来说早晨的快乐的时间，在家乡里生活没有这样的时间。

去年三系的老同学常常来在我的房间。

河内是我国家的首都，在这里我已经出生和长成，河内对我很熟悉。

他们两个人在韩国的济州道出生了。

我的父亲今年五十三岁，身体很好。他工作在证券公司。

他学习理工系在广岛大学。

每天，他学了，他打棒球在广场。

我学了汉语三年在关东国际高等学校。

将来我希望工作在大使馆。

他睡觉在家。

我的爸爸和妈妈说，现在不安全在中国。

他很喜欢踢足球，在他的班数他踢得最好。

③时间概念是以空间概念为基础建构起来的，这一点已经为许多语言学家所注意（Anderson 1971；Lyons 1977；戴浩一 1989；Alverson 1994 等）。

第三节　空间方位关系的类型学考察①

3.1　引言

空间关系是客观世界里一种基本的存在关系。无论哪种语言，都不可避免地会涉及到空间关系的表达问题。但是如何认识空间关系，空间概念如何与语言编码建立联系，不同的语言可能会有不同的手段。这种编码手段上的差异具有类型学意义。空间关系涉及到至少三个要素：存在物、空间方位、存在方式（崔希亮，2001）。在不同的语言里，空间方位用不同的手段来表达。有的语言用介词来标引空间方位，如英语；有的语言用介词加上方位词来标引空间方位，如汉语；有的语言用格助词来标引空间方位，如日语；还有的语言用介词加上名词的曲折变化（格尾）来标引空间方位，如俄语；还有的语言用名词加上方位词尾来标引空间方位，如芬兰语。标引空间方位的成分在句子中的位置也不一样。从我们所观察到的语言来看，空间的表达有三种位置类型：

1. 前置型：表达空间关系的语言成分位于谓语动词之前。例如日语，用 -ni 或者-te 这两个格助词加在名词后表达空间关系，表达空间关系的语言成分永远位于谓语动词之前。日语没有介词。格助词的作用，一是标明句子的结构关系，二是标明句子成分在句子中的角色。例如：

（1）tsukue-no-ue-ni-hon-ga-issatsu-arimasu
桌子 - 的 - 上面 - ni - 书 - ga 一册 - 有
table-'s -surface-ni-book-ga-one-have
桌子上有一本书

(2) hon-ga-tsukue-no-ue-ni-narabete-arimasu
书 - ga - 桌子 - 的 - 上面 - ni 摆放 - 有
book-ga-table-'s-surface-ni-lay -have
书摆在桌子上

(3) karela-wa-eigakan-te-aimasu
他们 - wa - 电影院 - de - 见面
they-wa-cinima-de-meet
他们在电影院见面

-ni 是处所格的标记;-de 也是处所格标记;-ga 是主格标记;-wa 也是主格标记。在日语里,存在物用主格做标记,空间方位用处所格做标记。当然,日语的 -ni 和-de 不仅仅用来标引处所和空间方位,它们还可以用来标引别的语法角色。

2. 后置型:表达空间关系的语言成分位于谓语动词之后。以俄语为例:

(4) Mali uvidela v sadu sobaku
玛丽 - 看到 - 了 - 在 - 花园 - 狗(单数)
Mary-saw-in-garden-dog
玛丽在花园里看到一条狗

(5) oni vstretilis' v kinoteatre
他们 - 见了面 - 在 - 电影院 - e(处所格)
they-met-in-cinima-e(locative)
他们在电影院见面

(6) on upominal o tebe v pisime
他 - 提到过 - 关于 - 你 - 在 - 信 - e(处所格)
he-mentioned-about-you-in-letter-e(locative)
他在信中提到你

在古代汉语里,空间方位成分也多出现在谓词性成分的后面。例如:

(7) 流共工于幽州(《今文尚书》)
流放 - 共工 - 在/到 - 幽州
banish-Gonggong-in/to-Youzhou
把共工流放在/到幽州

(8) 入于幽谷 (《周易》)
进入 - 到 - 深谷
go-into-deep valley
进入到深谷里

(9) 出自幽谷,迁于乔木(《诗经》)
出来 - 从 - 深谷,迁移 - 到 - 高树
way out-from-deep valley, move-onto-high tree
从深谷中来,迁移到高树上

(10) 五月,郑伯克段于鄢(《春秋》)
五月,郑伯 - 打败 - 段 - 在 - 鄢
May, Zhengbo-beet-Duan-in-Yan
郑伯在鄢(这个地方)打败了段

(11) 公及郑伯盟于越(《左传》)
公 - 和 - 郑伯 - 结盟 - 在 - 越
Gong-and-Zhengbo-ally-in-Yue
公和郑伯在越结盟

3. 前后并存型:标引空间方位关系的成分既可以出现在谓词性成分之前,又可以出现在谓词性成分之后。例如现代英语和现代汉语:

(12) On the table there is a book

在(上) – 冠词 – 桌子 – 有 – 冠词 – 书

在桌子上有一本书

(13) There is a book on the table

有 – 冠词 – 书 – 在(上) – 冠词 – 桌子

有一本书在桌子上

(14) In his letter he mentioned you

在(里) – 他的 – 信 – 他 – 提到 – 你

在信里他提到你

(15) He mentioned you in his letter

他 – 提到 – 你 – 在(里) – 他的 – 信

他在信里提到你

(16) 他在北京住

he-in-Beijing-live

He lives in Beijing

(17) 他住在北京

he-live-in-Beijing

He lives in Beijing

(18) 在花园里她看见一条狗

In-garden-li-she-saw-one-tiao-dog

In the garden she saw a dog

(19) 她看见一条狗在花园里

she-saw-one-tiao-dog-in-garden

She saw a dog in the garden

空间方位关系是一种物理关系,这种物理关系是以人类自身的认知为基础的。不同类型的语言在空间关系的隐喻方面存在着很强的一致关系，这种一致关系说明人类认知－心智活动的共性。物理空间与心理空间之间对应使得语言编码可以由物理空间引申到心理空间。

本文主要考察古代汉语、现代汉语、日本语、韩国语、泰国语、越南语、俄语、芬兰语和英语，②它们涵盖了三种不同的语言类型：孤立语、黏着语和曲折语。这是传统的语言类型分类。如果按照新洪堡特主义的分类（Neohomboldtian classification），每一种语言都有自己的参数，每一种参数都是有意义的。空间关系表达中的不同参数可以反映出不同语言类型在编码和解码方面的内在调控机制。

3.2 汉语空间关系的表达

汉语有文字记载的历史很长，因此我们有条件对汉语空间关系的表达做历时的考察。汉语作为孤立语的典型，空间关系的表达有自己的手段。从地缘上看，汉语处于被其他类型的语言包围之中，因此汉语在语法上受其他语言类型的影响是有迹可寻的。然而，语言的基本结构是相当稳定的，不太容易受到其他语言的影响而发生大的变化，因此语言结构的变化必定有其他动因。这部分我们主要讨论三个问题：

1.汉语从后置型到前置型的演变及其动因

在先秦汉语里，空间方位关系的表达用介词“於”加上名词性成分来实现。

(20) 岁二月，东巡守，至於岱宗。（《今文尚书》）

(21) 龙战於野，其道穷也。（《周易》）

(22) 黄鸟于飞，集於灌木，其鸣喈喈。（《诗经》）

(23) 秋，七月庚午，宋公、齐侯、卫侯盟於瓦屋。（《春秋》）

语法表达式为：Sub + VP + 於（于）+ NP，这种表达方式一直

延续到近代汉语,直到明清。明清小说中用"於(于)"来标引空间方位关系仍然多出现在谓语动词之后。例如:

(24) 玄德感叹不已,令收其尸首,葬于金雁桥侧,以表其忠。(《三国演义》)

(25) 把琵琶横于膝上。(《金瓶梅》)

(26) 这里林黛玉还自立于花阴之下。(《红楼梦》)

根据张赪(2001)的研究,从先秦到东汉末年,标引空间方位关系的结构"於(于)+Loc"和"在+Loc"基本上位于V+O之后。到了魏晋南北朝情况开始发生变化,"於(于)+Loc"、"在+Loc"已经有很多例子移到了V+O的前面。如:

(27) 煮豆燃豆萁,豆在釜中泣:本是同根生,相煎何太急!(曹丕诗)

(28) 昔有一老母在树下卧。(《百喻经》)

(29) 乃于楼上得一磨石,磨刀令利。(《百喻经》)

(30) 于此画神人羽服,乘九龙辇升天。(《太平经》)

据张赪(2001)的考察,标引空间方位(场所)的介词结构位于V+O之后的句子在先秦时期占绝对优势。到唐五代时,情况则刚好相反,标引空间方位(场所)的介词结构在V+O前的句子占绝对优势,我们可以认定这时已经完成了空间方位表达从后置型到前置型的转换。当然这种转换首先是在少数句法环境中完成的,然后在其他句法环境中推开。张赪的结论是可信的。不过有两点我们要强调一下:

第一,先秦时期"在+Loc"用于V+O之前的例子比"於(于)+Loc"多见。例如:

(31) 子在川上曰:"逝者如斯夫!不舍昼夜。"(《论语》)

(32) 在陈绝粮,从者病,莫能兴。(《论语》)

(33) 子在齐闻《韶》,三月不知肉味。(《论语》)

第二,“於(于)+Loc”即使在唐五代及其以后的宋元明清,用于V+O之后的例子仍然很多。也就是说,从后置型到前置型的转换在“在+Loc”中比在“於(于)+Loc”中完成得彻底。这样似乎发生了一种“於(于)+Loc”和“在+Loc”互补分布的问题,也就是说介词“於(于)”和介词“在”在功能上开始有了分工。这种分工有语体上的要求,也有表达上的要求。在不同的语体里,介词“於(于)”和介词“在”使用的频率是不同的。“於(于)”主要用于书面语;“在”主要用于口语体。由介词“於(于)”和介词“在”组成的介词结构出现的位置也是不同的。“於(于)”后置,引进位移的终结点或附着点;“在”引进活动的场所或范围。在现代汉语中,介词“於(于)”用于后置比用于前置的机会要多得多;介词“在”用于前置和用于后置的机会差不多一样。也就是说,介词“於(于)”主要用来引介位移的终结点或附着点。介词“在”既可以引介终结点或附着点,也可以引介场所或范围。我们调查了1645部现代汉语出版物,共计1680万字,目的是为了观察频率上的分布差异。结果如下:

	总计	於(于)+L	在+L
前置型	6610	92	6518
后置型	6852	2094	4758
共　计	13462	2186	11276

图表二十二　“於(于)”和“在”分布差异比较

从这个统计数据我们可以看出:(1)总体来看,前置型和后置型的分布大体相当(0.9647:1)。(2)“於(于)+L”和“在+L”在功能上的分工是很显著的,前者主要用于后置型(占95.79%),后者主要用于前置型(占57.80%)。(3)“在+L”在后置型中出现的频率比我们预想的要高(42.20%)。(4)现代汉语中“在+L”的使用频率远远大于“於(于)+L”(5.16:1)。我们看一下比例图：

	於+L	在+L
前置型	.0421	.5780
后置型	.9579	.4220

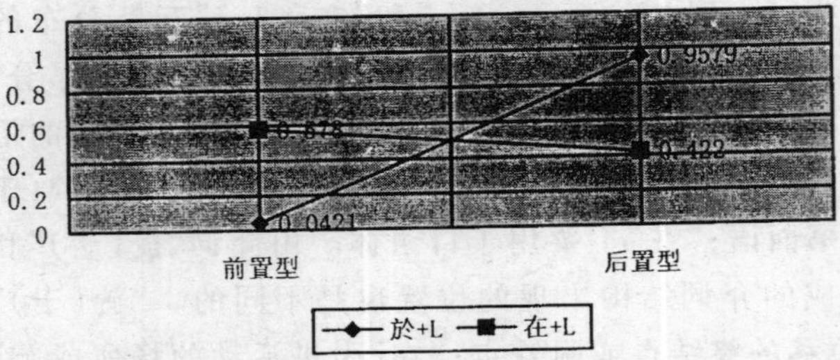

图表二十三 “於(于)”和“在”分布差异比例

很明显，现代汉语里标引空间方位的介词结构在谓语动词之前和在谓语动词之后的几率几乎是相等的，后置型还略多于前置型。这种现象我们可以这样解释：前置型和后置型各有各的功能。也就是说，表达功能上的要求是句法形式变化的重要动因。

2. 前后并存及其功能意义

从张赪(1998)和我们对汉语史的考察结果看，隋唐五代是变化最剧烈的时代。汉语句法结构的很多变化都肇始于这个时期。后置型到前置型的转化也与这个大背景有关。我们还不太说得清为什么这个时代汉语的语法结构会发生变化，但是现代汉语中介词结构在前和在后表达功能上的差异是不能忽视的。因此我猜想隋唐五代时期的汉语自然语言表达已经有了功能分裂的趋势。张赪(2000)也提到先秦时期“於(于)”出现在前面总是表示强调意味，这已经可以看出功能分裂的苗头。

在现代汉语里，由介词组成的介词结构有很多都有两个位置：在谓词结构前充当状语、在谓词结构后充当补语。这种分布不仅仅局限于“於(于)+L”和“在+L”。例如：

(34) 向：向国家要钱/把钱投向市场

(35) 给：给儿子买礼物/把球扔给我

(36) 往：往家里运东西/本次列车开往上海

(37) 到：到食堂吃饭/走到动物园

(38) 与：与虎谋皮/把2万元钱赠与希望小学

(39) 由：他由副教授晋升为教授/本次列车经由南京开往北京

(40) 自：校长自南京来/校长来自南京

当然还有一些介词结构只能出现在谓词结构前面，如由“跟”、“和”、“把”、“被”、“对”、“比”、“朝”、“当”、“从”、“用”、“拿”等构成的介词结构都只能有一个位置。

“於(于)+L”和“在+L”在不同的位置表达不同的意义，这一点我们曾经有过很多例证(崔希亮，2000)。从认知图式上看，前置型的“在+L”可以用容器图式来解释，后置型的“在+L”可以用路径图式来解释(崔希亮，2001)。那么，是不是所有的前置型介词结构和后置型介词结构都可以用不同的图式来解释呢？我想是可以的，但是这个问题不在本文的讨论范围之内。

因为前置与后置句法安排不同，他们的句法地位也不同。位于前置位置上的介词结构是背景部分，而位于后置位置上的介词结构是前景部分。

Sbj + 在 + L + VP　　Sbj + V 在 + L

背景　　前景

背景和前景只是表达功能上的分别，跟语义焦点不是一回事。在一个句子里，除非要表达言外之意，一般只有一个信息是最重要的。那个最重要的信息就是句法上的前景,其他信息都是背景信息。在现代汉语中,状语总是背景信息,而补语总是前景信息。在语义上,根据表达需要,背景信息也可以成为焦点信息。

我们说 Sbj + 在 + L + VP 可以用容器图式来解释,Sbj + V 在 + L 可以用路径图式来解释,是能够得到语言事实支持的。朱德熙(1990)曾经指出:出现在 Sbj + V 在 + L 中的动词都包含一个共同的语义特征“附着于某处”。所谓“附着于某处”总是伴随着一个位移过程和一个位移路径。我们对现代汉语语料所做的不完全统计完全支持朱德熙先生的结论。我们选出 18 个出现频率最高的动词和 17 个出现频率最低的动词,比较他们在语义属性上的差别(详细数据见附表)。

放	714	倒	143	躲	90
立	342	挂	134	埋	85
落	250	插	99	活	84
生	235	蹲	99	长	78
留	155	伏	99	扔	69
藏	146	搁	97	关	63

高附着性动词

拨	2	磕	2	混合	1
维持	2	毁灭	2	混迹	1
改	2	摸	2	溶解	1
赶	2	饶	2	融解	1
击	2	保持	1	佩	1
扛	2	掺和	1		

低附着性动词

从这个表里可以清楚地看到,出现在“V 在 L”中的动词都带有附着义。附着义越强,出现的频率越高。附着总是涉及附着物和附着点,动词是导致附着实现的动力。在 Sbj + V 在 + L 中,Sbj 是附着物,L 是附着点,Sbj 到 L 的过程就是位移的路径。附着可以是物理上的接触关系,也可以只是隐喻层面的接触。例如:

(41) 他把被子放在桌子上/他把手放到衣兜里(物理接触)

(42) 他把我的话放在心上/他把市场观念放到生活里(非物理接触)

张旺熹(2001)用位移图式来解释“把”字句,可以解释典型的"把"字句。我们用容器图式来解释 Sbj 在 L + VP,用路径图式来解释 Sbj + V 在 + L,也可以解释典型的位置句。

3. 语法手段和词汇手段

空间方位的表达可以利用语法手段,也可以利用词汇手段。语法手段包括名词的格系统、格助词、成分排列次序、介词等;词汇手段包括动词(是、在、有)、方位词(上、下、里、外等)、方所名词(公园、食堂、上海等)等。很多语言都是利用不止一种手段来表达空间方位关系。例如日语与韩国语主要利用格助词,但是在日语和韩国语中也有方位词。越南语利用介词和方位词,和汉语类似。所不同的是越南语的方位词不是在名词的后头,而是在名词的前头;越南语的介词结构可以在动词前,也可以在动词后。泰国语主要用介词,方位词没有越南语那么多,与越南语相同的是方位词也在名词前;与越南语不同的是介词结构都位于动词之后。英语用介词表达空间方位,所以英语的介词比汉语要多。俄语用介词和格的语法范畴来表达空间方位关系。芬兰语用名词词尾的格标记来表达空间方位关系。不一而足。用动词"有"(HAVE)和"是"(BE)来表达"在"(EXIST)是一种比较常见的现象。

在现代汉语中,空间方位关系的表达有介词和方位词两种手段。介词主要是在、於(于)、从、向、朝、往、到等,方位词主要有上、下、里、中、内、外、旁、上面、下面、里面、外面、上边、下边、里边、外边、上头、下头、里头、外头、左、右、左边、右边、左面、右面、旁边等。汉语中的方位词可以比较好地确定方位关系。

3.3　空间参照系和扫描方式

语言的编码有认知上的动因。不同的语言类型之间存在着共性。我们以汉语为比较的出发点,寻找不同语言之间在空间关系编码方面的共性，从而为解释语言在认知和功能上的错综倚变关系提供证据。

3.3.1 参照点与空间定位策略

关于空间参照的认知问题，尤其是方位词参照的问题，方经民(1999)有过非常详尽的讨论。我们所讨论的空间参照与空间定位主要指参与者与空间方位关系在具体场景中的位置关系，这种位置关系与语言中的句法机制有关，更重要的是与说话人对话语信息的安排有关。

当我们用语言表达空间方位关系的时候，如果站在说话人的角度，我们首先要确定 Sbj 或者 Obj 与 L 的具体位置关系。对于听话人来说，这种具体的位置关系并不总是很明确的。比如：

(43) 他们在海上看见一条船

(44) 他们在船上看见一头海豹

例(43)和(44)的位置关系有三种可能性：A．Sbj 与 L 在一起；B．Obj 与 L 在一起；C．Sbj 和 Obj 都与 L 在一起。这两个句子都是有歧义的句子。

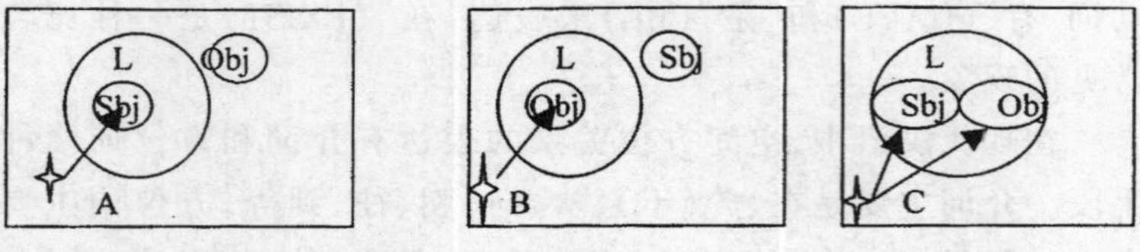

A、B、C 三个示意图表现的是空间方位关系的三种参照策略。但是，说话人作为旁观者和叙述者总是置身事外的，也就是说，无论 Sbj 和 Obj 在 L 这个舞台上如何表演，说话人的视角是固定的，只不过舞台上呈现给观察者的情景不同罢了。说话人如何安排 Sbj 或 Obj 与 L 的关系，完全取决于说话人表达的需要。他可以凸显 Sbj，也可以凸显 Obj。从语法经济性原则上看，结构歧义是符合这个原则的，因为听话人根据各种信息源自会找到或者构建现实的场景。但是从语法清楚性这个原则上看，A、B、C三个场景应该有三种不同的句法表现，像C这样的Sbj和Obj都处于凸显位置的场景在现实语境中是不存在的，两个参与者Sbj或Obj总有一个处于背景地位。下面三个句子恰好表现了三种不同的场景，它们是没有歧义的。

(45) 孩子们在旷野里看星星(Sbj在L)

(46) 孩子们在地图上找到了罗马(Obj在L)

(47) 孩子们在森林里寻找浆果(Sbj和Obj都在L)

例(45)~(47)描述的是A、B、C三类场景。这三类场景如何通过句法内部特征来确定，我们还没有好的办法。可以肯定的是，听话人自己会发现哪一个参与项是凸显对象。

戴浩一(1988)用时间顺序原则(Principle of Temporal Sequence，PTS)来解释Sbj+在+L+VP和Sbj+V在+L的区别，听上去蛮有道理的。他的困难是不能解释像(43)和(44)这样的歧义句。因为(43)可以分解为：

A. 他们在海上&他们看见一条船

B. 他们看见一条船&一条船在海上

C. 他们在海上&他们看见一条船&一条船在海上

场景B显然有违于PTS。按照PTS应该这样表述才对："他们看见一条船在海上。"例(44)可以做同样的分解。

齐沪扬(1998)用语义指向来分析"在+L"中的空间方位关系，描写了同一句法形式表达不同方位关系的事实。对于造成这种现象的原因以及如何根据句法特性确定语义指向作者没有涉及。

空间参照点永远是L。因为在空间方位的几个要素中，L是地标(Landmark，LM)，而射体(Trajector，TR)有时是Sbj，有时是

Obj。在汉语中,空间关系的定位跟具体的空间方位场景有关,离开具体的场景,定位就比较困难。比如"她在白布上绣花"、"她在汤里放了奶油"和"她在板凳上绣花"、"她在厨房里做奶油汤"表达的是不同的场景。因此给参与者确定位置关系需要场景知识。

3.3.2 LM 扫描和 TR 扫描

语言是一种线性排列的符号系统,这种线性符号系统折射出人类思维的某些特性。操不同语言的人在表述相同的场景时之所以会选择不同的形式,是因为他们对场景的观察和表述有不同的视点(viewpoints),或者说不同的扫描(scanning)方式。扫描的对象可以是静态的,也可以是动态的。在不同的语言里,说话人会选择不同的扫描方式来描述各种场景。比如芬兰语:

(48) Poyda-lla on kirja
桌子－在……上－是－书
桌子上有一本书

(49) Kirja on poyda-lla
书－是－桌子－在……上
有一本书在桌子上。

(50) Kirja on laitettu poyda-lle
书－是－摆放－桌子－往/到
书摆在桌子上

(51) Opettaja on laittanut kirjan poyda-lle
老师－是－放了－一本书－桌子－往/到……上
老师在桌子上放了一本书

(52) Maria naki koiran piha-lla
玛丽－看到了－一条狗－花园－在……里
玛丽在花园里看到一条狗。

(53) Han mainitsi sinut kirjee-ssa-an

他 - 提到了 - 你(宾格) - 信 - 在……中 - 他的

他在(他的)信中提到你。

芬兰语没有介词,空间方位关系是靠名词词尾标引的。不同的词尾表示不同的关系:on 和 N - lla 结合起来表示"在……上/里",on 和 N - lle 结合起来表示"往/到……上/里"。也可以说,名词词尾 - lla 标引的是容器, - lle 标引的是路径。例(48)、(49)都是静态存在场景,(50) ~ (53)都是动态的场景,其中(50)、(51)是活动场景,(52)、(53)是叙事场景。从扫描程序上看,标引空间方位关系的成分几乎都处于背景位置,位于句子的末尾。我们可以说芬兰语的扫描方式是先看 TR,再看 LM。英语的情形也是如此,标引空间方位关系的介词结构几乎总是居于句子的末尾。例如:

(54) Mary saw a dog in the garden.

(55) Mary works as an accountant in the bank.

(56) They meet in the theatre.

(57) The teacher placed a book on the table.

芬兰语着眼于名词,英语着眼于动词,因此英语的扫描方式是先考虑动作行为或者活动,再考虑活动的场所。汉语的情形有些不同:

(58) 玛丽在花园里看到一条狗。

(59) 玛丽在银行当会计。

(60) 他们在电影院见面。

(61) 老师在桌子上放了一本书。

汉语的扫描方式是先看到 TR 与 LM 的位置关系,然后才是行为动作本身。场景的描述与英语、芬兰语是不同的。日语的扫描方式也是这样,先把参与者和参与者与 LM 的关系确定下来,然后再推及行为动作。由于日语是 SOV 型语言,因此这一点很容易理解。但是汉语究竟是 SVO 型语言还是 SOV 型语言,至今还有不同意见。有人把汉语的这种扫描方式看成是汉语 SOV 型语言的证据。

空间方位关系的类型学研究是一个很大的题目,我们只是做了小样本的调查,还不能得出很有说服力的结论。但是我们相信我们提出的问题是有价值的。

附表:V+在+L 中的动词频率

放	714	关	63	合	28	盖	18
立	342	挤	55	僵	26	抛	18
落	250	跟	51	混合	25	骑	18
生	235	跪	51	结	25	禁闭	17
留	155	打	48	浸	25	扶	17
藏	146	靠	44	丢	24	费	16
倒	143	掉	42	圈	22	披	16
挂	134	夹	41	化	21	带	15
插	99	浮	40	记	21	拿	15
蹲	99	聚集	37	列	21	泊	14
伏	99	处	36	闷	21	揣	14
搁	97	露	36	爬	21	裹	14
躲	90	钉	33	点	20	趴	14
埋	85	堆	30	连	20	排	14
活	84	横	30	铺	20	滴	13
长	78	看	29	凑	19	禁	13
扔	69	碰	29	穿	18	捆	12

蒙	12	困	9	派	5	淹	3
消磨	12	撇	9	喷	5	眠	3
盘	12	发表	8	飘	5	抹	3
弃	12	缠	8	避	4	染	3
绕	12	撂	8	病	4	拨	2
擦	11	跑	8	并	4	维持	2
顶	11	憋	7	吃	4	改	2
接	11	缝	7	戴	4	赶	2
踩	10	聚集	7	俯	4	击	2
等	10	扑	7	隔	4	扛	2
堵	10	沉	6	毁	4	磕	2
卷	10	冻	6	录	4	毁灭	2
泡	10	含	6	消灭	4	摸	2
背	9	包括	6	配	4	饶	2
呆	9	赖	6	捧	4	保持	1
缚	9	楞	6	隐蔽	3	掺和	1
附	9	埋没	6	横陈	3	混合	1
梗	9	拍	6	触	3	混迹	1
滚	9	泼	6	戳	3	溶解	1
画	9	叠	5	覆	3	融解	1
积	9	笼	5	挎	3	佩	1
扣	9	搂	5	淋	3		

附　注

①感谢北京语言文化大学的森中野枝、吉田泰谦、阮清恒、吴黄林、Thomas Chase同学，白俄罗斯国立大学的郭德（Гордей А.Н.）博士、Nokia的高宁慧女士、泰国兰实大学的赵秀芬女士为本文提供语料。

②张赪（1998）认为此时的“在”不是介词，它们仍是动词。

第四节 汉语空间方位场景的态与论元的凸显*

4.1 引言

4.1.1 本节主要想讨论这样一些问题:在下面10个句子里,句法形式相同或基本相同,但是存在着三个方面的问题:1)不同的句子凸显的论元有所不同。2)论元和论元之间的语义关系存在着差异。3)句子的可接受性不一样。我们举例来说:

(1) 小妹$_{NP1}$在院子里$_{LOC}$洗衣服$_{NP2}$

[凸显 NP1 与 LOC 的关系]

(2) 小妹$_{NP1}$在盆子里$_{LOC}$洗衣服$_{NP2}$

[凸显 LOC 与 V - NP2 的关系]

(3) 小妹$_{NP1}$在院子里$_{LOC}$晾衣服$_{NP2}$

[凸显 NP1 与 LOC 的关系/凸显 NP2 与 LOC 的关系]

以上3个例子都有两个谓词性成分,一个由"在 + LOC"构成,一个由"V + NP2"构成,NP1 与 NP2 的关系都是施事和受事的关系(Agt-Pat)。但是在自然语言里听话人会发现它们在信息焦点上是不对称的,我们把这种不对称叫做论元凸显的不同。如何知道它们凸显的论元有所不同呢?这种不同是什么原因造成的?这是我们想要探讨的问题之一。

4.1.2 根据我们的语言知识和世界知识,说母语的人不难判断句子中各个论元之间的关系,这是因为当我们试图理解每

---

* 本研究得到中国教育部"国家人文社科百家重点研究基地"项目经费支持。项目批准号:2000ZDXM40006。

个句子的意思的时候,我们会不自觉地为每个句子加上“合适的”语境。所谓“合适的”语境指的是语言形式所指涉的常规关系场景。如果句子所指涉的场景与常规关系场景距离比较大,句子的意思就比较难以理解,句子的可接受性也就比较差。例如下面一些例子:

(4) 小妹$_{NP1}$在日本$_{LOC}$卖衣服$_{NP2}$

[凸显 NP1 与 LOC 的关系,比较容易接受]

(5) ? 小妹$_{NP1}$在日本$_{LOC}$洗衣服$_{NP2}$

[凸显 NP1 与 LOC 的关系? 凸显 LOC? V - NP2 指涉活动还是事件? 句子理解难度大,可接受性差]

(6) * 小妹$_{NP1}$在日本$_{LOC}$晾衣服$_{NP2}$

[凸显 NP1 与 LOC 的关系还是 NP2 与 LOC 的关系? V - NP2 所指涉的事件与 LOC 不般配,句子在句法上成立,但是可接受性很差]

例(4)~(6)的可接受性差异是如何产生的呢? 这是我们所关注的第二个问题。句子的可接受性会因为不同人的语感而有所不同,那么一个连带的问题就是:语感又是建立在什么基础上的呢?

4.1.3　同样的句法顺序,NP1 与 NP2 的语义关系也可能会不同。如:

(7) 小妹$_{NP1}$在院子里$_{LOC}$浇花$_{NP2}$

[NP1 与 NP2 的关系: Agt-Pat]

(8) 小妹$_{NP1}$在院子里$_{LOC}$浇水$_{NP2}$

[NP1 与 NP2 的关系: Agt-Ins]

(9) 小妹$_{NP1}$在院子里$_{LOC}$跪搓衣板$_{NP2}$

[NP1 与 NP2 的关系: Pat-Ins]

(10) 小妹$_{NP1}$在院子里$_{LOC}$看电视$_{NP2}$
　　[NP1 与 NP2 的关系：Exp-Obj]

句子论元的配列是由什么因素决定的？这是我们所要讨论的第三个问题。这三个问题是有密切关系的，它们都与句子信息的安排有关。从说话人的角度看，这是语言的信息编码问题；从听话人的角度看，这是语言信息的解码问题。我们考察这些问题是站在听话人立场上的(Hearer-oriented)，实质上是语言解码的问题。

4.1.4　上面的 10 个句子都是孤立的句子，虽然在句法上可以接受，但是都不是很自然的话语形式，也可以说它们都是一些僵死的句子，不是活的句子，不容易与具体的现实的场景建立联系。考察语料就会发现，语境中的话语形式(活的句子)都可以找出一些表态成分，它们会为这些僵死的句子赋予灵魂，使每一个句子都与一个活生生的现实信息结合起来。在表达空间方位关系的句子中，表态成分使每一个句子都与一个个场景建立联系。比如前面的例子加上一些表态的成分，听话人就会得到一个个具体的场景。例如例(7a)~(10a)加上表态成分"呢"：

(7a) 小妹在院子里浇花呢
(8a) 小妹在院子里浇水呢
(9a) 小妹在院子里跪搓衣板呢
(10a) 小妹在院子里看电视呢

我们还可以改变一下表态成分，变成(7b)~(10b)(表态成分是"正")：

(7b) 小妹正在院子里浇花
(8b) 小妹正在院子里浇水
(9b) 小妹正在院子里跪搓衣板

(10b) 小妹正在院子里看电视

也可以把两个表态成分结合起来,如(7c)~(10c)(表态成分是“正”和“呢”):

(7c) 小妹正在院子里浇花呢

(8c) 小妹正在院子里浇水呢

(9c) 小妹正在院子里跪搓衣板呢

(10c) 小妹正在院子里看电视呢

以上的例子表述的都是NP1、NP2与LOC的关系,加上表态的标记以后都表达一种动态的空间方位关系,我把这种关系称作空间方位场景的态。句子是否自然、句子是否可接受都与空间方位场景的态有关。而这种态关乎语感问题。

4.2　论元的凸显及认知基础

4.2.1　本文选择了一个在结构上不是很复杂的句子模型作为观察对象:NP1 在 LOC V-NP2。这个模型的每个句子都包括两个体词性论元,这两个体词性论元至少有一个会跟空间方位发生关系,句子或者凸显第一个体词性论元与空间方位之间的关系,或者凸显第二个体词性论元和空间方位之间的关系,有时候第一个论元和第二个论元可能会同时跟空间方位发生关系,但是在现实的句子中一般不会同时凸显两个体词论元。

我们怎么知道一个句子到底凸显哪个论元呢? 由于论元的凸显与句子信息焦点的表达有关,所以我们可以用一些分离重要信息和次要信息的办法进行测试。

4.2.2　分解测试

我们可以把句子分解成两个表述(assertions),每个句子都有A和B两种可能的分解法:

	A	B
(1)	小妹在院子里,小妹洗衣服	小妹洗衣服,* 衣服在院子里
(2)	* 小妹在盆子里,小妹洗衣服	小妹洗衣服,衣服在盆子里
(3)	小妹在院子里,小妹晾衣服	小妹晾衣服,衣服在院子里

例(1)~(3)三个句子分解的结果不一样,由此可以看出这三个句子在信息结构的安排上是有区别的。例1当然也可以理解为“衣服也在院子里”,但是说话人绝没有要凸显“衣服”与“院子里”的关系的意图,听话人也得不到这样的信息提示。“院子里”是“洗衣服”这个事件发生的场所,而“洗衣服”这个事件包括“施事-受事-动作行为”三个要素,处所不是必有论元。如果句子凸显的是NP1与LOC的关系,那么A种分解法是可接受的;如果句子凸显的是NP2与LOC的关系,那么B种分解法是可接受的;如果NP1和NP2都可能是凸显对象,则两种分解法都可以接受。

4.2.3 话题测试

分解测试只是提供了一种论元凸显的可能性。假如B种分解法是可接受的,还不能确定NP2一定就是凸显对象。我们还要看能不能用“把”字句将NP2提到二级话题位置。例1显然不能:

(1′) * 小妹把衣服洗在院子里

例(2)倒是强调了“衣服”与“盆子里”的关系,但是说话人着意凸显的是LOC“盆子里”,不是NP2“衣服”,因此也不能用“把”字句将“衣服”提到二级话题位置:

(2′) * 小妹把衣服洗在盆子里

例(3)可以凸显“衣服”所在的位置,因此可以用“把”字句将“衣服”提到二级话题位置:

(3′) 小妹把衣服晾在院子里

如果是凸显论元，不仅可以提到二级话题位置，而且还可以提到一级话题位置：

(1″) ＊衣服小妹洗在院子里

(2″) ＊衣服小妹洗在盆子里/在盆子里小妹洗衣服

(3″) 衣服小妹晾在院子里

4.2.4　语气词测试

张伯江、方梅（1996:36）对语气词的观察发现，"语气词总是出现在句子重要信息的核心成分之前，而一定不出现在焦点成分里"。这一发现十分重要，所谓重要信息就是凸显成分。例如：

(7a) ▶小妹呀，在院子里浇花呢

(8a) ▶小妹呀，在院子里浇水呢

(9a) ▶小妹呀，在院子里跪搓衣板呢

(10a) ▶小妹呀，在院子里看电视呢

但是如果凸显的部分不在 NP1，这样的结构就不自然了：

(2a) ▶＊小妹呀，在盆子里洗衣服呢

(2b) ▶＊小妹呀，在盆子里洗过衣服

4.2.5　否定测试

句子凸显对象不同，信息焦点的安排也就不同。因此在否定形式中也有不同表现。

(1) 小妹在院子里洗衣服

Neg + 在 LOC	Neg + VP
▶小妹不在院子里洗衣服//	＊小妹在院子里不洗衣服
▶小妹没在院子里洗衣服//	小妹在院子里没洗衣服

(2) 小妹在盆子里洗衣服

Neg + 在 LOC　　　　　　Neg + VP

▶小妹不在盆子里洗衣服//≠小妹在盆子里不洗衣服

▶小妹没在盆子里洗衣服//≠小妹在盆子里没洗衣服

(3) 小妹在院子里晾衣服

Neg + 在 LOC　　　　　　Neg + VP

▶小妹不在院子里晾衣服//=小妹在院子里不晾衣服

▶小妹没在院子里晾衣服//? 小妹在院子里没晾衣服

由于没有关于空间方位场景态的提示,所以我们在确定句子是否可以接受的时候颇费踌躇。我们可以给每个句子加上表达即时活动场景的“呢”,否定测试的结果虽然相同,但是判断起来要容易的多。由此我们可以推断:在态的标志为零形式的时候,句子是即时活动场景的缺省形式。

4.2.6 问句测试

(1) 小妹在院子里洗衣服

▶谁在院子里洗衣服?[凸显 NP1]

▶小妹在哪儿洗衣服?[凸显 LOC]

▶小妹在院子里洗什么?[凸显 NP2]

▶小妹在院子里干什么?[凸显 V-NP2]

(2) 小妹在盆子里洗衣服

▶? 谁在盆子里洗衣服?[凸显 NP1]

▶小妹在哪儿洗衣服?[凸显 LOC]

▶小妹在盆子里洗什么?[凸显 NP2]

▶? 小妹在盆子里干什么?[凸显 V-NP2]

(3) 小妹在院子里晾衣服

▶谁在院子里晾衣服?[凸显 NP1]

▶小妹在哪儿晾衣服？［凸显 LOC］
▶小妹在院子里晾什么？［凸显 NP2］
▶小妹在院子里干什么？［凸显 V-NP2］

在问句测试中我们无法确定哪个论元是句子凸显的对象，因为句子的任何部分都可以作为焦点信息提问。否定测试可以看出例 2 与其他两个句子不同，但是仍然不能确定哪个论元是凸显对象。但是在有语境的情况下我们还是可以利用否定测试和问句测试来确定凸显论元的。我们所说的论元凸显不同于句子的焦点，虽然两者有相似之处。关于句子焦点与话题的研究对我们启发较大的有两篇文章，一篇是徐烈炯、刘丹青(1998)的文章，另一篇是屈承熹(1999)的文章。焦点、话题、凸显论题相关，但是角度不同。

4.2.7 “NP1 在 LOC V－NP2”这个句模可以用容器图式来解释(崔希亮，2000;2001)。不同的语义关系取决于 V－NP2。不同的 V-NP2 可以构成不同的场景。如“洗衣服”和“晾衣服”是不同的场景。又比如：

(11) 老张在体育馆打篮球
(12) 老张在体育馆买篮球
(13) 老张在体育馆管篮球

“打篮球”是一项活动，“买篮球”是一个事件，而“管篮球”则是一种关系。它们指涉的是不同的场景。这种区别人们很容易识别，因为人们在与外部世界的互动过程中逐渐建立起一些基本的范畴，这些范畴是我们认知的基础。我们能听懂话语是因为我们有这种范畴化了的分析能力。不同的场景可以分解为不同的要素。

打篮球　　　　买篮球　　　　管篮球

“打篮球”的行为主体是“老张”,活动场所是“体育馆”,可以隐喻为一个有边界的容器。游戏规则和行为过程是隐性的。“买篮球”的事件主体是“老张”,事件客体是“体育馆”(“体育馆”不仅仅是事件发生的场所,而且是事件的参与者),事件对象是“篮球”,事件过程是“篮球从体育馆到老张的所有权的转移”。而“管篮球”的关系主体是“老张”,关系客体是“体育馆”,关系性质是“老张”与“体育馆”之间有隶属关系。这个场景不具有过程性。这种要素分解是我们解码的认知基础,如果我们的分解有错误,那么解码就会出现错误;如果一个场景可以做不同的分解,那么解码就会出现歧义。语言的编码和解码受两个因素的制约:一个是我们自身的认知能力,一个是外在的经验世界,“语言系统就是认知能力和认知对象相互作用的产物。”(石毓智,2000)所以场景的分解不仅仅是语言内部的事情,认知对象与认知能力互动的结果就是我们所了解的语言编码规律。

4.3　方位场景的态与论元的安排

4.3.1　通过对自然语言的调查分析我们发现,影响我们理解的因素和限制句子可接受性的因素包括句法信息、语义信息和认知图式。句法和语义信息在我们解码过程中毫无疑问会起很重要的作用。但是我们发现,在汉语里,认知图式更重要。我们理解一个句子并不是先做结构分析、再做语义分析然后获得句子的意思(Foss & Hakes 1976),而是通过认知图式综合地获得句子的意思。前面说过"NP1 在 LOC V - NP2"这个句模可以用容器图式来解释。也就是说,听话人在听到这个句子的时候,首先会想到空间方位这个容器(包括空间、方位、处所、范围等),并联想到这个容器与相关论元的常规关系,然后在心理现实中建立关于场景的联系。我们把自然语言的句子所指涉的场景分为不同的类:活动场景(live scene of activity)、叙事场景(narrative scene)、关系场景(relative scene)(崔希亮 2001)等。各种场景加上表态的提示性成分(M),就会产生立体的活生生的场景结构图像(scenic image)。不同的场景结构图像,其句法表现和论元的配位是不同的。试比较:

(14) 小妹$_{NP1}$在院子里$_{LOC}$栽树$_{NP2}$呢$_{M}$

[活动场景,凸显 NP1 - LOC]

(15) 小妹$_{NP1}$在院子里$_{LOC}$栽了$_{M}$一棵树$_{NP2}$

[叙事场景,凸显 NP2 - LOC]

活动场景总是凸显 NP1 与空间方位 LOC 的关系。因为在活动场景中,NP1 是事件的主要角色。叙事场景一般会把焦点信息放在句子的末尾,凸显 NP2。因此如果要凸显 NP2 与 LOC 的关系,指涉活动场景的句子是不容易被接受的。如:

(16) ? 小妹$_{NP1}$在洗衣机里$_{LOC}$洗衣服$_{NP2}$呢 M

但是例(17)是可以接受的。但是这个句子与例(16)在情态上已经不一样了,在这里凸显的论元只有一个 NP1:

(17) 小妹$_{NP1}$在院子里$_{LOC}$做衣服$_{NP2}$呢$_{M}$

活动场景是即时发生的,具有现场性;叙事场景不是即时发生的,不具有现场性。在句法表现上,两种场景是有差别的。我们可以把"呢"、"正"作为活动场景的表态敏感算子(sensitive operator of modality),"呢"是语法性的,"正"是词汇性的。把"了"、"过"以及结果性补语(包括结果性的趋向补语和状态补语)、数量成分还有一些词汇形式如"经常"、"可以"、"当时"、"从来"等作为叙事场景的表态敏感算子。我们来看一些例子:

(18) 小刚在操场上踢足球呢$_M$

(19) 小刚在马路上学开车呢$_M$

(20) 小妹在厨房里刷盘子呢$_M$

(21) 老师在黑板上写了$_M$一个字

(22) 老张在冰箱里拿出$_M$一瓶白酒

(23) 他在树林里打死$_M$一只兔子

例(18)~(20)是具有现场性的活动场景,凸显第一个论元 NP1;例(21)~(23)是追述性的叙事场景,凸显最后一个论元 NP2。我们再看一个表达关系场景的例子:

(24) 小妹在银行里当经理

(24a) 小妹在银行当经理呢$_M$

(24b) ? 小妹正$_M$在银行当经理

(24c) 小妹当时$_M$正$_M$在银行当经理

关系场景可以是即时的,也可以是追述的,因此关系场景可以被活动场景和叙事场景涵盖。我们只需要把场景分为两大类即可。其他场景也可以被涵盖。

4.3.2 下面我们来讨论空间方位场景的态与论元凸显的关系。先看一些例子:

(25) 老人在花园里浇水

(26) 猴子在树林里找食物

(27) 蓬蓬在墙上画画

(28) 喜鹊在树上做巢

如果没有任何表态成分，我们把它们都看做是活动场景，句子凸显论元是NP1。加上活动场景敏感算子“呢”后论元关系和句子的可接受性不变，凸显论元也不会改变。

(25a) 老人在花园里浇水呢$_M$
(26a) 猴子在树林里找食物呢$_M$
(27a) 蓬蓬在墙上画画呢$_M$
(28a) 喜鹊在树上做巢呢$_M$

活动场景的观察点在容器的内部，我们可以把它称作内视点场景(inner-perspective scene)；叙事场景的观察点在容器的外部，我们把它称作外视点场景(exo-perspective scene)。对于听话人来说，内视点场景是不需要转述的，场景图像直接呈现在听话人面前，因此论元LOC、NP2都不需要特意指明。而外视点场景通常要加上一些限制性成分(modifier, Mod)或指示性成分(indicators, Ind)。这些限制性成分或指示性成分把凸显论元标示出来。试比较(25a)~(28a)与(25b)~(28b)、(25c)~(28c)：

(25b) 老人在花园里浇了$_M$(一点)$_{Mod}$水
(26b) 猴子在树林里找了$_M$(一些)$_{Mod}$食物
(27b) 蓬蓬在墙上画了$_M$(一张)$_{Mod}$画
(28b) 喜鹊在树上做了$_M$(一个)$_{Mod}$巢
(25c) 老人在(这个)$_{Ind}$花园里浇过M水
(26c) 猴子在(这片)$_{Ind}$树林里找过M食物
(27c) 蓬蓬在(这面)$_{Ind}$墙上画过M画
(28c) 喜鹊在(这棵)$_{Ind}$树上做过$_M$巢

(25a)~(28a)凸显NP1，(25b)~(28b)凸显NP2，(25c)-(28c)凸显LOC。为什么外视点场景要加上限制性或指示性成分呢？因为外视点的场景不是现场直接观看，而是通过转述了解语义关系，所以如果没有标示性成分解码就会有障碍。(25b)~(28b)加上表态成分“了”以后，如果不在 NP2 前加上限制性数量成分，句子就不自然，听话人会感到茫然，因为凸显的部分不明确。(25c)~(28c)加上表态成分“过”以后，凸显的是 LOC，所以要在 LOC 前加上限定性成分，否则句子的可接受性就差。如果在动词性成分之前加上表态成分“着”，就需要有上下文照应，否则句子在语义上不自足。例如(25d)~(28d)：

(25d) 老人在花园里浇着$_M$水……

(26d) 猴子在树林里找着$_M$食物……

(27d) 蓬蓬在墙上画着$_M$画……

(28d) 喜鹊在树上做着$_M$巢……

4.3.3 加上不同的表态成分以后，句子论元的信息安排就会发生变化。同时句子的语义结构也会发生重心偏移。例如：

(29) 猴子在井里捞月亮呢

[活动场景，凸显“猴子”和“井里”的关系]

(30) 猴子在(这口)井里捞过月亮

[叙事场景，凸显“月亮”和“井里”的关系]

(31) 猴子在井里捞出一个月亮

[叙事场景，凸显“一个月亮”和“井里”的关系]

(32) 猴子在井里捞不到月亮

[叙事场景，凸显“月亮”和“井里”的关系]

有的句子只有叙事场景，没有活动场景，表态成分不会是活动场景的敏感算子，在论元安排上不可能凸显 NP1。例如：

(33) 寄奴在电话里认识一个男孩

(34) 猴子在井里看见一个月亮

因为动词“认识”、“看见”本身具有结果性，这两个句子是天然的叙事场景句。它们不能用活动场景句来表达：

(29a) ＊寄奴在电话里认识(一个)男孩呢

(30a) ＊猴子在井里看见(一个)月亮呢

表态成分会改变和影响句子的结构，这在以前的句法研究中重视得不够。李佐丰(2000)[①]在讨论句型、句类和虚词的时候提到古代汉语“也”的作用不是表达语气，而是改变句型，此言极是。“呢”是句尾语气词，句尾的“了”也被认为是句末语气词。其实它们的主要功能不是表达语气，而是改变句子的语义重心。试比较(25)~(28)与(25e)~(28e)：

(25e) 老人在花园里浇水了$_M$

(26e) 猴子在树林里找食物了$_M$

(27e) 蓬蓬在墙上画画了$_M$

(28e) 喜鹊在树上做巢了$_M$

(25)~(28)的语义重心在 NP1 - LOC，而(25e)~(28e)的语义重心在 V - NP2。语义重心的不同实质上就是论元凸显的不同，也就是话语信息安排的不同。揭示汉语论元配列的条件会发现语言编码的内在机制，从而为语言解码提供线索。

4.4　语感和语境的构建

4.4.1　在讨论句子可接受性的时候，我们经常会考虑句子是否成立的问题，而说母语的人在这个问题上也常常发生分歧。这种分歧是语感上的分歧。

关于语感，很多人试图对它进行量化研究(张普，1999)，但似乎都不太成功。在现代汉语语法研究中我们经常会碰到语感的问题，因为语感是我们判断句子是否具有合法性的重要根据。这里的语感指的是母语使用者的语言直觉。应该说在大多数情况下，一个语言集团的人有共同的语感，不然的话语言交际就无法正常进行。然而不可否认的是，一个语言集团人在语感体验

上会有不同,因此在语感上会有个体差异。这种个体差异是正常现象。在语感的问题上我们应该认可以下一些观念:

(1) 同一个语言社团的人语感会有个体差异;

(2) 同一个人在不同的时间、场合语感也会有差别;

(3) 个人的语言直觉是会发生变化的,也就是说语感具有发展性;

(4) 语感的建立和语境的构建有直接关系。

4.4.2 前三个问题我们在这里撇开不谈,我们在这里只讨论与语境构建有关的语感问题。我们在理解孤立的句子的时候,实际上都给它们加上了"合适的"语境。我们的语感是建立在我们对语境的构想上的,如果我们能找到"合适的"语境,我们很快就会接受这个句子;如果找不到合适的语境,我们就会拒绝这个句子。语境的构建是因人而异的,因为个体经验不同,因此所能构建的语境也不尽相同。我们在决定是否接受一个句子的时候总是想到在什么时候使用这个句子,这个句子究竟是什么意思,因此句子的可接受性总是跟句子的使用环境相联系;同时句子的可接受性与句子的理解难度成反比。例如"小妹在日本洗衣服"这个句子,和"小妹在院子里洗衣服"相比,理解难度要大一些。我们可以用实验的办法来观察被试的反应时间。"洗衣服"这个事件所需要的空间方位应该是具体的,而且不应该很大。"日本"对于"洗衣服"这个事件来说太大了。但是我们可以接受"小妹在日本洗衣服"这个句子。因为我们可以把"洗衣服"当做一个工作,而不是一次独立性的事件,这样"小妹在日本洗衣服"就可以理解为"小妹在日本做洗衣服的工作"。我们可以设想这样的语言环境:

甲:小妹现在在哪儿?

乙:在日本。

甲:在日本学语言学吗?

乙:不,小妹在日本洗衣服。

甲:你是说开洗衣店哪!

如果我们想不出这样的语言环境,就会觉得这个句子很奇怪。这完全不是句法上的问题,而是我们理解上的问题,也就是说是我们认知上的问题。② 假如我们的经验里边没有洗衣服这一职业,我们就不大会接受这个句子。而"小妹在日本卖衣服"接受起来要容易得多,因为"卖衣服"很容易跟一种职业联系在一起。但是如果我们说"小妹在日本买衣服",听话人多半会把"买衣服"看成一个孤立的事件,而不是一种职业。任何句子都不会孤立存在,总要有一定的语言环境。因此我们判断句子是否可接受不仅仅要根据句法上是否合法,是否符合规则,还要根据它是否能跟一定的语言环境建立起合适的联系。符合语法规则的句子不一定是可接受的(acceptable)句子,但是可以接受的句子一定也符合语法规则(grammatical)。

4.5 结论

语言的编码和解码受语言本身的规律制约,同时也受人类认知机制的制约。语言外在的表现形式对应的是内在的认知理据。空间方位场景的态与句法表现、句子的可接受性问题都有其内在的原因。说话人在运用语言编码的时候会无意中使用各种提示性信息。空间方位场景的态就是这样一种提示性信息,人们在句子的解码过程中依据不同的场景信息可以很容易地找到解码的路径。如果场景信息与凸显论元的安排、搭配发生矛盾,则句子的可接受性就会受到影响。

附 注

①李佐丰在"纪念王力先生诞辰一百周年国际学术研讨会"上的发言,择

其大意。

②刘丹青先生(2000 年第 11 次现代汉语语法学术研讨会发言)认为“世界知识”和“经验”不属于认知范畴,对此我有不同看法。我们的世界知识和经验是人与世界互动的结果,它们是我们认知的基础,范畴化、认知图式、像似性都离不开认知主体与客观世界的互动。我们不同意把认知与经验完全割裂开来。当然,个体的世界知识与经验本身都不能作为人认知的模型,但是认知模型是建立在无数个个体经验基础上的。Langacker(1987)说认知语法与生成语法不同,并不把语言看成是一个普遍规则的系统,“正相反,认知语法是一种基于用法的理论。该语法列举表达说话人关于语言规约的个别陈述的全集,包括那些被一般陈述包含的陈述。”(p.46)我很同意这样的看法。详见第四章第三节。

第五节　汉语方位结构“在……里”的认知考察*

5.1　引言

本文从认知语言学的视角出发，用认知语言学的观点来解释一些由空间方位关系造成的句法歧义现象，并在语料考察的基础上对汉语方位词“里”的意义转移过程进行了构拟，然后以此为根据建立汉语方位词“里”的核心语义。

本文包括三个部分：一、空间方位词“里”的多义现象与句法歧义；二、空间方位词“里”的意义转移路径（path of sense shift）；三、空间方位词“里”的适用范围和核心意义。

5.2　空间方位表达的语义不确定现象与歧义的各个层次

空间方位词“里”和名词结合起来以后可以表达不同的语义范畴，这些不同的语义范畴反映的是不同的语义场景。有些语言只是用介词和名词来表达这样的语义场景。在这些语言里介词的功能比较发达，所表达的意义分别比较细致，如英语（Quirk et al 1985）。在汉语里，能够与“里”共现的介词很有限。它们是：“在、从、到、朝、向、往、于”。它们都跟空间方位或者方向有关。由介词、名词和空间方位词组成的介词结构在自然语言里往往会产生理解上的歧义。这种歧义现象是由介词与空间方位词组合之后引起的。介词结构表达空间方位关系的不确定性以

---

* 本节所用语料来自郭锐的“汉语研究语料库”，在此对学友郭锐表示衷心的感谢！本节主要论点曾在“第十一次现代汉语语法学术讨论会”（2000.芜湖）上讨论，会上刘丹青先生、沈家煊先生、邹邵华先生曾提出批评意见和建议，特此致谢。

及方位词的多义现象(polysemy)使语言表达在进入句法层面时可能产生歧义。如:

(1) 县里来了个大人物。

(“县里”可以是起点,也可以是终点)

(2) 他在工人里很有威信。

(“他”可以是“工人”的一分子,也可以独立于“工人”之外)

(3) 在草莓里有一条虫子。

(“虫子”可能在“草莓”内,也可能在“草莓”中间)

(4) 张三在屋子里扔了一个手榴弹。

(“手榴弹”可能在屋子里,也可能在屋子外。)

(5) 小黄在花园里看到一位老人。

(可能是“小黄”在花园里,“老人”不在花园里;也可能是“老人”在花园里,“小黄”不在花园里;也可能两者都在花园里)

以上五个句子都是表达空间方位关系的。但是如果我们的观察视角是从听话人出发(hearer-oriented)的话,每个句子都可以有不止一种理解。例子(1)“县里”在语义角色上可以是起点,也可以是终点。如果是起点,我们可以说“从县里来了个大人物”;如果是终点,我们可以说“到县里来了个大人物”。这个句子的歧义可以认为是由介词省略引起的,可以通过增添介词得到分解。例(2)则无法通过改变介词来分解歧义。因为“工人里”既可以指示一种外在的范围(“他”独立于工人之外);也可以指明一种内在的身份属性(“他”就在工人之中)。介词与方位词的组合本身有歧义。例(3)“虫子”与“草莓”的相对位置不清楚。“草莓里”既可以指示一个空间,也可以指示一个容器,这也是介词与方位词组合意义不明确引起的。例(4)两个主要论元“张三”和

“手榴弹”与空间方位之间的相对位置也不容易确定。同样，例(5)两个主要论元“小黄”和“老人”与空间方位之间的相对位置也不容易确定。我们不能肯定到底是“小黄”在花园里，还是“老人”在花园里。这样的歧义现象都发生在介词“在”与“里 ”共现的句子里。也就是说，“在……里”是一个歧义格式。为什么会有这样的歧义现象呢？因为在我们的言语生活经验里可以看到这样的句子：

(6) 小黄在书里看到一个笑话。
 (“小黄”不在书里，“笑话”在书里)
(7) 小黄在家里吃了两个馒头。
 (“小黄”在家里，“馒头”也在家里)
(8) 小黄在院子里看月亮。
 (“小黄”在院子里，“月亮”不在院子里)

要理解这些话我们必须具备一定的知识，那就是我们的认知经验。有这样一个故事：

(9) 有一个人生活能力很差，事事都要依赖妈妈。有一天，他在切洋葱的时候，眼睛被刺激得直流泪。于是他给妈妈打电话，妈妈告诉他应该在水里切。他按照妈妈说的做了。第二天，妈妈打电话来问他怎么样。回答说：“这回不再流泪了，只是要不断地把头浮出水面来换气，真麻烦！”

这是一个笑话。但是在现实生活中，我们有时就会因为句子的歧义而产生误解。我们的世界知识会告诉我们如何找到正确的答案。在语言中有很多俗语，他们都是约定俗成的句子，因此人们对它们有固定的理解。比如说“鸡蛋里挑骨头”，我们知道这里的“鸡蛋里”指的是作为个体的鸡蛋的内部，而不是在一堆鸡蛋里挑骨头。但是如果说“大米里掺沙子”，我们知道这里所说的"大米里"绝不会指每一个大米粒儿的个体。而"矬子里拔将军","将军"就是矬子里边的一个成员。但是"羊群里的狼","狼"绝不是羊群里的成员。因此要想确切地理解句子里的空间方位关系以及每个论旨角色和空间方位之间的相对位置关系,受话人必须和说话人具有相同的背景知识,这个背景知识也就是我们共同的对世界的认识。人的认知机制可以使我们具备这样的知识。一个结构是否会有理解上的歧义,与我们的理想认知模式(Ideal Cognitive Model)很有关系。我们听到一个句子时,首先联想到的语义场景总是最典型的。这就是理想的认知模式。试比较下面三个句子:

(10) 张三在林子里看到一只老虎

(11) 张三在冰箱里看到一只老鼠

(12) 张三在帐篷里看到一只老虎

从理论上说,这三个句子都是有歧义的。然而在自然语言的理解中,只有例(12)语义关系不明确。因为(10)(11)所表达的语义关系,我们很容易在我们的经验中找到一个典型的匹配,这个匹配是惟一的。而(12)我们可以找到不止一个典型的语义关系匹配。

事实上,即使在介词发达的语言里也可能同样存在这样的问题。比如英语(Herskovits 1986):

(13)The teapot is on the table

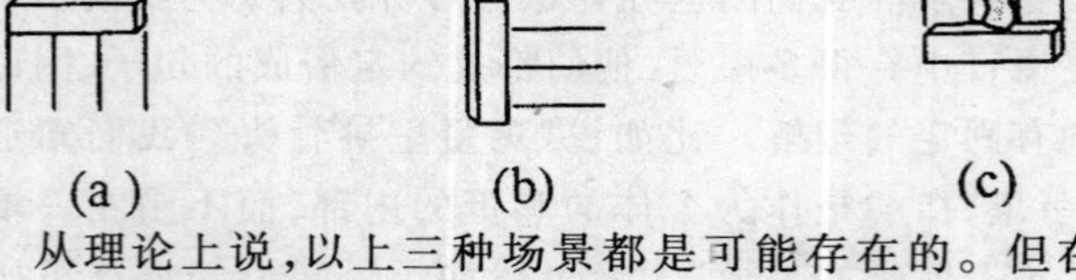

(a) (b) (c)

从理论上说,以上三种场景都是可能存在的。但在人们理解这句话的时候通常会理解为(a),这是因为人们的认知经验在起作用。这绝不是个别的经验。(a)是这个句子的典型语义关系。影响我们语义理解的因素可能会有很多,但是基本的因素有以下几个方面:

1. 物理世界的构造规则。如物质的形态以及它们的存在方式,例如固体的、气体的、液体的物质存在方式是不一样的。例如:

(14) The woman walked through the wall①
(这个女子穿墙而过)

这个句子我们只能理解为这个墙有一个豁口,否则我们只能想像这个场景大概是《聊斋志异》里的故事。但是下面这个句子我们就不必认为"水"有缺口。

(15) The women walked through the water
(这个女子从水中穿过)

2. 物体或者物质的存在。根据我们的常识(common sense),都在我们可以感知的范围内。比如话题所及的物体或者物质通常都不会超出我们所赖以生存的这个地球之外,因此它们都必然会受到地球重心引力的影响。因此,"水往低处流"是不用证明的常识。常识是我们知识系统的一部分。

3. 客观世界的组织规则在我们心理现实中的呈现,从某种意义上来说取决于我们的经验背景。同样一个句子,知识背景不同的人可能会有不同的理解。例如:

(16) 还是生一个好。

这是我们计划生育宣传口号之一。我们对计划生育政策有所了解,也就是说我们有关于计划生育政策方面的经验,因此我们理解这个句子时重音位置在"一个"上。日本目前"少子化"倾向比较突出,很多年轻的夫妇不想生孩子,在这种背景下例(16)的重音位置就会落在“生”上。

4. 所有的事物都有它的特性和功能。比如“马”和“羊”是我们人类豢养的两种动物,但是对于人类来说它们的功能是不同的。我们可以说“我骑在马上”,但是我们通常不会说“我骑在羊上”(崔希亮,2000)。同样,“在黑板上写字”我们通常也不会理解为“站在黑板上写字”或者“坐在黑板上写字”,这是由黑板的功能决定的。当然,人们对世界的认识不一定是正确的认识。因此我们的世界知识不一定是真理,我们对世界的认识还局限于朴素的物理学(naive physics) 的范畴之内。但是我们的认识会不断的变化、发展甚至于转移。这也就是为什么空间方位词“里”的意义范畴会发生变化的原因。

我们的世界知识会因为个体经验的不同而产生个体差异,这也就是歧义产生和存在的根本原因之一。我们对歧义的认识有一个过程,人们在讨论歧义的时候,所设定的范围和考察的对象往往是不同的,歧义的性质和产生的原因也有所不同(石安石 1993pp.120~144)。我们这里所涉及到的歧义现象。不属于句法歧义问题,而属于认知上的歧义问题。有人认为这是歧解,不是歧义。究竟什么是歧义问题呢？我们认为歧义问题有不同的层次:

1) 结构歧义:例如“咬死了猎人的狗”,结构关系不同,意义不同(朱德熙,1982);
2) 语义歧义:例如“鸡不吃了”;论元的语义角色不同,意义不同(朱德熙,1982);
3) 语用歧义:例如“你要钱还是要命?”说话人和听话人的关系不同,意义不同(崔希亮,1992);
4) 认知歧义:例如“草莓里有虫子”,对空间方位的理解不同,意义不同。

处理不同的歧义问题有不同的方法和策略。但是首先我们应该区分不同层次的歧义问题。认知方面的歧义要找认知方面的原因。我们对空间方位的理解有固定的范式。比如说“他在这座大楼里上班”。其实是“他在这座大楼里的某个办公室上班”,“他在北京看病”,意思是“他在北京某个医院看病”。“小张住在城里”,意思是“小张在城里的某个区域、某座楼房或者某个院落居住”。如果说得再详细,还应该指明他住在哪一个房间。事实上这不能算是歧义问题,现实的话语中我们也不会这样说话。但是当我们说出一个句子的时候,往往会蕴含另外一个句子。说话人根据自己表达需要突显不同的侧面,省略羡余(redundancy)信息,这样符合语言表达中的经济原则。而对于听话人来说,“草莓里有虫子”、“张三在水里切洋葱”、“县里来了个大人物”,其实都是有典型认知模式的。如果说“大米里有虫子”,我们会理解为“在大米中间有虫子”。如果说“西瓜里有籽儿”,我们只能理解为“在西瓜的里面有籽儿”,而不会理解为“在西瓜和西瓜之间有籽儿”,这是因为我们有关于西瓜的知识。同样的道理,“张三在水里切洋葱”、“县里来了个大人物”,都不存在理解上的歧义问题。可是有的时候我们的知识仍然不能给与我们明确的指示,这时候歧义的存在就是不可避免的。如上文说的例(2)~(5)。又譬如说“张三在水里撒漂白粉”和“张三在水里采集珊瑚”内部语义关系显然是不同的,但是它们都没有理解上的困难。而“张三在水里看云彩”应该说是有歧义的句子。我们不知道“张三”是不是真的“在水里”。“张三在窗子里看到一个孩子”,我们也不知道到底谁在“窗子里”。在这里我们的知识也无能为力。从结构上看,我们可以认为“张三在水里撒了漂白粉”和“张三在水里采集珊瑚”有区别:

(17)张三/在水里撒漂白粉

(18)张三在水里/采集珊瑚

但这只是人为分析的结果。我们之所以可以认为这两个句子在结构上有区别，是因为我们有关于“撒漂白粉”和“采集珊瑚”这两个事件的知识。也就是说，从认知模式上说，这两个事件有不同的典型形式。从语言形式上看，“撒漂白粉”和“采集珊瑚”语法构造完全相同，然而，我们有理由相信它们所表达的事件在细节上是不同的。我们把“水里”看成容器：

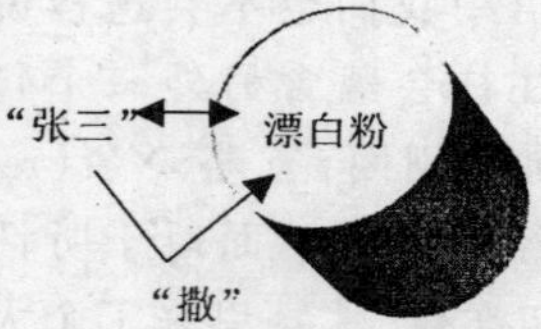

(17)“撒漂白粉”

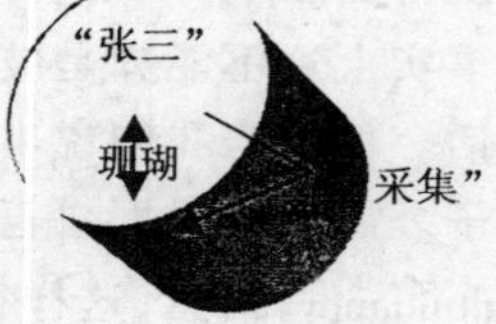

(18)“采集珊瑚”

“张三在水里看云彩”也可以这样分析。

(19a)张三/在水里看云彩

(19b)张三在水里/看云彩

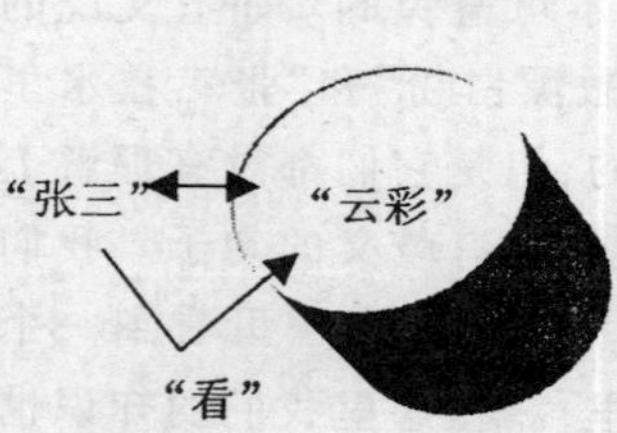

(19a)“看云彩”

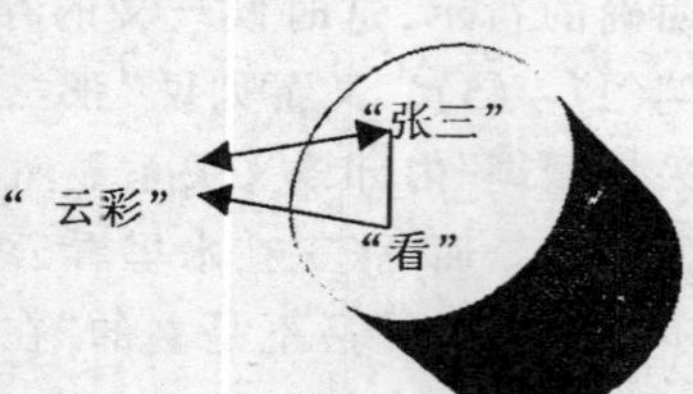

(19b)“看云彩”

“在……里”结构中的“名词＋里”表达的是一个容器图式(container schema)。在这个图式里，方位词“里”是一个基本的表达容器概念的词。在现代汉语里,“里”的语义内容有一个核心,这个核心是什么呢?

5.3　现代汉语方位词“里”的适用范围和核心意义

在现代汉语普通话中,“里”与“在”结合,除了表达空间方位关系以外,还可以表达许多意义范畴。我们可以把这个大的语义范畴看成是空间方位词“里”的所有意义的集合,而其中的每一个小的意义范畴都是这个大的集合中的一个元。“里”自身表示“在什么什么中”、“与外相对”。但是它和名词结合起来以后就可以表达各种各样的空间方位关系以及空间方位的隐喻(metaphor)关系。下面我们举些例子来看:

(20) 她在院子里唱歌。(Space1: Square 空间 1:广场)

(21) 两辆汽车在隧道里相撞。(Space2:Tube 空间 2: 管道)

(22) 向美在瓶子里放了一封信。(Space3:Container 空间 3:容器)

(23) 汪老师在学校里很有人缘儿。(Spatial scope 空间范围)

(24) 汪老师在学生里很有人缘儿。(Scope1 范围 1)

(25) 北京大学在高等学校里是最好的。(Scope2 范围 2)

(26) 我们在高墙里看见了王经理。(Location 方位)

(27) 老张在这一行里是很有名的。(Field 行业,领域)

(28) 他们在潮湿、阴暗和肮脏里度过了那个夏天。(Environment 环境)

(29) 他们在友好的气氛里开始了会谈。(Atmosphere 氛围)

(30) 在这场比赛里他一共进了三个球。(Event 事件)

(31) 在他的话里有无数的幽默和智慧。(Content & Concept 内容概念)

(32) 诗人终于在小桥流水里找到了生命的归宿。(Image

意像）

(33) 小梅在水仙花的香味里沉沉睡去。(Smell 气味)

(34) 画家在那一片姹紫嫣红里找到了灵感。(Color 色彩)

(35) 人们在教堂的钟声里听到了天国的呼唤。(Sound 声音)

(36) 小花在苦闷里想到妈妈。(Emotion 情感)

(37) 在深邃的目光里找不到一丝慌乱。(Line 线条)

(38) 哥哥在银行里给我找到一份工作。(Institution 机构)

(39) 这个风俗在苗家寨子里一直流传至今。(Society 社会)

(40) 他的沉默里隐藏着一种威严。(Property & State 属性状态)

(41) 正月里没事到处闲逛。(Time 时间)

(42) 在她织成的关系网里有一位关键人物。(Net & link 网络)

以上一些例子不一定涵盖“里”出现的全部环境，但是从这里我们可以看到“里”出现的环境不是一个很单纯的环境。我们可以把它出现的每一个环境看成是一个语义范畴，空间方位、空间范围、方位属于三维的空间范畴；范围属于二维的具体的事物范畴；环境、氛围、机构、社会属于抽象的事物范畴；内容、属性、状态属于抽象的概念范畴；意像、色彩、气味、情感、声音属于心理感知范畴；事件、场景属于活动范畴。每个语义范畴之间都存在的一种内在的联系，它们构成一个网络系统。这个网络系统在人们的心理词典里成长。方位词“里”的语义所形成的这个网络系统是和人们的认知发展相联系的，它不是孤立存在的。这个网络系统的发展离不开人们对客观世界的体验和认识。这种体验和认识可以看做是一个范畴化的过程。假定这个网络是切实存在的，我们可以大致勾勒出它的轮廓：

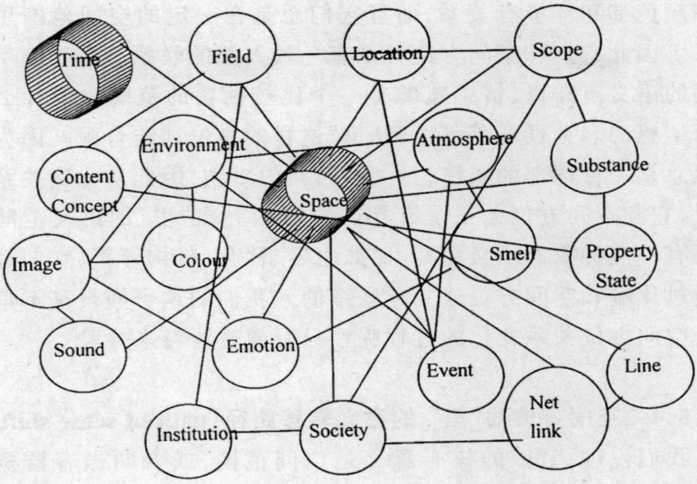

空间方位词意义范畴网络示意图

从上面这个示意图里我们可以看到，空间方位词的各个语义范畴之间是有联系的。当然有的联系紧密，有的联系松散。其中空间方位这个意义范畴是“里”这个空间方位词的意义核心，其他意义范畴都是从这个核心的意义里衍生出来的。我们把这种衍生的过程看成是一个范畴化的过程。我们可以设想，所谓空间方位就是指一个有边界的范围，一个有边界的范围内可以构成一个环境，同时它可以是一个场所；如果是一个场所它就可以构成一个活动的场景，而一个活动的场景是由一些意像构成的。通过隐喻关系，空间范围可以和领域行当联系起来，衍生出新的意义范畴。普遍语法研究表明，在我们所观察到的世界语言里，空间关系的表达和时间的表达使用同样的手段。也就是说在人们的认知里，空间范畴和时间范畴是相通的。那么，声音、气味、颜色怎么和空间方面建立起联系呢？因为声音、气味和颜色都和环境有关系,而且它们总是在一定的空间范围里存在。因此它们和空间方位关系有一种天然的联系。在我们所考察的语义范畴里,情感范畴是一个比较抽象的范畴。为什么表示情感的名词性成分可以和“里”这样的方位词结合呢?因为情感总是一种内部的感情,是一种内在的事物,因此从比喻关系上看,它和空间方位关系是有相同特征的。在“里”的语义范畴里还有一些抽象的语义范畴,比如内容、社会、机构等等,它们都是通过比喻和空间方位建立起联系的。我们的这个假设是不是符合空间方位关系变化的过程呢?只有通过语料来检验。

5.4 空间方位词“里”的意义转移路径(path of sense shift)

我们说过,“里”的核心意义是空间范围,或者叫做容器概念。那么这个词的容器概念是怎么发展出来的呢?考察汉语方位词发展的历史,我们发现,“里”是一个会意字,从田从土,会田土可居之意。最早见于金文。[②]《说文》对“里”的解释是:“里,居也。从田从土。”“里”的原始意义是“分治”(后写作“理”)。“里”有“田土可居”的意义于古代井田制度分不开。“古者三百步为里,名曰井田。”[③]从“田土可居”的意义范畴发展出社会空间概念:邻里、乡里、闾里、槐里、陵里、野里、户里、州里、浦里、道里、同里等。由社会空间关系发展出距离概念,这就是后来表示长度单位的“里”。[④]这些概念与中国社会的生存环境有关。它们有的后来发展成为社会单位,“里”的意义也由原来的有界限的范围变成了机构名称。最早的空间方位关系的表达,都是与人们生活生产居住的环境有关系。关系有远近。远近的概念与内外的概念有对应关系。在人伦关系中,外亲不如内亲近。后来才慢慢发展出表示内外表里的“里”、具体空间方位的“里”。

在我们所考察的语料中,先秦时期“里”的意义多用于表示“里正”意的居民单位,以及由此发展出来的长度单位。例如:

(43) 康王命作册毕,分居里,成周郊,作《毕命》。(今文尚书)(居所)

(44) 管子于是制国:“五家为轨,轨为之长;十轨为里,里有司;四里为连,连为之长;十连为乡,乡有良人焉。(《国语》)(居民单位)

(45) 里有殡,不巷歌。(《礼记》)(里巷)

(46) 居其室,出其言不善,则千里之外远之,况其迩者乎?(《周易》)(距离)

“邻里”、“乡里”、“闾里”、“户里”、“州里”、“浦里”、“道里”等概念都是从这里发展出来的。由于居民行政划分的原因,同里之内相对封闭,由是发展出表示内外的意义。由内外的意义再发展出表示空间和范围的意义:

(47) 若其不捷,表里山河,必无害也。(《左传·文公》(与外相对)

(48) 外为表而内为里,天闭张歙,各有经纪。(《淮南子》)(与外相对)

(49) 田无宇见晏子独立于闺内,有妇人出于室者,发班白,衣缁布之衣而无里裘。(《晏子春秋》)(与面相对)

(50) 为围堑十重,於堑里筑京,皆高五六丈,为楼其上;中堑为京,特高十丈,自居焉,积谷三百万斛。(《三国志》:卷八)(空间)

(51) 四方之内,六合之里,万物之所生恶起?(《庄子》)(范围,与内相应)

(52) 开之廓然见四海,闭之然不睹墙之里。(扬雄《法言》)(范围)

(53) 上古之人,心言口语,皆知人情无文而治,表里外内,具见其信,各不相负。(《太平经》)(与表相对)

(54) 其大如毛发之端,初著人便入其皮里。(葛洪《抱朴子》)(内里)

(55) 又因他人葬时,写《人皇文》,并书己姓名著纸里,窃内人冢中,勿令人知之,令人无飞祸盗贼也。(葛洪《抱朴子》)(表面)

表示方位意义的用法稍晚一些:

(56) 魏清河宋士宗母,以黄初中夏天於浴室里浴,遣家中子女阖户。(《陶渊明集》)(方位)

(57) 顾长康画谢幼舆在岩石里。(南朝·刘义庆《世说新语》)(方位)

(58) 傍边愚人见其毒蛇变成真宝,谓为恒尔,复取毒蛇内著怀里,即为毒蛇之所蜇螫,丧身殒命。(《百喻经》萧齐·求那毗地 译)(方位)

中唐以后,一直到宋代的语录体文献,"里"的意义范畴开始扩大。许多意义范畴都是在这个时候出现的,尤其是在《朱子语类》里,我们看到了许多与现代汉语相近的用法。但是它的意义范畴还是没有现代汉语这么丰富。例如:

(59) 答亲里言:"我昨见王女,颜貌端正,思与交通,不能得故,是以病耳。(同上)(关系范围)

(60) 炉子边向火,镬子里澡浴。(拾得诗校注)(空间:容器)

(61) 如何尘外人,却入尘埃里。(同上)(环境)

(62) 悠悠城里人,常乐尘中趣。(同上)(社会空间范围)

(63) 风从花里过来香。(《古尊宿语录》:卷第二十七)(没有边界的范围)

(64) 深山里栽许多松作什么。(《古尊宿语录》:卷第二十七)(空间范围)

(65) 山头野火寒多烧，雨里孤峰湿作烟。（崔颢诗全集）（环境）

(66) 风朝露夜阴晴里，万户千门开闭时。（李商隐诗选）（氛围）

(67) 新欢入手愁忙里，旧事惊心忆梦中。（南宋·朱淑真《断肠词》）（氛围、场景）

(68) 净洗浓庄为阿谁，子规声里劝人归。（《筠州洞山悟本禅师语录》）（声音）

(69) 日常忆江南三月里。（《古尊宿语录》：卷第十）（时间）

(70) 垂慈梦里生轻薄。（《古尊宿语录》：卷第十一）（虚拟空间场景）

(71) “道”字包得大，理是“道”字里面许多理脉。（《朱子语类》卷：6）（内容）

(72) 死生自有定命，若合死於水火，须在水火里死；合死於刀兵，须在刀兵里死，看如何逃不得。（朱子语类）卷：52）（环境场景隐喻）

宋元之间发展出一些新的意义范畴。大约到 18 世纪中叶，以北方方言为基础的现代汉语发展成今天的面貌，“里”的各种意义范畴基本与现代汉语一致。

(73) 一个笔下写幽情，一个弦上传心事：两下里都一样害相思。（南宋话本《错斩崔宁》）（方面）

(74) 女孩儿从热闹里便走。（元《闹樊楼多情周胜仙》）（氛围）

(75) 若得义士如此厚恩，吾夫妻死里得生了！（《二刻拍案惊奇》卷 39）（属性状态）

(76) 幸得凌统引一军从刺斜里杀来，敌住曹兵。（《三国演义》章回：51）（方向）

(77) 他家无人,俺两个一搭里去的是,省和他嫂子疑心。(《金瓶梅》)(方式)

(78) 命里有时终须有,命里无时莫强求。(《金瓶梅》)(抽象概念)

(79) 婶婶,你是个脂粉队里的英雄,连那些束带顶冠的男子也不能过你,你如何连两句俗语也不晓得?(《红楼梦》)(范围)

我们考察了古代汉语和近代汉语。在1,300万字的语料里找到9,700多条"里"的例句。去除表示长度单位和人名地名的"里"和做衬词的"里"以外,还有9,300多条。我们归纳了一下"里"的用法大致有以下几种:

1. 表示方向的词+里(有的凝固为地名)

(80) 宋华亥、向宁、华定自陈入于宋南里以叛。(《春秋》)

(81) 十二月乙酉,入南里,堕其城。(《左传·襄公》)

(82) 於是使师涓作新淫声,北里之舞,靡靡之乐。(《史记》:卷三殷本纪第三)

(83) 忽闻四下里喊声大震。(《三国演义》章回:76)

2. 形容词+里

(84) 王使阴里结之。(《左传·襄公》)

(85) 回鹘进奉使密里等各授怀化归德大将军、将军郎将,放还蕃。(《旧五代史》卷:八十一)

3. 邻里、乡里、闾里、槐里、陵里、野里、户里、州里、浦里、道里、同里、亲里、戚里

4. 名词+里

(86) 园里华开不避人,闺中面子翻羞出。(《游仙窟》(唐·张文成)

(87) 匣中取镜，箱里拈衣。（同上）

(88) 下官咏曰："忽然心里爱，不觉眼中怜。（同上）

(89) 青女素娥俱耐冷，月中霜里斗婵娟。（李商隐诗选）

(90) 我们成日家和树林子作街坊，困了枕着他睡，乏了靠着他坐，荒年间饿了还吃他，眼睛里天天见他，耳朵里天天听他，口儿里天天讲他，所以好歹真假，我是认得的。（《红楼梦》）

(91) 且说雪雁紫鹃背地里都念佛。（同上）

5. 指示代词+里

(92) 大德，到这里，学人著力处不通风，石火电光即过了也。（《镇州临济慧照禅师语录》）

(93) 不可向者里说佛说法去也。（《古尊宿语录》：卷第十一）

(94) 那里不是闻声时无能闻所闻。（《古尊宿语录》：卷第三十三）

6. 里+方位词

(95) 抽牵全藉里头人。（《古尊宿语录》：卷第十）

(96) 又是这气里面神灵相似。（《朱子语类》卷：3）

7. 介词+里（《朱子语类》中常见）

(97) 且如一草一木，向阳处便生，向阴虚便憔悴，他有个好恶在里。（《朱子语类》卷：4）

8. 副词+里

(98) 他家无人，俺两个一搭里去的是，省和他嫂子疑心。（《金瓶梅》）

(99) 我对你说，我今日将这篮雪梨去寻西门大官，一地里没寻处。（同上）

(100) 我仔细一看，那人却也有些面熟，只是猛可里想不出

是谁。(《儿女英雄传》)

9. 数量词 + 里

(101) 像你这样的人能有几个呢,十个里也挑不出一个来。(《红楼梦》)

(102) 我们没事评论起人来,你们这几个都是百个里头挑不出一个来,妙在各人有各人的好处。(同上)

10. 介词(朝、向、往) + 形容词 + 里

(103) 那香菱正走着,原不理会,忽听宝蟾一嚷,才瞧见金桂在那里拉着薛蝌,往死里拽。(同上)

我们考察的语言材料在时间上的分布是:从先秦到清代中后期。我们也考察了现代汉语的语言材料(现代汉语的"里"使用频率大大高于古代汉语,在 1,600 万字的语料中共有方位词"里"50,000 多条)。通过考察我们知道,方位词"里"原初的意义是表示居住之所(Place),慢慢地发展为表示一个有边界的空间范围(Space or scope),后来扩大为表达具体方位(Location)、环境(Environment)、氛围(Atmosphere)、机构(Institute)、时间(Time)、内容(Content/Concept)、情感(Emotion)、活动(Activity)等。意义范围从具体到抽象,但是我们都可以用容器图式(container schema)来刻画它。方位词"里"的意义范畴的转移路径大概是这样的:

Place→Space/Scope→Location→Environment→Atmosphere→Institute→Time→Content/Concept→Emotion→Activity

在现代汉语里,空间范围仍然是"里"的核心意义(core meaning),抽象的意义处于边缘地带(peripheral area)。核心意义以外的意义与核心意义之间存在着一种内在联系,这种内在联系揭示了语言认知上的动因。我们考察了方位词"里"意义转移的路径,并将不同语义范畴的"里"分为 4 个层次:

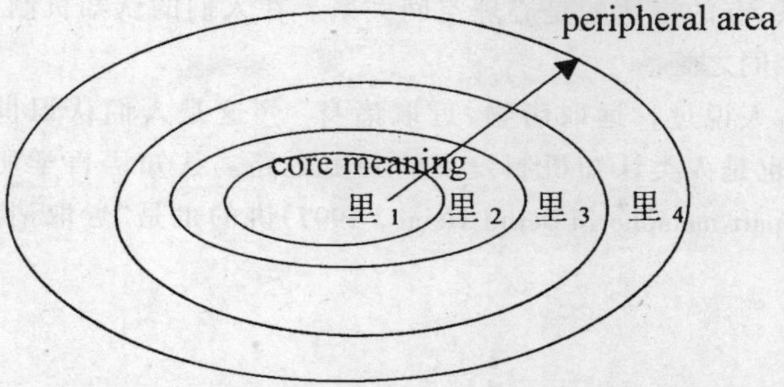

里$_1$：空间范围。无参照系，有物理边界，有内外且有清晰界限。

里$_2$：方位处所。有参照系，有物理边界，有内外但界限不是很清晰。

里$_3$：环境氛围。无参照系，无实在边界，有内外但内外的认知是基于心理图式的。

里$_4$：抽象事物。无参照系，无实在边界，无内外但通过隐喻与核心意义建立联系。

Langacker（1987）在谈到范畴化问题时提出两种范畴化的概念：一是基于原型的范畴化（categorization by prototypes），一是基于图式的范畴化（categorization by schema）。原型是一个类的典型成员，其他成员根据它们与原型的相似性与原型具有相应的对应关系。这种相似性是有层次的，有的成员与原型相似性多一些，有的成员与原型相似性少一些。图式是另外一个概念，它与原型理论正好相反，一个图式可以涵盖该图式中的所有成员。图式是建立在所有成员的共同特征的基础上的，图式中的成员是不分层次的。我们认为方位词"里"的范畴化过程是基于图式的，而不是基于原型的。"里"的所有意义范畴都与核心意义有关，也就是说它们都表达空间方位关系。有的表达的是物理空间关系，有的表达的是心理空间关系。在人们的认知机制里，它们有相同之处。

古人说过，“远取诸物，近取诸身”，[5]这是人们认识世界的过程，也是人类认知机制发展的必由之路。认知语言学所谓的“body part metaphor”(Bernd Heine, 1997)讲的也是“近取诸身”的道理。

附　注

①这是 Bernd Heine(1997)的例子。
②参看《战国古文字典》，中华书局 1998 年版。
③见《谷梁传》。
④《谷梁·宣十五》：“古者三百步为里。”
⑤见《抱朴子》。

第四章　语法研究的方法和立场

第一节　现代汉语语法研究的立场和方法

1.1　引言

20 世纪 80 年代末期，现代汉语语法研究呈现出繁荣势头，同时也走到了一个如何进一步深入下去的十字路口。人们开始对以前的研究进行回顾。对现状进行反省。1987 年，朱一之、王正刚选编了 20 多篇文章，以《现代汉语语法研究的现状和回顾》为名由语文出版社结集出版。进入 90 年代，语法学界仍在对语法研究的现状和历史进行总结和回顾。1991 年 3 月，由《世界汉语教学》和《语言教学与研究》两家杂志联合主办的“语法研究座谈会”对 80 年代的现代汉语语法研究进行了回顾，对 90 年代的发展进行了展望，[①]这无疑对我们将来的研究具有指导作用。1992 年 4 月，由中国社会科学院语言研究所和《中国语文》杂志社主办，在北京召开了“中国语文研究四十年学术讨论会”，对 40 年来的中国语文研究进行了回顾和总结。其中现代汉语语法研究的论文 19 篇，在会议论文中比任何一个领域的论文都多。[②]现代汉语语法研究发展到今天，确实有值得回顾、总结甚至反省的必要。《语言教学与研究》杂志 1979 年创刊至 1993 年，发表了 300 多篇现代汉语语法研究方面的论文，对现代汉语语法研究的发展做出了应有的贡献。今天我们回过头来看一下《语言教学与研究》15 年来所走过的路，可以从一个侧面看出中国现代汉语语法研究从 80 年代初到 90 年代初的发展轨迹。

1.2 《语言教学与研究》为对外汉语教学服务的立场

现代汉语语法研究有很多侧面，这取决于研究者的立场。站在不同的角度来看现代汉语语法，会发现不同的问题，因此也就会采取不同的策略。目前我们国内现代汉语语法的研究主要有三种立场：1. 基于理论目的的研究；2. 基于语言教学目的的研究；3. 基于计算机应用目的的研究。纯理论的研究在我们国内人数不是很多，主要集中在中国社会科学院语言研究所和几所大学，现代汉语语法研究的理论建设仍然任重道远。以语言教学为目的的研究分为两个部分，一部分是服务于母语教学的研究，一部分是服务于对外汉语教学的研究，这两部分的研究有很长的历史，且人数也比较多。以计算机应用为目的的研究起步比较晚，但是发展势头很猛，这支队伍虽然人数不多，可是他们有比较充足的项目资金，有先进的技术手段，将来的发展是可以想见的。

《语言教学与研究》杂志作为国内"语言学/汉语类"核心期刊之一，15 年来所发表的现代汉语语法研究方面的论文既有汉语语法事实的描写，也有语法理论和研究方法的探讨，还有汉外语法对比的研究。这些主要是以语言教学为目的的研究，具体地说可以分为以下几个方面：

1.2.1 微观研究。如现代汉语动词的研究，副词的研究，介词的研究，连词的研究，语序的研究，句型的研究，句子成分的研究，复句的研究等等。在 300 多篇论文中，微观描写的论文占很大的比重。如王还《汉语结果补语的一些特点》(79 – 2)，[③] 陆俭明《"程度副词 + 形容词 + 的"一类结构的语法性质》(80 – 2)，崔永华《"连……也/都……"句式试析》(84 – 4)，赵金铭《能扩展的"动 + 名"格式的讨论》(84 – 2)，陆俭明《关于"去

+ VP”和“VP + 去”句式》(85 – 4)，吕文华《“由”字句——兼及“被”字句》(85 – 2)，邢福义《现代汉语的特指性是非问》(87 – 4)，李临定《如何分析汉语句子》(89 – 2)，相原茂《汉语比较句的两种否定形式——“不比”型和“没有”型》(92 – 3)等。这些论文在描写的准确和细致上都是很见功夫的，这也正是中国语言学界所推崇的务实精神的体现。

1.2.2 理论探讨。自从《马氏文通》问世以来，中国的语法研究一直没有摆脱印欧语语法的影响。在马建忠之后，中国语法学界一直在寻找汉语语法的特点，试图建立符合汉语特点的语法理论，并在语法研究的方法论方面进行一些尝试。如朱德熙《“在黑板上写字”及相关句式》(81 – 1)，邓守信《汉语动词的时间结构》(85 – 4)，胡明扬、劲松《流水句初探》(89 – 4)，范开泰《省略、隐含、暗示》(90 – 2)，周国光《关于集合名词及其判断句》(90 – 2)，廖秋忠《篇章与语用和句法研究》(91 – 4)，徐通锵《语义句法刍议——语言的结构基础和语法研究的方法论初探》(91 – 3)，吕叔湘《通过比较研究语法》(92 – 2)等。这些论文大都结合汉语的特点，对现代汉语语法中的语言事实进行解释。朱德熙先生在他的论文里运用变换分析的方法分析现代汉语中的一些句式，这一方法为后来的许多学者所采用，成为汉语语法分析的一个重要手段。在同一篇论文里，朱先生还对动词的语义特征进行了分析。邓守信先生的论文抓住了汉语语法中一个非常关键的问题，并从一个比较新的角度对汉语的时间结构进行分析，这可能与邓先生长期在美国从事语言研究的背景有关。胡明扬、劲松先生的论文紧紧地抓住了汉语语法的特点。范开泰先生的论文涉及了语义、语用、语法三个平面的问题。周国光先生的论文注意到了词的语义属性对句法选择的影响，与朱德熙先生的思路一脉相承。廖秋忠先生将篇章语言学、语用学的方法引入汉语语法研究。而徐通锵先生则从语言学理论的角度开宗明义地讨论语法研究的方法论问题。吕叔湘先生则强调用比较的方法研究语法，提出了五种比较的方法。现代汉语语法研究中的理论探讨是非常可贵的，因为我们中国语言学界历来有重事实、轻理论的倾向。中国语言学要想有长足的进步，理论建设是必不可少的，理论上的突破往往会引起革命性的变化。当然，正如朱先生曾经说过的：要解释语言事实，先得知道有哪些事实需要解释。理论就是要对语言事实进行解释。解释也有不同的层次，也有不同的立场，这仍然取决于研究的目的和条件。

1.2.3　汉外比较研究。比较是语言研究中一个重要的方法。研究汉语，要找到汉语的特点，必须在汉语和外语之间进行比较。我们在说汉语有这样或那样的特点的时候，实际上我们总是在把汉语放在一个比较的环境里。汉外比较可以有很多方面，可以有微观的比较，也可以有宏观的比较。《语言教学与研究》15年来共发表了40多篇汉外比较方面的文章，在各类文章中占有很大的比重。如陆锦林《汉英主谓被动关系句比较》(79－1)，赵世开《英汉疑问代词的对比研究》(80－2)，熊文华《汉英被动句式的比较》(83－4)，王还《"All"与"都"》(83－4)，郑懿德、高桥由纪子《汉日名量词琐谈》(83－1)，王钟华《法汉疑问句对比》(84－4)，王还《有关汉外语法对比的三个问题》(88－1)等等。比较的工作比较难做，尤其是深层次的比较就更加难做。我们可以看到，在杂志创办之初，汉外比较方面的文章很多，后来则越来越少。可见，比较方面的工作越来越难做了。

1.2.4　语法研究评论。中国语言学界一直有一个传统，许多人都在默默地耕耘，很少有人愿意做评论工作。因此，常常是一篇文章问世后没有反响。评论，一定会涉及到观点上的分歧，甚至还会涉及"流派"之间的互相批评。这本来应该是正常现象，也是发展学术所必须的。但是为此伤了和气的事也是难免的。在我们这个“和为贵”的国度里，根据“多栽花，少栽刺”的原则，人们往往认为这种吃力不讨好的事还是少做为佳。《语言教学与研究》15 年来共发表语法研究评论性的文章 20 余篇，数量上还是不少的。如张志公《有关汉语语法体系分歧问题》(80 – 1)，张静《有关“句子成分”的几个问题——〈新编现代汉语〉语法体系简介》(81 – 3)，黎锦熙《所谓“黎派”语法诸书的评介》(84 – 4)，陈亚川、郑懿德《留学生汉语教学语法二题——兼与〈实用现代汉语语法〉商榷》(84 – 4)，徐枢、饶长溶等《三个平面：语法研究的多重视野——黄山语法修辞座谈会发言摘要》(92 – 1)，陈亚川(执笔)《语法研究座谈会纪要》(91 – 3)，华萍《现代汉语语法问题的两个“三角”的研究》(91 – 3)，徐枢《回顾与展望——试谈 80 年代和 90 年代的现代汉语语法研究》(91 – 4)，赵淑华《谈 80 年代和 90 年代的句型研究》(91 – 4)等。很多研究评论性的文章实际上也有作者的研究心得，其中包含着语言事实的描写和语法理论的探讨。

1.2.5　语法学史研究。语法学史的研究虽然起步较晚，但发展很快。近年来出版了不少语法学史的著作。龚千炎、吕必松、林玉山、邵敬敏等先生都有专著问世。《语言教学与研究》15 年来有关语法学史方面的文章不多，仅有的几篇也都出自上面提到的几位先生之手。

以上五个方面，是《语言教学与研究》15 年所发表的文章的类型。从这些文章中我们可以看出中国现代汉语语法研究发展的大致轨迹：

一、从描写到解释

二、从应用到理论

三、从单元到多元

四、从封闭到开放

五、从零散到集约

描写是语言研究的基础。我国语言学界对语言事实的调查和描写是不遗余力的，描写当中也有理论观点。可喜的是我们已经从单纯的描写过渡到对语言事实的解释上来，并在这种描写——解释的模式中开始探讨汉语自身的特点。

应用是语言研究的目的。我国语言学界一直没有忘记语言研究的应用立场。但是以前应用的领域比较狭小，主要是以母语教学为目的，很少考虑别的领域。在内容上也比较单纯，很多文章都在讨论词的用法、词的语法性质、句子的结构类型、分析句子的方法、句子成分、简单的汉外对比等。现在应用领域已经扩展到对外汉语教学和机器翻译，语言学家考虑问题的角度也就大不一样了。很多学者都开始注意到语言的系统性和语言结构的内在规律，并且把语义和语用的理论方法引入到语法研究的领域，同时把研究的对象从句子扩大到篇章。应用领域的扩大，摆脱了语法研究中的盲目性和选题的随意性，理论思维的意识明显增强，借鉴和创新都有发展，而且出现了百花齐放、百家争鸣的局面。

语法研究的立场是多层次的。有不同的目的，就会有不同的立场。有不同的立场，也就会有不同的理论。有不同的理论，就会有不同的分析手段。从分析手段上看，我国的语法研究经历了一个从单元到多元的过程。以前的研究以结构主义为主，一切从形式出发，比较少地注意语言的意义。现在人们开始强调语法、语用、语义三个平面的结合。

80 年代以来，语法研究的队伍不断扩大，形成了老中青三代共同奋斗的局面，研究的思路也渐趋开放。计算机人才的介入、外语人才的介入、对外汉语教学人才的介入以及中外学术交流的增多，都给我们的现代汉语语法研究带来了生机和活力。

从研究成果上看，有继承，有借鉴，也有发展。

在此之前，语法学者对汉语语法进行研究，所采取的方法都是很原始的。没有语料库，没有先进的处理手段。人们为了研究一个题目要千辛万苦地做卡片，积累语言材料。因此，对某个问题进行大规模的穷尽研究几乎是不可能的。现在，随着计算机技术的普及，人们处理语言材料的能力大大地提高了。语法学者可以自己建立语料库，在此基础上对语言事实进行统计分析。从此语言研究从零散经营的小农经济走上了规模研究的道路。

1.3　从语法学家的兴趣焦点看语法研究的立场和方法

《语言教学与研究》15 年来发表的 300 多篇语法研究方面的论文侧重点是不同的。我们对这 300 多篇论文进行了初步的统计分析，并在此基础上对它们进行了分类。从中我们可以看出语法研究的兴趣焦点，也可以看出语法学家的立场。我们用归纳的办法把它们分成以下十二个方面：

一、关于词的研究

二、关于短语结构的研究

三、关于句子的研究

四、关于语法研究的理论建设

五、关于汉外语言对比研究

六、综述评论

七、关于篇章、语用

八、语法学史

九、语法修辞

十、古/近代汉语语法

十一、方言语法

十二、其他方面

下面是我们的统计结果(按照论文数量多少排序):

内容分类	篇目数量	内容分类	篇目数量
词	110	古/近汉语	7
句子	70	篇章语用	6
对比	38	其他	6
结构	28	修辞	3
综述	19	语法学史	3
理论	18	方言语法	1

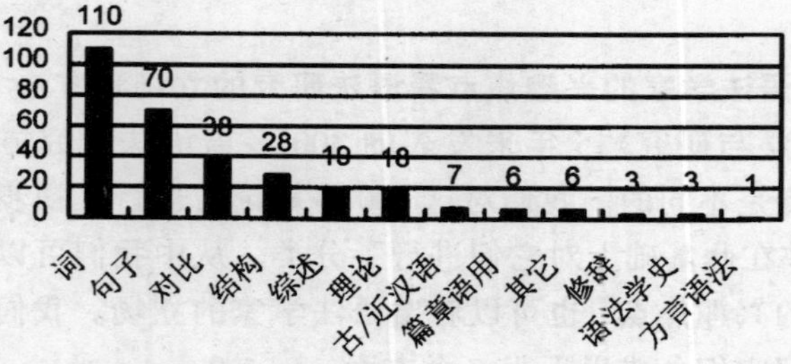

图表二十四　语法研究各个方面比重示意图

我们可以看出，语法学家的兴趣焦点是不同的。但是在这个表里我们可以看到各类文章的分配是很不均匀的。人们最感兴趣的是词，然后是句子，汉外对比居第三位，短语结构居第四位。在词和句子中，大家的力量也不是平均分配的。下面两个表就是我们的统计(按照论文数量多少排序):

内容分类	篇目数量	内容分类	篇目数量
副词	27	名动词	3
动词	16	介词	3
助词	13	连词/关联词	3
构词法	9	缩略语	2

（续表）

内容分类	篇目数量	内容分类	篇目数量
数量词	8	形容词	2
词的用法	7	拟声词	2
代词	6	语气词	1
词类	4	时间词	1
词的搭配	4		

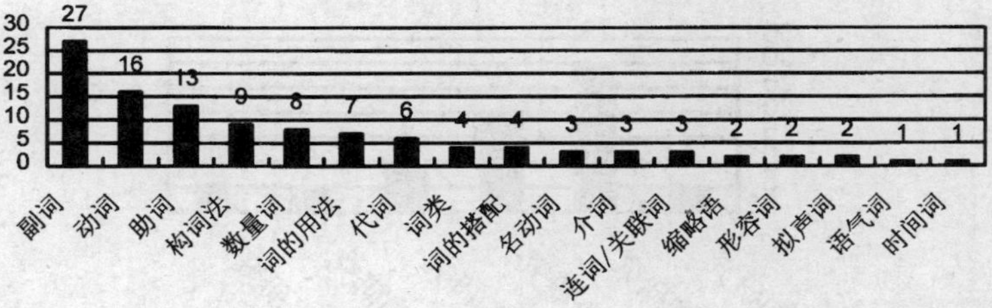

图表二十五　语法研究具体关注的内容比重示意图

从这个表里我们发现语法学家关于词的研究主要集中在副词、动词、助词三类词上。这也是现代汉语语法的关键问题。如果进一步观察就会发现，这三类词的研究都是围绕着汉语的动态结构进行的。副词和助词都离不开动词的存在。副词出现在动词之前，助词出现在动词之前或之后。也就是说，汉语的语法范畴以动词为中心，无论时（时相、时制 时态）、体、态，都与动词有关。汉语没有严格意义上的形态标志，因此汉语的动态结构必须依靠动词的意义类，依靠动词前后的副词和助词。

数量词是汉语语法中一个比较特殊的问题，许多语言都没有与之相对应的语法形式。因此数量词的研究在汉语语法研究中也有一定的地位。

关于句子研究，有以下一些问题：

内容分类	篇目数量
析句研究	4
句式句型研究	29
句子成分研究	20
复句研究	8
病句研究	4
语序研究	5

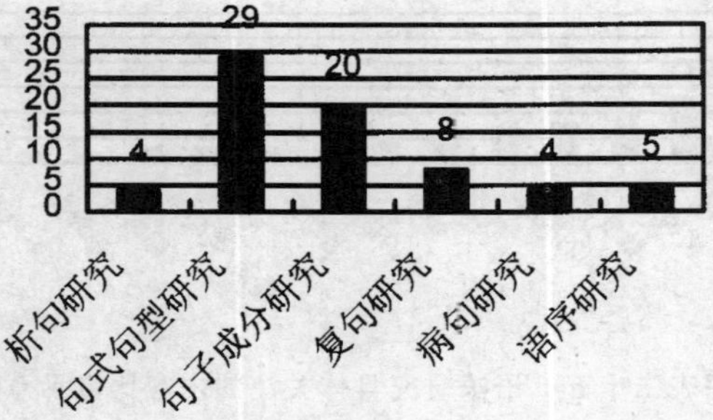

图表二十六 句子研究各方面比重示意图

句子是语法研究当中一个永恒的主题。在句子研究中，句式和句型的研究占主导地位，其次是句子成分的研究、复句的研究等。句式研究有很大一部分是关于汉语特殊句子的，如“把”字句、“连”字句、比较句、被动句、“由”字句、判断句、疑问句等等。句式句型研究还涉及句法语义的问题，它常常跟动词的研究分不开。句子成分的研究常常和句子成分的功能联系在一起。也常常跟词类问题联系在一起。但是，由于汉语的句子成分和词类不一一对应，因此，句子成分的研究也不是平均用力的。许多人都热中于研究汉语中最有特色的句子成分——补语。句子成分的研究和析句问题也是不能分开的。析句方法的讨论虽然不多，但是这并不意味着这个问题不重要。同样的，病句的研究也不是很多，但它也是十分重要的。复句的研究离不开关联词语的研究，复句常常跟关联词语一起讨论。语言中的关联是一个非常大的题目，它涉及到句法关联、语义关联、语用关联和篇章关联的问题，因而，这个问题又跟篇章的研究联系在一起了。

句子研究还涉及许多别的问题。从对外汉语教学的立场出发，病句的研究、语序的研究、省略的研究、句子与句子的关联研究、句法语义的研究都是很重要的。

短语结构的研究在现代汉语语法研究中有特殊的地位。在300多篇论文中，短语结构的研究有28篇。这是因为现代汉语短语结构的构造与句子的构造基本上是一致的，短语结构的构造搞清楚了，句子的构造也就搞清楚了。

由以上的统计分析我们可以得出下面的结论：现代汉语语法的研究在词的层面上是围绕着动词以及动词的附加成分(副词和助词)进行的，在短语结构和句子的层面上是围绕着句式句型和句子成分进行的。比较研究、理论建设、综述评论也都把焦点集中在这些问题上。

1.4　现代汉语语法研究中的局限和问题透视

从1979年到1993年，《语言教学与研究》共出版了58期。从这里我们可以看到中国现代汉语语法研究的发展轨迹，看到中国语法学研究的立场和方法，看到中国语法学界的兴趣焦点，当然我们也可以从中看到我国现代汉语语法研究的局限和问题。

1.4.1　选题的盲目性

20世纪80年代以前，现代汉语语法的研究刚刚恢复不久，很多人都不知从何处下手。因此在选题上有很大的盲目性，抓着什么算什么，打一枪换一个地方。在研究思路上也有很大的盲目性，立场和目的都不一定很明确，为研究而研究，为写论文而写论文。现在这种情况大有好转，但是也不可否认，盲目研究的现象仍然存在。当然，评价一个题目是否有研究价值不是一件简单的事，但有两点必须要考虑：第一是这个题目是否有人做过，你想解决的问题是否已经有人解决了；第二是这个题目的学术意义有多大。研究也要讲究效益，不然就会浪费时间和精力，得不偿失。

1.4.2 材料堆积

语法研究的目的是要找到语言结构的规律性，这就要对语言事实进行描写、分析、概括。我们找到的语言结构规律应该具有三个特点：1. 简明；2. 清晰；3.可以类推(解释能力强)。简明是说语法规律要简单明确，不能太复杂，也不能含含糊糊。清晰是说语法规则要能让人看明白，不能以其昏昏使人昭昭。可以类推是说语法规则要对外具有排他性，对内具有普遍性。换言之，语法规则应该最大限度地解释语言事实，而不能削足适履，让语言事实迁就语法规则。在现代汉语语法研究中，有的文章以材料的堆积代替语法规则的概括，既不简明，又不清晰，看了头痛。

1.4.3 闭门造车

与材料堆积不同的另一个为人们所诟病的问题是研究中的闭门造车现象。具体表现有三个方面：1. 不看别人的文章。闭目塞听，写出来的东西常常与人撞车，学术论文不列参考文献；2. 各人自扫门前雪。视野不够开阔，只经营自己的一小块自留地，对看似与自己题目无关的文章不闻不问；3. 对当今学术界的发展变化不了解，不断地炒冷饭。

1.4.4 理论上生搬硬套

现代汉语语法研究中的理论建设还很薄弱，许多学者都意识到了建立符合汉语特点的语法理论是我们语法研究的当务之急。从《马氏文通》开始，中国的语法研究一直没有摆脱外来的影响。借鉴是必要的，可是必须避免食洋不化。现在大家都同意，要建立一套符合汉语语法实际的语法理论，必须从汉语的语言事实出发，脱离这个基础就只能是空中楼阁。近年来，国外各种语言学理论花样翻新，跟语法这个名目有关的如：Chomsky 的转换生成语法（TG），Fillmore 的格语法（Case Grammar），英国和荷兰的系统功能语法（Systematic Functional Grammar），蒙塔格语法（Montague Grammar）等等。每一种理论都有特定的学术背景和方法论体系，而且他们的理论大都是建立在印欧语的基础上的，用他们的理论和方法来解释汉语语法不一定合适。

1.4.5 有些问题研究不够深入

有些问题，研究者还不多。就汉语教学的立场来说，关联词语的问题、病句分析的问题、篇章结构的问题、语序的问题等等，都是非常重要的。可惜这方面的论文不多。另外，应用研究做得还很不够。在对外汉语教学领域，直接解决教学中出现的语法问题会受到读者的欢迎，尤其是用法研究（比如说介词的用法、动词的用法等等）方面是很有潜力可挖的。

1.5 结语

现代汉语语法研究有很多侧面。《语言教学与研究》15 年所发表的文章几乎涉及所有的侧面。但由于刊物性质的要求，它有自己的侧重点。我们无意对现代汉语语法研究做全面的回顾和总结，只是就《语言教学与研究》的过去进行一番调查，试图透过它找出语法学家研究现代汉语语法的立场和方法。《语言教学与研究》特别重视本族人习焉不察而外国人比较敏感的语言现象的研究。在语法研究方面，希望在重视语言事实的描写和语法理论探讨等基础研究的同时，大力开展用法研究和汉外对比的研究，以满足语言教学的需要，并对汉语研究做出独特的贡献。我们相信，这种追求和努力，将对我国的语法研究和对外汉语教学的学科建设产生积极的推动作用。

附　注

①参看陈亚川(执笔)，1991，语法研究座谈会纪要，《语言教学与研究》第3期。英文稿见《世界汉语教学》1991第3期。

②参看刘坚、侯精一(主编)，1993，《中国语文研究四十年纪念文集》，北京语言学院出版社。

③79－2指1979年第2期，下同。

第二节　理论语法与教学语法的接口[①]

2.1　引言

语法研究有不同的取向,有面向理论的研究,也有面向应用的研究。语法的理论研究也有很多角度,有基于结构的研究,有基于数学模型的研究,如蒙太古语法[②];也有基于认知的研究、基于功能的研究,发展出不同的语法学流派。每一个语法流派都有自己的认识论背景和方法论体系。不同的语法流派之间可以互相借鉴。但是由于彼此在理论背景上的分歧导致的隔膜,使得不同学派之间的交流变得十分困难。语法的应用研究也有不同的应用领域,有面向语言信息处理的研究,如詹卫东(2000);有面向教学的研究,如吕文华(1999)。面向教学的语法研究又可以分为面向母语者的教学语法研究和面向非母语者的教学语法研究。理论研究有理论研究者的追求,应用研究有应用研究者的目标,两者可以很不相同。不能用实用的标准来衡量理论语法,也不能用理论研究的标准来要求实用语法。当然最理想的情况是:理论研究能够解决应用问题,应用研究关注理论问题,实现理论语法与应用语法的完美结合。

我们在这里主要探讨汉语语法的理论研究与教学实践的关系问题,并在此基础上提出把现有的语法研究成果转化为可操作的教学语法的大致思路,提出编写《汉语教学参考语法》的设想。本文所说的教学语法主要指的是应用于对外汉语教学(或者说汉语作为第二语言教学)领域的实用语法。具体内容包括对外汉语教学所采用的语法框架、语法体系和语法项目。在语法项目的分类和语法规律的描述上有明确的目标。那就是尽量考虑教学需要，用简明的语言和明确的规则来描写和解释语法现象。从性质上说，这是一种描写的语法，一种面面俱到的语法，一种可以作为工具书的参考语法。

2.2 关于语法的不同层面和不同立场

2.2.1 客观语法、专家语法与教学语法

语法是语言符号的组织结构规则。我们相信在自然语言中存在着客观的组织结构规则，这就是客观语法（objective grammar）的观念。而语言中的这种结构规则有待于研究者去发现。目前我们所发现的只是客观语法的一部分。这一部分有的可能还不能作为硬的规则被研究者所认可，有的还正在发现之中。这一部分已经发现的和正在发现的语法只是客观语法的一部分，还有很多属于客观语法的部分还没有被发现。专家语法或者理论语法是研究者对客观语法的描写和阐释。这种描写和阐释当然涉及到研究者的观察角度、研究者的认识论和方法论背景、研究者的观察手段等等。我们把这种描写和阐释称为专家语法或者理论语法（theoretical grammar）是因为这种描写和阐释涉及到研究者的主观因素，因此它不完全是客观的，也可能与客观语法相去甚远。专家语法重视构建一种理论框架，并且把自己观察到的现象纳入构建好的理论框架中，形成一个整齐的、规则的、内部完美的系统。专家语法的目的是为了寻找语言构造中的规律，或曰“上帝的真理”。有时为了教学的目的，我们会把专家们发现的一些语法规则用简单易懂的方式表述出来，甚至图解出来，这就是教学语法（pedagogical grammar），又可以叫做学校语法（school grammar）。教学语法与理论语法的关系是互相依存的。应该说，教学语法汲取理论语法的营养，同时受到理论语法的影响，很难有独立于理论语法之外的教学语法。（此外还有学生语法，就是学生在学校所能学到的语法。由于它与客观语

法、专家语法以及教学语法不在同一个层次上，故本文暂不讨论。）教学语法是规定性的，这是与专家语法不同的地方。从语法所涉及到的内容来说，我们说客观语法最大，理论语法次之，教学语法最小。

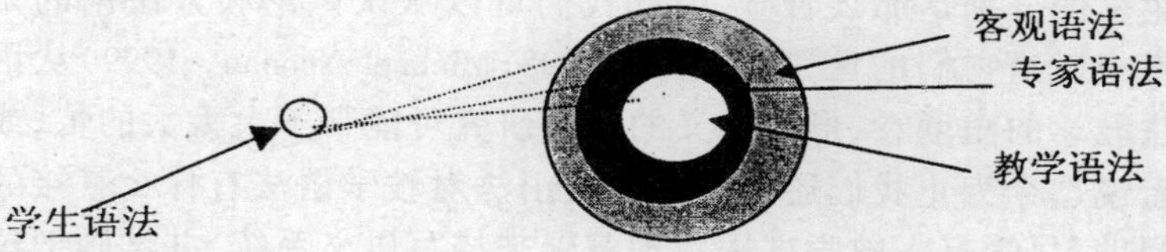

说教学语法最小这是从研究的广度和深度上说的，是就语法本身说的。单纯地看教学语法，它所涉及的内容是很多的，因为教学语法讲究面的完整，不十分在乎点的深入。如果看语法著作，教学语法可能是最厚的，但这是语法书，不是语法本身。教学语法是在专家语法的基础上产生的，但是教学语法从观念上往往比专家语法保守。这是由教学的性质决定的。

汉语语法研究的历史只有100多年，因此还没有形成一个体系完整、阐释科学、编排合理、内容完备的教学语法体系。曾经有一段时间，我们把客观语法、专家语法与教学语法混为一谈。譬如讲到为什么要分词类，答案是“为了教学方便”。语法研究的终极目标应该是探求语言内在的编码机制，因此探求的应该是上帝真理（God's truth），③而“为了什么什么方便”则只能是权宜之计，是术，是变戏法（hocus pocus），不是道。教学语法有时需要变戏法，因为上帝真理的真面目往往不容易认识。理论语法不一定能够直接用于课堂教学。但是如果没有理论语法的基础，教学语法就会成为无源之水，无本之木。理论语法有更广阔的想像空间和更大的自由度；而教学语法需要在一段时间内稳定不变，从某种意义上说需要“墨守成规”。如果这个成规足够好的话。

2.2.2 形式主义与功能主义的取舍

理论语法的研究者甚众，理论、观念、方法、操作花样很多，形成不同的理论倾向和工作方式。它们大致可以用形式主义(formalism)和功能主义(functionalism)来概括。形式主义与功能主义的分别是那么明显，因此我们可以从认识论和方法论的角度来讨论它们的区别。(张敏 1998；Michael Noonan，1999)从语法教学的角度看，形式主义的语法研究可能帮不上太大的忙，或者说迄今为止我们还看不到形式语法对教学语法有什么直接的帮助，尽管有人曾尝试用数理逻辑来描写语义系统，并试图把这种描写应用于语法教学[4]，但是效果如何还有待于观察。与形式主义语法相对应的，功能主义的语法理论在很多方面我们认为可以发挥作用。比如张伯江和方梅的研究(1996)可以为教学语法提供一个思路，尽管他们目前的研究成果还不能直接用于教学。功能主义关于信息流(information flow)[5]和篇章的研究，对于教学语法来说也是一个非常新鲜的课题。这些研究可以引起教学语法的革命。另外，认知语法的一些原则和观念也可以为教学语法提供思路。比如认知语法(Langacker1987；1990；戴浩一 1987)关于隐喻(metaphors)、意像(images)和图式(schemata)的研究，挖掘了人类语言在认知方面的许多共性，在课堂教学中可以引导学生自己去理解和发现目的语语法和母语语法的共同点。这使得我们的教学与我们传统的灌输法比较起来要主动得多。

2.2.3 研究的目标和应用研究的目标

理论研究和应用研究的目标是不同的，这是不言而喻的。学者们对理论研究的兴趣比对应用研究的兴趣要大得多，或者说在语法研究中有重理论轻实用的倾向。因为理论研究比较有创造性，比较起来应用研究要乏味一些，更技术性一些。最近学者们开始关注语法研究的应用问题，应该说这是一个可喜的现象。中国的语法学传统有实用主义的遗传基因，从 20 世纪 20 年代开始，国内出版的以解决具体问题或者声称以解决具体问题为主旨的语法著作数量不少。它们也的确解决了语言中的一些具体问题。但是不同的应用领域有不同的具体问题。以往的语法研究往往比较关注本族人在母语使用中的具体问题，而对外族人学习和使用汉语的具体问题则关注不够。这不是研究者有什么偏见，是历史使然。在中国语法研究中，问题永远比主义重要。我认为理论研究的目标应该是主义而不是问题，尽管理论研究要从问题入手；而应用研究的目标应该是问题，不管什么主义，能解决问题就是好主义。

2.3　汉语作为第二语言或者外语的语法研究与应用

2.3.1　现状与前瞻

汉语作为第二语言或者外语的大规模研究已经有 40 多年的历史，其中的语法研究占有很重要的地位(参看陆俭明 1993；马庆株、项开喜 1998；陈保亚 1999)。有几部语法著作是专门为外国人学汉语或者教外国人学汉语写的。如赵元任《中国话的文法》、刘月华等人的《实用现代汉语语法》、房玉清的《实用汉语语法》等。吕叔湘主编的《现代汉语八百词》也可以用来作为教外国人汉语的参考语法。此外还有一些讨论对外汉语教学语法体系的著作，不一一列举。把汉语当做第二语言或者外语进行教学的过程中发现了许多语法问题，研究者发表了许多研究报告和论文(参看赵金铭、崔希亮，1997)。这些研究只是解决汉语语法教学中的局部问题，迄今为止还没有一个整体的、一揽子解决的方案。从语言教学和语言学习的角度看，这不能不说是一个缺憾。对外汉语教学亟须能够一揽子解决所有语法问题的方案。[6]从目前的研究现状来看，我们还没有能力拿出这样一个方案。也许我们永远都不能拿出这样一个方案，但是我们要朝着这个方向努力。如何能在最短的时间里、用最有效的办法教会外国人正确使用汉语，不是一个很简单的问题。单就语法教学来说,陆俭明先生(2000)说过:语法教学"教什么"、"怎么教"应该好好讨论一下。关于怎样教的问题,赵金铭先生(1994,1996)有两篇切中要害的文章,这里不再赘述。教什么的问题和怎么教的问题解决以后,还要研究学的问题,"学什么"和"怎么学"一样重要。教和学是一个事物的两个方面,所以光解决教的问题只是解决了事情的一半。学什么和怎么学的问题应该借重于语言学习理论的研究,尤其是要借重于汉语作为第二语言的学习与认知的研究。教和学虽然是同一事物的两个方面,但是两面毕竟有不同的面貌。语言习得的研究从某种意义上说可以解决学习的问题,但是就目前的研究现状来看,要想一揽子解决所有的语法问题还必须假以时日。不管怎么说,语言习得的研究必须提到日程上来了。

2.3.2 习得研究及其局限

语言习得(language acquisition)[⑦]的研究在最近几十年发展得很快,第二语言习得的研究也已经渐成规模。有很多研究小组已经在这个领域取得了可喜的成果。但是汉语习得的研究才刚刚起步,在语法方面的成果还非常有限。但是我们还是看到了非常有前途的研究。如汉语时体范畴的习得研究(Yang Huang & Sun 1999; Yang 1999)、汉语被动句的习得研究、汉语"把"字句的习得研究、汉语语序的习得研究等一些语法问题的专题研究和习得顺序的研究。虽然取得了一些成果,但是离语法教学的要求还有比较大的距离。这种研究仍然属于基础理论研究的范畴,还不能解决应用中迫切需要解决的问题。尽管如此,我们还是看到了汉语习得研究的前景非常诱人,它可以为解决语言学习中的很多问题奠定基础。由于语言学的研究具有跨学科的特点,因此这种研究有自己的优势。

2.3.3 教学语法体系的问题

对外汉语教学的语法体系问题也是很多人关心的问题。因为它涉及到教材的编写、汉语水平考试的命题、教学大纲的制订、课程建设等一系列问题,所以时时有人提出来。而教学语法体系的确立又是一个涉及面比较宽的系统工程。首先,采用什么样的语法框架,以什么样的语法理论为支撑,是不能回避的问题。其次,体系内部能否自圆其说的问题也必须重视,教学语法也要讲究科学性和体系完整性。第三,体系的封闭性和开放性的问题。教学语法的体系应该是开放的,要不断加进新的内容,与此同时还要保持体系的相对稳定,不能随意更改体系。第四,体系在使用过程中自我完善的问题。教学语法体系的制订涉及到一些相关的问题:如学习理论的问题、本体研究的问题、教学理论的问题、语言学理论的问题、教学现状的问题等。教学语法体系是一个应用课题,但是如果我们仅仅考虑到一些具体的语法问题,而没有一个统领全局的纲领的话,教学语法就会变得琐琐碎碎,教和学都很困难。

2.3.4 教材中的语法和语法教材

教材中随课文注出的语法项目应该遵循语法习得顺序,循序渐进。但是目前我们教材语法项目的引进比较随意,主要原因是我们还不太清楚学习者习得的顺序,对语法项目的难易程度和使用频率缺乏详细的调查,导致进退失据。或者凭经验安排语法项目,因此到目前为止还没有一部人人都满意的教材。

语法教材是另外一回事。语法教材有两类:一类是教人学语法,主要安排在于突出语法知识,严格地说这不是我们所说的教学语法;另一类是教人学语言,主要安排在于怎样一步一步地让学习者掌握目的语的语法。教材中的语法项目需要考虑前后出现的难易程度和衔接关系,还要考虑语法项目的复现率,从结构和功能的角度安排例句,突出重点,突出语法项目中的典型意义和典型用法。而语法教材则要考虑系统性,考虑章节安排的合理性。我们计划编写的是语法教材,但是它不仅仅是语法教材,它还是语法参考书,是教与学的工具书。

2.3.5 学的策略和教的策略

学和教是一个过程的两个侧面。从学的角度考虑,我们应该想到语法项目的引入不能脱离学生的接受能力,不要把简单问题复杂化,而是要把复杂问题简单化。通过观察,我们发现学生在学习语法时通常采用不同的策略:

1. 理解型

有些学习者在学习汉语语法的时候喜欢刨根问底。他们一定要问为什么;如果得不到满意的答复就很不放心,只有理解了之后才算学会了。这样的学习策略属于理解型。日本学生比较典型,他们提的问题都很细,而且对语法教科书都有比较多的了解。缺点是比较拘泥于语法知识的学习;优点是语法规则掌握得比较好。

2. 模仿－复练型

还有一部分学习者不十分在意语法规则的讲解。学习时采用模仿练习的策略,以句型练习为主,类推能力比较强。缺点是有过度类推现象,忽视对语法规则的理性认识;优点是短期内可以见效。模仿练习是比较有效地学习语言的方法。

3. 自然获得型

在目的语的语言环境里,学习者会自觉不自觉地把听来的话语片段内化为自己的语言能力。这种获得策略属于自然获得型。母语学习基本上都属于自然获得型;外语的学习如果有适当的语言环境也可以有自然获得过程。但是以自然获得为主要学习策略的学习者还比较少见。

4. 综合型

一般来说,第二语言学习者会综合利用各种学习策略进行第二语言的语法习得过程。很少有人执著于某一种学习策略。我们的课程设计中有专门的语法课,针对学习者在学习过程中的语法问题集中讲解。这里会灌输给学习者一些必要的语法知识，同时也会有一些练习。

不同母语背景的学习者在学习策略上有不同的倾向。这与学习者的母语背景、教育方式、学习习惯、个人经验都有关系，[⑧]我们在设计如何把理论语法转化为教学语法的时候要考虑到学生的学习策略。

从教的角度考虑，我们也发现不同的教师在处理相同的语法项目时会采用不同的策略。2001 年 2 月我们在对 128 名国家公派出国任教储备汉语教师选拔考试中发现，被试在模拟课堂教学处理语法项目时采用的策略有如下几种：

1. 知识输入型

所谓知识输入指的是语法知识的灌输。我们发现有些教师在讲授语法点时采取的是讲解语法知识的做法；对具体的语法点的分析反倒比较简单，也几乎没有给学生留出练习的机会。这种输入的办法对于学生学习语法知识有好处，但是对于学生提高语言水平、提高语言运用能力没有太大的帮助。采取知识输入策略的教师有一个误区，就是把语言教学与专业课的教学混淆在一起，忽略了语言教学的性质。

2. 分析讲解型

分析讲解型与知识灌输型不同。采取此策略的教师善于对语法现象进行逐层分析，在分析的基础上讲解语言的结构。在分析语法点的时候尽量少地使用语法学术语；注重实用，注重规律的总结。但是这些教师仍然是没能把练习作为主要教学手法。分析讲解型比知识输入型要好一点，但是仍然没有抓住语言教学的要害。

3. 讲练结合型

讲练结合是比较成功的教学方式。每次引入的语法点都很具体,不涉及太多的语法知识,也不对句子做深入的分析;以练习为主,讲解点到为止。碰到例外的情况不纠缠,也不拘泥于语法教材的教条,灵活处理。目的很明确,即怎样尽量快地让学生理解、会用。

4. 引导练习型

引导练习型的教师对语法知识和语言结构不做任何处理;主要是教师引导学生模仿造句,反复练习。学生在语义理解上有问题时给一点解释;如果学生不问就不讲。

5. 语言对比型

有的教师因为对学生母语比较熟悉,或者对一部分学生的母语有所了解,因此在授课时不断进行汉语和学生母语的对比。这种对比有成功的时候,但是大多数情况是用另一种语言的眼光来套汉语,不利于学生进入汉语的语境,不利于学生语言能力的发展。

6. 回避型

有少数教师在处理课文时干脆回避语法问题,不做任何处理。

虽然有两名教师在课堂上对语法项目采取回避策略,但是大部分教师对语法项目的处理还是有想法的,比较容易归类。大致的比例如下:

教学策略类型	教师数量	百分比
知识输入型	42	32.8
分析讲解型	26	20.3
讲练结合型	31	24.2
引导练习型	23	17.97
语言对比型	5	3.9
回避型	2	1.6

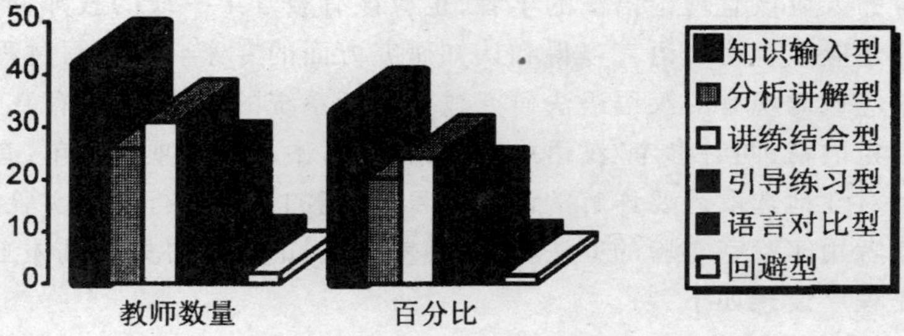

图表二十七 教学策略样态分布

从上面的观察我们看到,第二语言课堂教学在如何对待和处理语法问题上存在着误区,就是课堂上讲得太多,练得太少。讲语法知识和单纯地对语法现象进行分析讲解,都不是有效的教语法的方法。讲练结合和引导练习比较奏效。遗憾的是大多数教师认为讲解比练习好,更能体现教师的主动性和主导性。与此相联系的问题是:教材中的语法注释也是以注解为主,练习不足。这是我们对外汉语教学中普遍存在的问题。就是教师忽略了学习者的自主性,认为语法或者语言就是教会的,而教的方式就是拚命地灌输;不了解或者忘记了语言学习是教与学双方的事。

2.4 编写《汉语教学参考语法》的设想

我们学习英语语法时会想到 Quirk 等人编写的 *A Comprehensive Grammar of the English Language*,因为它有用。对外汉语教学实践中遇到许多语法问题。有些问题可以在专家语法中找到答案,有些问题是找不到答案的。汉语教师和学生都需要一部详解的汉语语法参考书。我们把这部参考书叫做《汉语教学参考语法》(以下简称《参考语法》)。从理论上说,这部《参考语法》应该是语法理论研究与教学应用的完美结合。参加设计编写的人应该有理论语法的学者，也应该有教学第一线的教师，同时还应该有第二语言习得和认知研究方面的专家。在编写过程中应该对现有的汉语语法研究成果进行系统的梳理，去伪存真，去粗取精；同时参考“汉语中介语语料库”中的语法项目清单，有针对性地选取需要详解的语法项目；可能的话再进行教学实验，或者用实验室实验的办法检验《参考语法》的成败得失。具体工作程序设想如下：

1．在“基于中介语语料库的汉语语法专题研究”[9]的基础上获取语法项目清单。

我们已经有了“汉语中介语语料库”。根据这个语料库我们可以得到一个外国学生学习汉语语法时的语法问题清单。有了这个清单，我们就可以对一些具体语法项目进行深入调查和描写。但是只是利用汉语中介语所得到的语法项目是很不够的，我们还必须在其他方面有相应的配套工作。

2．对若干种对外汉语教材的语法项目进行调查。

目前国内外的汉语教材很多，其中的语法项目安排不尽相同，语法项目的教学安排也不尽相同。要对它们进行系统的、穷尽的调查研究，梳理出一个大致的轮廓来。这个轮廓可以作为编写《参考语法》的重要依据。

3．梳理汉语语法学界近30年的研究成果。

汉语语法研究近30年取得了很大的进步，解决了很多理论问题和具体问题。这些成果还没有为对外汉语教材和教师充分吸收和利用，这是很可惜的。编写《参考语法》不仅仅要考虑对外汉语教材，更重要的是要把语法研究的既有成果应用到对外汉语教学中来。这个工作做起来不是很容易，但是它对我们编写《参考语法》来说是不可或缺的基础研究工作。

4．广泛征求对外汉语教师的意见，确定语法项目。

对外汉语教师可能不是语言学家，但是他们在教学实践中积累了许多问题。这些问题也是我们编写《参考语法》的重要参考。如何能够得到广大对外汉语教师的支持，是我们应该研究的一个问题。对外汉语教师那里蕴藏着丰富的资源，迄今为止还没有很好地发掘。

5．利用第二语言习得研究的成果。

近年来汉语作为第二语言的习得研究已经取得了一些成果。我们目前正在进行的研究课题也都是与汉语习得有关的。如"日韩学生汉语学习与认知专题研究"、[10]"欧美学生汉语语法学习与认知的专题研究"、"外国学生汉语学习语料库研究"等都可以为我们下一步编写《参考语法》奠定基础。这些研究主要是利用实验室试验和问卷调查相结合的方法，对汉语语法中的一些重要问题进行专题研究。这些研究的针对性是很明确的，就是要了解外国学生在学习汉语语法时会遇到哪些问题以及如何应对等。

6．编写《参考语法》。

《参考语法》的编写是一个比较大的工程，需要语法研究专家、对外汉语研究专家、语言习得研究专家、对外汉语教师通力合作，不是一两个人就可以完成的。正因为如此，我们准备采取公开招标的办法，大家分工合作，共同完成这一工程。具体的编写体例和编写原则需要讨论、论证。由谁来组织这项工程非常关键。编写《参考语法》是语法理论研究与教学结合的一个途径，要实现这个结合首先应该实现人的结合。

7．在教学实践中修订和补充《参考语法》。

一部参考语法写成以后不能一劳永逸，要根据研究的进展和发展的需要不断修订和补充，这样才能保证它的生命力。

《参考语法》的编写遵循以下原则：

1. 完备性和实用性

这部《参考语法》是一部教学用的语法著作,因此它必须完备。教学中遇到的语法问题都能够在这里找到答案,或者找到进一步探讨的路径。要保证这部语法著作的完备性,首先必须保证语法项目的选择要有相当大的覆盖面。这是不容易一步到位的。与此同时,这部语法著作是一部实用性很强的工具书,语法框架和语法描写都必须简明扼要,既要详尽又要简单实用。详尽指的是语法项目的分布要有宽度,简单实用指的是语法规律的总结要有针对性,要深入浅出。

2. 方便教与方便学

《参考语法》的语法体系、体例安排和内容描写都要考虑到两个方便:即教的人用起来方便,学的人用起来也方便。这是很原则的话,要实现这两个方便还需要做很多努力。

3. 与语料库的建设结合起来

"汉语中介语语料库"、"现代汉语语法研究语料库"、"北京话口语语料库"、"外国学生汉语学习语料库"都可以为《参考语法》的编写提供有用的素材和语料。因此在编写《参考语法》时一定要利用各种语料库,把语料库的建设与《参考语法》的建设有机地结合起来。

4. 加强实验室实验与教学实验

《参考语法》在编写过程中要征求对外汉语教师的意见,也要在教学实践中检验。因此,实验室的实验和课堂实验是不可缺少的。我们有对外汉语教学研究基地。同时也有比较大的教学基地。北京语言文化大学每年近 6000 名外国学生的教学实践可以为我们编写《参考语法》提供试验场所。

5. 开放性

《参考语法》应该是开放的,可以利用网上资源实现《参考语法》的开放性。我们可以在网上征集语法问题,集广大网民的智能和经验，同时把我们的成果反馈给广大用户。这样可以一边做，一边用。

理论研究和应用研究各有特点，如何把二者有机地结合起来是一个很大的课题。我们准备编写的《参考语法》是希望把两者有机结合起来的一种尝试。

附　注

①感谢香港教育学院张洪明博士的邀请，使我有机会参加亚太地区第一届中文教学工作坊，在那里我听到了很好的意见。同时也要感谢参加工作坊的陆俭明教授、戴浩一教授、李宇明教授、马庆株教授等，他们为本文的修改以及对《汉语教学参考语法》的编写都提出了宝贵的意见。

②源于20世纪70年代中期的一场语言学运动。这场运动的动力来自美国逻辑学家 Richard Montague(1930 – 1970)的思想，主要是用形式语义学的概念和方法分析自然语言。具体做法是建立严格对立的两个部分：句法部分和语义部分。在两个层面上建立的范畴一一对应。句法通过范畴规则引入。这类规则定义句法范畴并构建短语结构语法(phrase structure grammar)。参见戴维·克里斯特尔编的《现代语言学词典》，沈家煊翻译，商务印书馆2000年出版。又见 *The Concise of Oxford Dictionary of Linguistics*, Oxford University Press 1997。

③1952年由 F. W. Householder 提出。指这样一些语言学家，他们相信他们业已建立的一些单位和范畴等等是语言中的真实存在。他们的想法正好与"变戏法派"(hocus pocus)相反；后者不相信所谓的上帝真理。参见 *The Concise of Oxford Dictionary of Linguistics*, Oxford University Press 1997。

④白俄罗斯国立大学学者郭德(Гордей А.Н.)教授正着手编写《汉语语义教程》，就是用逻辑语义学的方法描写汉语语法并将它引入课堂教学。

⑤陈平先生2000年12月在北京语言文化大学的学术报告中曾提到信息流的问题，我深受启发。

⑥实际上不可能有解决所有语法问题的方案，只是我们应该朝着这个目标努力。

⑦有人严格区分"习得"和"学习"两个概念，也有人不加区分。我们这里

也不加区分。

⑧我们正在对学习策略和学习效果的关系进行研究,还只有一些初步的认识。

⑨该项目是中国教育部“教育部百家人文社会科学重点研究基地”立项的重大项目,其中一个子课题就是中介语语料库语法项目调查。根据这个调查,我们可以得到外国学生在运用汉语时常见的语法问题。

⑩本课题得到教育部百所人文社科重点研究基地项目资助,项目批准号:2000ZDXM40006。

第三节 认知语言学的研究范围和研究方法*

3.1 语言的认知研究与认知语言学

语言认知研究的历史可以追溯到很久以前,但是认知语言学的兴起却是最近20年的事。语言的认知研究可以分为两个方面:一个方面是基于心理学的研究(the psychological approach),一个方面是基于语言学的研究(the linguistic approach)。基于心理学的研究注重语言的感知、语言理解、记忆、注意力、推理等方面的问题;基于语言学的研究则比较注重语言的形式类、语言符号的意义、形式和意义之间的操作、意义-概念与外部世界的联系等方面的问题。

语言的认知研究涉及到的一个根本问题就是语言是什么的问题以及语言以什么样的方式和结构存在的问题。

关于语言是什么的问题,不同的人有不同的看法。这些看法基本上可以区分为两大类:一类认为语言是一种客观现象,它独立于人的认识主体——心智之外,因此可以作为一个纯客观的研究对象来对待。另一类认为语言与人的心智有一种互相依存的关系。语言不是一种纯粹客观的现象,因此研究语言必须与语言所赖以存在的心智联系在一起。什么是语言?这个问题看似简单,实际上是语言学领域一个根本性的问题。语言学不像别的学科,研究对象很明确,语言学的研究对象一直与别的学科有粘连。如果研究对象不确定的话,一切都会成为问题。索

* 本节主要内容曾在"汉语学习与认知国际研讨会"(北京)上宣读,金立鑫、方经民先生曾提出很有价值的意见,特此致谢。

绪尔在讲到语言学的材料和任务时,开宗明义地说:“语言学的材料首先是由人类言语活动的一切表现构成的,”[①]那么人类言语活动的表现应该包括哪些内容呢?当然首先就是语言本身,因为人类言语活动是建立在语言基础上的,没有语言什么都谈不上。所以还是应该首先回答什么是语言这个最根本的问题。迄今为止,各种语言学的著作和非语言学的著作对“语言”做过几十种界定,[②]因为观察角度不同,“横看成岭侧成峰”。对什么是语言进行界定可以有不同的视角。从语言的自然属性上说,语言是一套符号系统;从语言的社会属性上说,语言是社会的交际工具;从语言的心理属性上说,语言是思维的工具。索绪尔注意到了语言学研究对象的多面性,认为语言学与其他学科不同的地方在于它研究对象的多重属性。如果把语言看成是人类言语活动本身,那么语言学的研究对象就应该是动态的言语过程;如果把语言看成是静态的符号系统,那么语言研究的对象就应该是静态的语言现象。麻烦的是这种现象不纯粹是自然现象,它又是社会的产物,它是在社会中形成的并在社会中运用的。如何才能找到语言学完整的研究对象呢?因为我们无论从哪一方面去着手解决问题,“任何地方都找不着语言学的完整对象;处处都会碰到这样一种进退两难的窘境:要么只执著于每个问题的一个方面,冒着看不见上述二重性的危险;要么同时从几个方面去研究言语活动,这样,语言学的对象就是乱七八糟的一堆离奇古怪、彼此毫无联系的东西。”[③]索绪尔很明确地提出,我们“一开始就站在语言的阵地上,把它当做言语活动的其他一切表现的准则。”[④]索绪尔强调要把“语言”和“言语”分开,语言学的研究对象是语言本身。他说:“语言这个对象在具体性上比之言语毫不逊色,这对于研究特别有利。”[⑤]做这样的区分十分有利于语言学研究对象的确定,而且把言语活动的复杂性也揭示出来了。

关于语言是以什么样的方式和结构存在的问题,我们必须追寻语言证据存在的处所。也就是说,我们必须了解语言在哪儿。语言是一种心理符号,它以特定的方式与人类的心智和人类生存的外部环境处于一种共生的状态中。而心智和人类生存的外部环境都与人类的认知能力有关。语言的认知研究就是一种语言学和心理学在理解人类概念结构方面的统合。人类的语言在结构上对应以下一些范畴:

① 概念结构(the conceptual structure)

② 外部世界(the world)

③ 知识系统(the knowledge system)

概念结构是人类认知系统的基础。人类认识自身及世界离不开概念化的过程。而概念化的过程包含两个方面的能力:一是抽象能力,二是想像能力。概念系统的外在表现形式就是语言。概念有它自身的结构方式,但是概念的存在和发展与语言的存在和发展是一种共生关系。

外部世界表现为实体以及它们的属性。外部世界是独立于人的主观认识之外的,但是对外部世界的描写和刻画离不开人的概念系统。人们总是用自已所熟悉的概念去理解和认知外部世界的实体。语言的形式和意义通过概念结构与外部世界建立起一种映射关系。

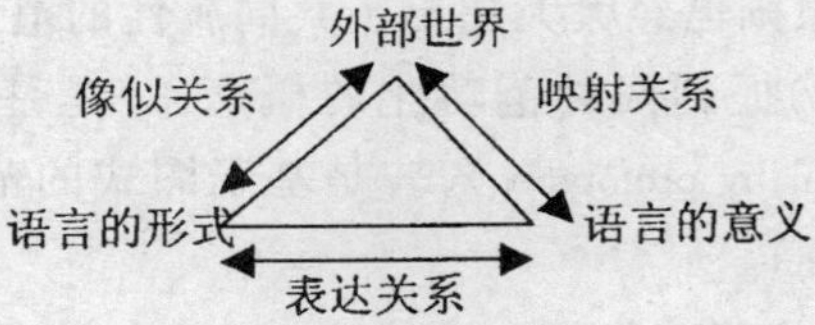

知识系统是人类认知经验之和。人类的知识系统涉及到人类对外部世界的分类,涉及到人类对外部世界实体的认识,涉及

到人类对实体属性的认识，以及实体与实体之间关系的认识。知识系统的表述离不开语言，而语言的表达和理解又必须依赖于知识系统的支持。

3.1.1 基于心理学的语言认知研究(The Psychological Approach)

基于心理学的语言认知研究从基本的认知系统的视野着手来研究语言，其中关于感知、记忆、注意和推理的研究都有很长的历史(Talmy L. 2000)。这方面的研究都以实验室实验或仪器探查为手段。传统的实验技术手段都比较落后。随着现代科技的发展，基于心理实验和脑神经的研究已经取得了新的进展。例如大脑扫描及脑成像技术，可以为语言的感知提供直觉的证据，但是它们所能解决的语言学问题还很有限。

3.1.2 基于语言学的语言认知研究(The Linguistic Approach)

基于语言学的语言认知研究主要关注以下几个方面的问题：

3.1.2.1 形式类(formal categories)语言形式类的研究是语言学的基本任务之一。范畴和范畴化问题是形式类研究的核心。认知语言学关注范畴是如何展现人类心智的这一基本问题。也就是说，我们是如何对事物进行分类的。传统的关于范畴的理论是建立在共同属性的基础上的，这只是真相的一小部分。近年来的研究清楚地表明范畴化的问题远远比这个复杂。其中原型理论(prototype theory)发现人类的范畴化遵循一些基本的原则，这些原则已经大大超出了共同属性的范围。不仅如此，Langacker(1987)提到两种范畴化的概念：一是基于原型的范畴化(categorization by prototypes)，一是基于图式的范畴化(categorization by schema)。

基于原型的范畴化可以这样表述：一个类当中有一个最典型的成员，它就是这个类的原型。该类中的其他成员根据它们与原型的相似程度与原型具有相应的对应关系。这种相似程度是有层次的,有的成员与原型相似性多一些,有的成员与原型相似性少一些。

基于图式的范畴化理论与原型理论正好相反。图式是另外一个概念,一个图式可以涵盖该图式中的所有成员。图式是建立在所有成员的共同特征的基础上的,图式中的各个成员是不分层次的。

从亚里士多德到维特根斯坦后期的著作,范畴问题都被认为是没有什么问题的。它们被假定为一些抽象的容器,事物不是在范畴内就是在范畴外。当事物具有某些共同属性时,它们才被归为一类。认知语言学关心的是我们范畴化的过程,而这个问题涉及到我们如何思维、如何活动以及是什么使我们成为人类而区别于其他生物。事实上,无论是具体的还是抽象的事物,没有人能提供全部的范畴。范畴化是人类经验和想像的结果:它一方面来源于感知、行为活动以及文化的交互作用;一方面来源于隐喻、转喻以及心理印象等认知途径。对范畴本身的认识将会改变我们对世界的理解。

词类问题是范畴化问题的一个很好的例证。它涉及到两个问题:一是词类是什么样的类,它本身的样态是什么样的;二是我们如何归纳或者分别词类。前者是范畴本身的问题,后者是我们的认识问题。理想的范畴应该是一个界限清楚的范畴,范畴内所有成员共同拥有某些普遍属性,他们与范畴外的成员形成鲜明的对立。

汉语的量词也涉及到说汉语的人对事物进行分类的心理机制问题。每一个量词都是一个类的标记,它所管辖的成员在原型的基础上聚合在一起。

3.1.2.2　意义 meaning 要研究意义必须知道意义在哪儿。认知语言学认为意义就在我们能够意识到的经验当中(Talmy 2000a)。内省的方法是找到意义之所在的必由之路。当然,内省应该有一些严密的限制。意义以特定的结构形式存在,意义与客观世界之间存在着映射关系。意义涉及到认知域的范畴,比如空间、时间等意义范畴。每一个意义范畴都包含着一些次范畴。意义所指涉的认知域是一个层级系统,起始于一,终止于万物。语言中的意义除了规约意义之外还有语用意义。认知语言学关注意义中最基本的范畴。例如首先把事物(things)分成客体(object)和运动(motion)两大范畴,客体涉及到静态的事物,运动涉及到动态的事物。客体又可以分为具体的(concrete object)和抽象的(abstract object)两个次范畴;运动又可以分为行为(behavior)和活动(activity)两个次范畴。依此类推。

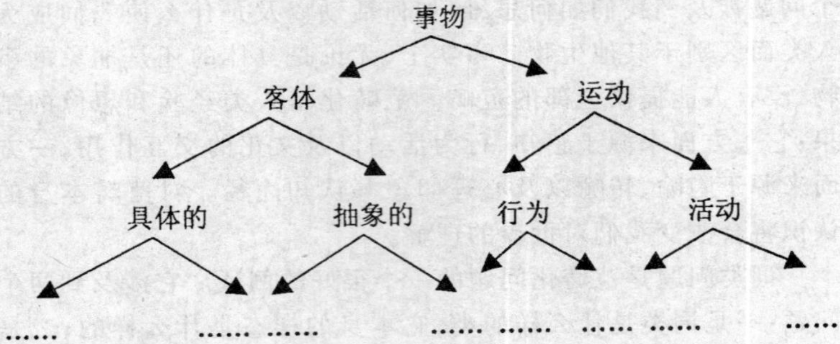

每一个范畴都可以从不同的角度进行刻画。例如运动与场景相关,而场景又可以分为真实的场景(factive scene)和虚拟的场景(fictive scene)。运动通常可以分析为孤立的或连续的事件(event),而事件又可以分析为事件的使因(cause)和结果(effect)。事件的使因可以用力(force)的分配来解释。例如力的动力来源(source)、方向(direction)和目标(target)。所以意义的认知研究应该涵盖以下一些内容:

空间和时间 space and time

场景和事件 scenes and events

实体和过程 entities and processes

运动和方位 motion and location

动力和致使 force and causation

意义的问题还涉及到语义的记忆、概念的社会性、范畴的结构性、推断归纳、语境知识等方面。意义可以从形式的角度分析各级语义单位的形式属性,也可以从功能的角度研究意义的发展变化、意义的理解、意义与概念的关系、意义的心理结构、意义与形式之间的接口等等。

3.1.2.3　形式与意义的操作(operations between the form and the meaning)

形式和意义之间的操作是认知语言学关注的问题之一。每一个形式类都与一定的意义有对应关系。由于形式类的抽象程度不同,它所对应的意义也不相同。不同的语言在形式和意义操作界面上可能会有不同的表现。例如印欧语的语法范畴性、数、格、时、体、态等。每一个范畴类的意义都有相应的语法形式,但是不是所有的语言都有相同的范畴类。即使有相同的范畴类,也不一定有同样的语法手段。认知语言学要探讨人类语言形式和意义之间的普遍规律,而这些普遍规律表现为类型学的型式(typological patterns)。

意义是语言三个要素的核心部分。意义可以分为词汇意义和语法意义两类。词汇意义是一个开放的类。而语法意义是一个封闭的类。词汇意义和语法意义有不同的认知表现(cognitive representation, CR)。语法意义的描述可以有不同的参照系。例如"事件"这一概念涉及到一些相关的意义范畴,这些意义范畴可以由拓扑学的和非拓扑学的语法元素来确定:

拓扑学的或类拓扑学的

点 point

延长线 linear extent
方位性 locatedness
在内 within
区域 region
边 side
单数性 singularity
复数性 plurality
相同 same
不同 different
点的毗邻"adjacency"of points
一一对应 one-to-one correspondence

非拓扑学的
物质 material
空间 space
时间 time
运动 motion
中介 medium
当前指示的/交际中的实体 entities currently indicated/communicating

形式和意义之间的操作在形态学和句法学层面上有不同的内容。在形态学层面,认知语言学研究的词汇语义问题包括单个语素的语义基础。但是关注更多的还是单独的或与其他类组合而成的某一类意义的系统形式。要完成这个任务,就要引入图式系统的概念。因为图式是"构型的结构"(configurational structure),是更加概括的意义范畴。句法层面的意义与表达和功能联系在一起,表达和功能中的问题涉及到信息的结构和形

式类的选择。表达与情景联系在一起,情景又可以分解为不同的元素。例如:

运动事件 motion event
同现实件 co-event
态 manner
使因 cause
运动情景 motion situation
　　施事性 agency
　　意图 intention
　　意志 volition
　　驱动力 force dynamics

3.1.2.4 概念和概念化(the concept and the conceptualization)(Talmy 2000a)

概念结构的语言表现是认知语言学关心的另一个核心问题。概念和概念化是两个不同的侧面:概念结构研究的是概念的形式,而概念化研究的是概念形成的过程。这方面的研究一是从语言中概念的角度考察概念的形式类,一是从功能的角度研究句法结构从而了解概念结构的外在表现。如何理解人类语言的概念结构、人类语言是如何表现概念的、概念系统的形成和发展过程是什么样子的、语言学和心理学在概念组织的认知理解方面如何统合、现象学的概念内容及其在语言中的结构形态等等,构成了认知语义学的主体。

3.2 认知语言学的研究范围

3.2.1 认知语言学的基本问题:人类语言与心智

认知语言学的基本问题是语言和心智的关系问题。关于心智的研究有很多角度:心理学、语言学、人类学、哲学以及计算机科学。我们必须回答:什么是推理?我们的经验如何起作用?概念系统是什么以及它们是如何组织的?是不是所有的人都用同样的概念系统?如果是,这个系统是什么?如果不是,人类思维的共同方式是什么？关于这些问题有不同的答案，传统的看法与最新的研究有不同的回答。比如关于推理，传统的观点认为推理是抽象的，不能具体化的；而新的观点则认为推理有具体的基础。传统的观点认为推理是命题的朴实而又基本的客观上的真与伪；而新的观点则认为推理是以想像为中心的隐喻、转喻和心理意像。不管是传统的观点还是现在的观点，都同意范畴化是使我们的经验起作用的主要方式。因此范畴化的问题是认知语言学的核心问题。关于范畴化的问题，原型和基层范畴的理论有很重要的地位。传统的观点被称为客观主义范式（the objectivist paradigm）。他们认定理性的思维包括抽象符号和意义之间的运算，而意义客观地对应和注解外部世界，它独立于人的认知机制之外。而认知语言学的研究表明，人类的推理不是这样的：思维是具体的，思维是想像和抽象的结果；思维具有完型性，不是原子主义的；思维具有生态结构，概念结构可以用认知模型来刻画（Lakoff，1987）。

3.2.2 认知语言学的研究：语法研究与语义研究

3.2.2.1 语法与认知的关系 the relation of cognition to grammar

语法涉及形式和意义两个方面。与形式语法相反，认知语言学不认为语法是纯粹的形式问题，也不认为意义是基于真值和参照的；同时不承认有一个上帝真理、有一个惟一的理解孰是孰非的正确途径。认知语言学可以为形式的分类提供分类学之外的解释，也可以为形式类的替换和变化提供动因上的解释。认知语法不仅在宏观上建构语法的认知模型，而且在语法的微观层面上为解释许多语法问题提供了新的视点。

3.2.2.2 构型结构/图式化 the configurational structure/schematization

构型结构也就是图式化的系统。这个系统包括空间、时间或其他可定性的语义域的图式结构或者几何描述。例如空间方位、指示系统、关联系统、时体标记、数量标记等 Talmy (2000a)。提到七种构型系统的图式范畴：

1. 数态 plexity：单数和多数。

2. 界态 boundedness：有界和无界。(沈家煊，1995)

3. 分割 devidedness：数量的内部分割，无界和无隙。连续和离散的概念。

4. 数量的配置 the disposition of a quantity：类的交叉。比如离散/连续范畴与有界/无界范畴的交叉。

5. 扩展的分级 degree of extension：点、有界的延展、无界的延展。

6. 分布型式 pattern of distribution：时间中的行动、空间中的事物的分布型式既可以用语法手段来指别，也可以用词汇手段来指别。事物和行动都有不同的分布态。例如时间中的行动图式有以下几种：

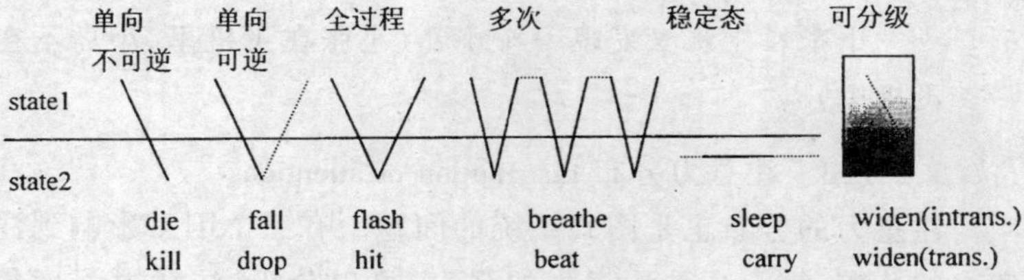

7. 轴对称 axiality：成对儿的形容词如 well/sick 在和程度副词例如 slightly/almost 共现的时候，语法形式上常常有差异，表现出不对称的现象。例如：

He's slightly sick/past the border.
He's slightly *well/*at the border.

He's almost well/at the border.
He's almost ? sick/? past the border.

8．场景分配 scene partitioning：主和客、参与者的数量、参与者之间的关系、内部投射、外部投射。以动词为例："会见"包含主和客两个成员；"商量"也必须包含主和客两个成员，同时还要有一个相关的话题。"生气"这个动词我们不知道有多少参与者；但是"聚会"这个动词涉及的参与者一定大于二。"会见"双方的关系是平等的；而"接见"和"晋见"参与者之间的关系是不平等的。"会谈"涉及的两个参与者是互动的；但是"参观"涉及的两个参与者却是单向的。场景的分配与我们对事物和行为的认识有密切的关系。我们在描述一个事件的时候总会关注到事件的参与者，这是很好理解的。

构型结构还包括视点（位置、距离、状态、方向、视角）问题。例如：

小张在树林里发现一条蛇（小张和蛇都在树林里）

小张在书包里发现一条蛇（蛇在书包里，小张不在书包里）

小张在飞机里发现一个小岛（小张在飞机里，小岛不在飞机里）

3.2.2.3　注意力分布 distribution of attentions

注意力的分布也是图式系统的问题。有三个因素影响到注意力的分布：第一个是注意力的强度，可以分级，注意力强度最高的成分为凸显部分。注意力的强度安排跟背景/前景有关。第二个是注意力的型式，例如注意力的焦点、注意力的视窗、注意力的层次等。第三个因素是注意力的匹配，即注意力型式的某一部分跟参照场景中某一区域的匹配。例如同一个事件或事实，在表达上可以有不同的说法。这些不同的说法反映的是注意力分布的差异：

臣屡战屡败。（注意力的焦点在"败"上）

臣屡败屡战。(注意力的焦点在“战”上)

老张工作很努力,但成绩不是很好。(注意力焦点在“成绩不是很好”上)

老张成绩不是很好,但工作很努力。(注意力焦点在“工作很努力”上)

3.2.2.4 认知的物力论偏向 a cognitive bias toward dynamism

物力论是以力及其相互关系来解释宇宙的。在人类的认知活动中,用力以及力与力的相互关系来构建语言世界和外部世界的倾向是很明显的。虚拟的运动可以解释为源域(the source domain)到目标域(the target domain)的映射,目标域是静止的;反之,假定源域是静止的,运动为目标域到源域的映射,那么这种映射可以理解为认知的静力论(staticism)倾向。源域是真实的,映射的目标域是虚拟的。例如:

爱情是一个旅程。

婚姻是枷锁。

社会是一个大熔炉。

X是Y,这是一个由源域映射到目标域的映射模式。X为源域,Y为目标域。运动的方向是 X → Y。由于有了虚拟的认知方式,有了诸如由X映射到Y这样的物力论倾向,我们才可以用有限的概念范畴涵盖更多的概念范畴。

3.2.2.5 知识结构 the structure of knowledge

我们的知识是以什么样的结构方式存在的?语言如何利用知识和受制于知识?我们的知识是如何得来的?这些都是认知语言学要回答的问题。比如说我们关于空间的知识,来源于我们生活的环境,空间的概念、参照系、空间关系的表达都依赖于我们的知识。例如:

我们在火车上认识的（真实空间,参与者在场）

我们在家长会上认识的（隐喻空间,参与者在场）

我们在网上认识的（虚拟空间,参与者部分在场）

我们在书上认识的（隐喻空间,参与者不同时在场）

尽管属于不同类型的空间概念,但是我们依然可以毫无障碍地表达和理解。这说明我们的知识在起作用。那么,知识究竟是以什么样的结构方式存在的呢？认知语言学认为知识可以分为科学理论（scientific theories）和大众理论（folk theories）两类,它们都是按照一定的层级有组织地存在的。和语言关系密切的往往是大众理论。例如根据科学理论,我们都知道是地球围绕太阳旋转,但是语言表达中仍然有这样的句子:“太阳东升西落”,我们居住的地球成了静止的参照物。知识来源于我们的生活经验。例如:

a.连女孩子都不哭

b.连男孩子都不哭

根据我们的知识,接受和理解 a 不存在障碍;但是 b 却和我们的知识相距甚远。（参看第一章第三节）

3.2.2.6　概念结构 the concept structure

认知语义学把概念结构作为研究课题,因为概念与语义有密切联系。概念是按照一定的逻辑结构存在的,概念是人类认识世界的结果,又是人类进行理性思维和推理的基础。语言当然离不开概念,了解概念当然也不能离开语言。但是概念系统是如何构造的,我们不是很清楚。概念属于知性的范畴,知性和语言、世界是互相依存的三个领域,它们各有各的属性特征。世界独立于人的认识主体之外,但是知性和语言都是认知主体不可分割的一部分。认知语言学主要研究概念属性的外在表现,从语言的视角研究概念的形式特性,从功能的角度研究句法结构从而了解概念的结构。

3.2.2.7　实与虚 the factive and fictive aspects

"眼见为实,心想为虚"。认知语言学认为虚拟的认知现象比真实的认知现象更为普通。实与虚是现实世界的概念。在语言世界里,我们无法对外部世界做真假判断,但是我们可以判断什么样的表达是虚拟的,什么样的表达是真实的。例如:

虚拟的:时间是一条河。

真实的:时间不是一条河。

实与虚的问题涉及到外部世界:同一个客体的两个不同的表述,我们会把更加接近真实的那个表述确定为"真实的"(factive);把不那么接近真实的表述确定为"虚拟的"(fictive)(Talmy,2000a:100)。这里的真实用的是 veridical,而不是 true。认知语言学的真实只是说在认知评价里实在性更多一些,而不涉及现实的、客观的真实。

3.2.3　认知语言学的研究取向:语言 - 世界 - 知性(Language-World-Ception)

认知语言学的研究取向是三元论的。前面说过,认知语言学的基本问题是人类语言与心智的关系问题,而在认知语言学的理论框架中,语言、世界和知性的关系是不能回避的。语言从自然属性上说是一套符号系统,从社会属性上说是人们用来交际的工具,从心理属性上说是人们的思维工具。所以语言不单纯,它既是一种自然现象、又是一种社会现象,语言的存在与知性的主体密不可分。世界是一种客观存在,但是世界的存在方式会影响到人的知性,也会影响到人的语言结构。人是客观世界的产物,人的经验和知识来自于人类对客观世界的感知和认识。所谓知性(ception)涵盖了心智概念的两个方面:一是感知(perception),一是概念(conception),这同时也等于说涵盖了所有的认知现象(Talmy 2000a:139)。感知和概念也是不可分割的,概念的存在和概念的结构都是建立在人们对世界感知的基础上的。认知语言学除了关心语言本身的问题以外,还关心跟语言密切相关的外部世界和内部世界(知性)的问题。

3.2.4　认知语言学的理论模型

3.2.4.1　原型理论。原型(prototype)是一个范畴的典型成员,范畴的其他元素由于跟典型成员的可以被感知到的相似性而被吸收到这个范畴中成为该范畴的成员。由于每个成员与典型成员之间的相似程度不同,因此成员是可以分为不同等级的(Langacker1987:371)。原型理论在处理分类的问题时解释能力很强。作为原型的典型成员是范畴类的最好样本,而其他样本在样本资格上是可以排出次序来的。在信息加工心理学的影响下,有人在实验中把原型效应与心理表征联系在一起,认为原型等于心理表征阐释:范畴在心智层面上表现为原型(即最好样本)。其他元素的成员等级取决于它们与原型的相似度(Lakoff1987:137)。这里至少可以有两种解释:一种解释,原型是一种抽象、一种图式、一个特征集束;另一个解释,原型是一个好样本、一个典型例子。

3.2.4.2　标记论。标记论(markedness)是认知语言学的另一个理论基础。在语言中一些形态范畴是有标记的,如英语里的复数用语素-s来标记;而另外一些形态范畴是没有标记的,如英语里的单数。这样,在"数"这个范畴上,英语就表现出一种不对称。标记论研究的就是语言范畴中特定的不对称形式。(Lakoff 1987:59-61;549)语言形态范畴上的不对称有好多表现形式,因此标记论可以解释很多语言现象。(沈家煊,1998)

3.2.4.3　范畴化理论。范畴化(categorization)是一个动态的概念,它是人类认知中的一种过程。"它指的是人类在歧异的现实中看到相似性,并据以将可分辨的不同事物处理为相同的,由此对世界万物进行分类,进而形成概念的过程和能力”。(张敏,1998:50) 语言的范畴化有两重含义:一是语言使用者对客观世界进行分类,一是语言学家对语言本身进行分类。因此范畴化问题是认知语言学的一个重要课题。人们对客观世界的认识是以范畴为基础的。范畴反映了人类心智活动的各个层面,所以范畴化的过程本身就是人们认识外部世界的过程。原型理论和家族相似性理论都是用来解释范畴化问题的。在范畴化问题上,原型理论和家族相似性理论实际上代表了两种认知模式。范畴化的问题几乎涉及到认知语言学的所有理论,包括我们下面还要谈到的意像图式理论和隐喻理论。

3.2.4.4　意像图式理论。意像图式(image schema)理论是认知语言学的另外一个重要的理论基础。这个理论包含两个重要内容:一是意像,一是图式。意像在认知语言学中有不同的互不相干的意义,指称互不相干的现象。Langacker(1987:110)的意像概念是为描写语义结构以及与语义相关的句法结构。Langacker 在使用意像这个概念时区分了不同的层次:意像经常用作为隐喻(或象征语言)的代名词,Langacker 不取这种用法;作为感性意义出现的意像用来指那些可以限定的感觉印象、视觉印象和听觉印象等,Langacker 也不取这种用法;langacker 在使用意像(image, imagery)这个概念时是把它跟我们的认知能力联系在一起的。例如我们可以用不同的意像构建相同的客观场景:

(a) The clock is on the table.

(b) The clock is lying on the table.

(c) The clock is resting on the table.

(d) The table is supporting the clock.

为了解决意像和场景的认知问题,Langacker 采用了一些另外的概念:注意(attention)、焦点调整(focal adjustment)、视角(perspective)、视点(viewpoint)、基底 - 侧面(base-profile)、辖域(scope)、图形 - 背景(figure-ground)、射体 - 地标(trajector-landmark)、凸显(salience)、抽象(abstraction)等等。语言的表达和理解就是靠这些概念来分析的。这些概念基本上包含了外部世界的各种关系:空间、动觉和方式,这就是意像。我们的认知主体大脑通过意像联想建立起一个关于外部世界的投射世界(projection world),形成系统的概念,并在概念之间建立起逻辑联系。这是我们的认知能力,这个能力来源于我们的经验,因此认知语言学被称为经验主义的语言学。

图式是与意像相关的一个概念,所以在认知语言学的著作里常常使用意像图式(image-schema)这个术语。简单地说,图式就是结构化了的意像。在认知系统中,除了通过意像建立起来的基本范畴外,我们对范畴之间的关系的认识形成稳固的模式,这些稳固的模式可以用具体的意像范畴来隐喻抽象的意像范畴,这个过程就是图式化的过程。这是人类认知系统中联系抽象关系与具体意像的组织结构,其形成过程有赖于人类的经验和知识的积累。也就是说,我们对世界各种复杂关系的认识都肇始于我们自身的生活经验,例如我们对空间的认识肇始于我们的身体与空间世界的互动关系。语言表达一定会反映这种认知倾向。Heine(1997)对大洋洲土著语言及非洲语言的类型学研究表明:"前、后、上、下、里"等基本方位概念的认识起源于"身体部位"(body-part)。下面的统计数字很有意思:

方位概念	身体部位	非洲诸语言	大洋洲诸语言
上	头	87%	61%
	面	4.3%	14.6%
	肩	4.3%	10%
	发		7.3%
	额头		7.3%
	背	4.3%	
下	臀部/肛门	84.6%	
	足/腿	15.6%	55.6%
前	面	52.8%	72.1%
	眼睛	15.7%	
	胸	6.7%	11.8%
	额头	8.9%	2.9%
	口	6.7%	
	头	6.7%	
	肚子		7.3%
后	背	77.7%	95%
里	肚子	92.1%	17.7%

如果我们反观汉语的话，身体部位与我们基本的方位概念也是有关系的：

头：头里、头前、头几排（空间的“前”）

首：首位（空间的“前”）、首先（时间的“前”）

背：背后、背面、背阴（空间的“后”）

目：目前/眼前（空间和时间的“前”）

汉语里的“左”和“右”原本就是左手和右手。认知域的转移是有规律的，比如从身体部位到空间概念的转移有四个阶段（Heine 1997）：

阶段一：人类身体畛域

阶段二：生命体畛域

阶段三：物体相关畛域

阶段四：物体分离畛域

这四个阶段越来越抽象。但是都离不开认知经验的某种固定模式：图式。Lakoff 和 Johnson (1980)认为在身体经验的基础上建立起来的孕于身体的认知图式是先于概念而存在的。例如路径图式、容器图式、部分－整体图式、中心－边缘图式、系联图式等都源于我们的身体经验，独立于我们的空间概念。

3.2.4.5 隐喻和转喻(metaphor and metonymy)。隐喻是一种重要的认知模式，可以这么说，没有隐喻，我们就无法表达某些概念。语言中的不同概念范畴之间通过隐喻机制建立起来联系。Lakoff(1987:8)在讨论原型理论的时候提到"人类的范畴化基本上是人类经验和想像的事情，一方面是感知、动觉活动和文化，另一方面就是隐喻、转喻和心理意像"；他又说，人类的推理也同样依赖这些要素。隐喻过程是在不同的认知域中建立联系，而源域(source domain)和目标域(target domain)之间的连接是基于一种相似性。例如：

空间域 ——————→ 时间域
(源域) (目标域)

Lakoff 和 Johnson (1980) 把隐喻分为三类 (参看赵艳芳 2001)：结构隐喻、方位隐喻和实体隐喻。我们说"时间就是金钱"是结构隐喻，它是以一种概念结构来构造另一种概念结构。"时间"和"金钱"在概念结构上具有相似性，我们可以说"花时间"、"花钱"；也可以说"浪费时间"、"浪费金钱"。"情绪高"、"情绪低"是方位隐喻，在这里我们利用属于空间概念的"高低"来隐喻情绪这样抽象的概念。"孩子们在书本中汲取知识"是实体隐喻，在这里我们把抽象的概念"知识"隐喻为实体，并把一种实体"孩子们"隐喻为另一种实体——容器，因为只有容器才会"汲取”。隐喻总是用我们经验中离我们较近的事物作为源域，用它们来表达我们经验中离我们较远的事物。我们的身体部位是离我们最近的事物，因此最容易成为隐喻的本体。例如：

本体	喻体
手	生手
脚	山脚
腰	山腰
头	笔头
腿	桌子腿
眼	泉眼
耳	耳房
口	路口

转喻跟隐喻不同，它不是在两个概念领域中建立联系，而是利用事物的多重属性凸显其中最容易记忆和理解的一个。例如我们用“大鼻子”来指代俄国人，因为大鼻子是外显的容易记忆的属性。转喻也是重要的认知基础，它也同样是以我们自身的经验为基础的。隐喻是一个认知域在另一个认知域中的整体投射，而转喻是用一个认知域中凸显的属性来代替另一个认知域的事物。

3.2.4.6　家族相似性理论。家族相似性（family resemblance）理论说的是在某一个范畴中成员与成员之间有关系，它们靠某种相似的属性成为这个范畴中的成员；但是可能该范畴中的所有成员不一定拥有任何共同的属性，尽管这些共同的属性是用来定义这个范畴的（Lakoff 1987：12～16）。就像家族成员一样，成员和成员之间可能有某些相似性，而全体家族成员却可能找不到一个共同的属性特征。家族相似性理论可以用来解释分类的问题，如袁毓林（1995）利用相似性理论来解释词类范畴的问题，就是家族相似性理论的具体运用。范畴问题是认知语言学的一个核心问题，因此家族相似性理论与原型理论、意像图式理论、典型性等级理论等构成了认知语言学范畴化理论的基础。

3.2.4.7 像似性动因假说。像似性（iconicity）有人翻译为临摹性，说的是语言成分之间的距离反映了所表达的概念成分之间的距离。换句话说，语言的表层形式在编码时距离越近，它所反映的概念（语义）成分也就越近。这就是语言形式对意义的临摹。这一假说可以用来解释语序排列的前后顺序问题，而且这一假说也得到了语言类型学的有力支持。张敏（1998）对汉语名词短语的研究是一个很好的例子。像似性动因假说完全是建立在经验主义基础上的。像似性的问题是认知语言学的另一个主要理论基础，尽管这个问题并不是认知语言学家提出来的。像似性与任意性是针锋相对的，它指的是名与实之间的可论证性，即理据性。关于像似性问题的历史发展脉络以及像似性类型的描述，张敏（1998）有详细的介绍，自不赘述。

3.2.4.8 可触知性（palpability）及其他。世界上的事物纷纭复杂，但是并不是一团乱麻，而是有章可循的，可以用有限的范畴来概括的。笼统地说，事物可以分为具体和抽象两类。但是如果要细分下去，其间的差别又是无法说完的。可触知性是我们衡量事物外在属性的一个刻度。可触知性有四个层次：（Talmy 2000a：140～143）

（1）完全具体的层次

（2）半具体的层次

（3）半抽象的层次

（4）完全抽象的层次

可触知性是一个梯度参数，与可触知性相关的参数还有：

（1）可触知性参数 the parameter of palpability

(2)透明度参数 the parameter of clarity
(3)强度参数 the parameter of intensity
(4)实体的显性程度 the ostension of an entity
(5)客观性参数 the parameter of objectivity
(6)定位化的梯度参数 the gradient parameter of localization
(7)可指认性的梯度参数 the gradient parameter of identificability
(8)内容/结构参数 the content/structure parameter
(9)几何型式 the type-of-geometry
(10)意识可及性的梯度参数 the gradient parameter of accessibility to consciousness
(11)确定性参数 the parameter of certainty
(12)可激活性参数 the parameter of actionability
(13)刺激依赖性的梯度参数 the gradient parameter of stimulus dependence

以上这些参数在我们的认知加工过程中都是可以计算的。它们牵连语义认知的许多方面。

3.3　认知语言学的研究方法

3.3.1　认知语言学几个基本假定

认知语言学对语言的认识决定了它的研究方法。而认知语言学对语言的认识是建立在以下一些假定的基础上的:(Heine 1997)

1. 语言的主要功能是传达意义。为什么语言会这样用,为什么语言会这样构造是首先应该回答和考虑的问题。

2. 特定形式表达特定意义是有动因的(motivated),而非任意的(arbitrary)。这里"有动因的"意思是说语言形式不是任意创造的,当它们引入特定功能时是有意义的。

3. 既然语言运用和发展的动因是在语言结构之外的,那么语言的外部解释比语言的内部解释更有力量。

4. 语言是历史的产物,因而首先应该对造就这种产物的动力进行解释。

5. 历时和共时的区别来源于不同的透视域,而非来源于事实本身。

6. 语法变化是单一方向的:从词汇到语法,从语法再到更加语法化的形式。

所谓动因包括结构上的动因。心理学上的动因和发生学上的动因、而发生学上的动因是语言学家最关心的问题,因为它最少依赖理论,最容易以历史证据来证明。

3.3.2 内省的方法及其限制

内省(introspection)是认知语言学最重要的方法,也是认知语言学受到误解和非议最多的地方。由于认知语言学研究的内容涉及到心理现象和意识结构,因此在方法论上只能采取非直接分析法:对比和抽象。正如其他科学方法要受到严格限制一样,内省法也要接受严格限制和辅以其他一些参证分析方法:

1. 别人的内省报告
2. 话语的数据分析
3. 跨语言分析
4. 历时分析
5. 语境和文化结构评估
6. 心理语言学的观察与实验技术
7. 神经心理学的实验
8. 神经科学的仪器探查
9. 类型学方法

我们可以看到这些参证的方法都是实证的方法。认知语言学发展到今天,已经明确了研究对象和研究范围,有了独立的区别于其他语言学流派的理论基础和研究方法。应该说,基于经验主义和非客观主义的认知语言学是有前途的。

附　注

①索绪尔《普通语言学教程》中译本第 26 页，商务印书馆，1996 年版。

②参看参考文献。

③索绪尔《普通语言学教程》中译本第 29 ~ 30 页。

④索绪尔《普通语言学教程》中译本第 30 页。

⑤索绪尔《普通语言学教程》中译本第 37 页。

参考文献

Alverson, H. (1994) *Semantics and Experience: Universal Metaphors of Time in English, Mandaren, Hindi, and Sesotho*. Baltimore: The Johns Hpkins University Press.

Anderson, J.M. (1971) *The Grammar of Case: Towards a Localistic Theory*, Cambridge University Press.

Broadbent, D. E. (1958) *Perception and communication*, New York: Pergamon Press.

Chen, G.T. 1983 The Ba Construction, A Topic and Comment Approach, *Journal of the Chinese Language Teaching Association*.

Cook, Walter S.J. (1998), *Case Grammar Applied*. SIL, Arlington Texas.

Croft, W. (1990), *Typology and Universals*, Cambridge University Press.

Derven, Goossens, Putseys and Vorlat, (1982) *Pragmatics and Beyond* 111: b: *Speak, Talk, Say and Tell*, John Benjamins B.V.

Fauconnier, G.& E. Sweetser (eds.)(1982) *Spaces, World and Grammar*, The University of Chicago Press, Chicago and London.

Fauconnier, G. (1985) *Mental spaces*. Cambridge, Mass.: MIT Press.

Fillmore, C. (1982) *Frame Semantics*. In *Linguistics in the morning calm*, edited by the Linguistic Society of Korea. Seoul: Hanshin.

Foss D.& D.Hakes, (1978), *Psycholinguistics*, New Jersey: Frintice-Hall.

Grice, P. (1975) *Logic and conversation*, in P. Cole and J.L. Morgan (eds.), *Syntax and Semantics*, 3, Speech Acts, Academic Press, N.Y.

Grice, P. (1981) Presupposition and Conversational Implicature, in P. Cole (ed.), *Radical Pragmatics*, Academic Press, N.Y.

Heine, B. (1997) *Cognitive Foundations of Grammar*, Oxford University Press.

Herskovits, A. (1986), *Language and Spatial Cognition——An Interdisciplinary Study of the Prepositions in English*. Cambridge University Press.

Karttunen, L. and P.L. Stanley (1979) *Conversational Implicature*, in Oh, C.-K. and Dinneen, D.A. (eds.), Syntax and Semantics, 11, Presupposition, Academic Press, N.Y.

Kempson, R. (1975) *Presupposition and Delimitation of Semantics*, Cambridge

University Press.

Lakoff, G. (1987) *Women, Fire and Dangerous Things: What Categories Reveal about the Mind*, The University of Chicago Press.

Lakoff G. & M. Johnson (1980) *Metapors We Live By*, The University of Chicago Press.

Langacker, R. W. (1987) *Foundations of Cognitive Grammar*. Stanford: Stanford University Press.

Langacker, R. W. (1990) *Concept, Image and Symbol, The Cognitive Basis of Grammar*, Mouton de Gruyter.

Langacker. R. W. (1986) *An introduction to cognitive grammar*. *Cognitive Science* 10(1):1-40.

Leech, G. (1979) *Semantics*, Charpter 13, Presupposition and Factuality, 1981 2nd ed. Harmondsworth, Penguin.

Leech, G. (1983) *Principles of Pragmatics*, Longman, London and New York.

Lyons, J. (1977) *Semantics*. Cambridge University Press. Mandaren, Hindi, and Sesotho. Baltimore: The Johns Hpkins University

Michael Noonan (1999) Non-structuralist Syntax [Functionalist syntax position paper], in Michael Darnell et al (eds): *Functionalism and Formalism in Linguistics*, Vol I: General papers. John Benjamins Publishing Company, Amsterdam/Philadelphia.

Minsky, M. (1975) *A Framwork for Representing Knowledge*. In P. H. Winston, ed., *The Psychology of Computer Vision*. New York: McGraw-Hill.

Neil Smith (1999) *Chomsky, Ideas and Ideals*, Cambridge University Press.

Petre Sgall et al, 1986, *The Meaning of the Sentence in its Semantic and Pragmatic Aspects*, Academia/Pragual Press

Quirk R. et al (1985), *A Comprehensive Grammar of the English Language*, Longman Inc. New York.

Talmy, L. (2000a) *Toward a Cognitive Semantics, Volume I: Concept Structuring System*. The MIT Press, Combridge, Massachusetts, London, England.

Talmy, L. (2000b) *Toward a Cognitive Semantics, Volume II: Typology and Process in Concept Structuring*, The MIT Press, Combridge, Massachusetts, London, England.

van Dijk , T. A. (1981) *Studies of the Pragmatic of Discourse*, Mouton Publishers, The Hague, The Netherland

W.F.麦基(1967)《语言教学分析》,1990年中译本,北京语言学院出版社。

Yang, Suying (1999). Perfective marker *-le* and situation types in Chinese. In Wang, H. S. et. al. (Eds.) *Selected papers from the fifth international conference on Chinese linguistics* (pp. 369 – 386). Taipei: The Crane Publishing Co. Ltd.

Yang, Suying, Huang, Yue Yuan & Sun, Dejin (1999). L2 Acquisition of the Chinese aspect markers. *Journal of the Chinese Language Teachers Association*, *34*, 31 – 54.

Yule, G. (1985) *The study of Language*, Cambridge University Press.

白梅丽 1981 汉语普通话的"连……也/都……",《国外语言学》第 3 期。

北京大学中文系 1955、1957 级语言班《现代汉语虚词例释》317 ~ 318 页,商务印书馆。

卞觉非 1990 关于"汉语交际语法"构想,《第三届国际汉语教学讨论会论文选》,北京语言学院出版社。

曹先擢 1979 并列式同素异序同义词,《中国语文》第 6 期。

常敬宇 1986 语境与语义,南开大学《汉语研究》第 1 期。

常敬宇 1990 试论汉语交际的得体性,《第三届国际汉语教学讨论会论文选》,北京语言学院出版社。

陈爱文、于平 1979 并列式双音词的字序,《中国语文》第 2 期。

陈保亚 1999《20 世纪中国语言学方法论》,山东教育出版社。

程雨民 1983 格赖斯的"会话含义"与有关的讨论,《国外语言学》第 3 期。

崔希亮 2000 汉语方位结构"在……里"的认知考察,第 11 次现代汉语语法学术讨论会(芜湖)论文。

崔希亮 2001 汉语空间方位场景的态与论元的凸显,新世纪首届现代汉语语法国际研讨会(香港)论文。

崔希亮 1990 试论关联形式"连……也/都……"的多重语言信息,《世界汉语教学》第 3 期。

崔希亮 1996 "把"字句的若干句法语义问题,《世界汉语教学》第 3 期。

崔希亮 1997 动词的语义、配价以及论元之间的关系——以汉语"在"字结构为例,《第五届国际汉语教学讨论会论文选》第 280 ~ 290 页,北京大学出版社。

崔希亮 2000 空间方位关系及其泛化形式的认知解释,《语法研究和探索》(十),商务印书馆。

崔希亮 2001 "在"与空间方位场景的句法表现及语义映射,《中国语言学报》第 10 期,商务印书馆。

崔永华 1984 "连……也/都……"句式试析,《语言教学与研究》第 4 期。

戴浩一 1989 基于认知的汉语功能语法,《功能主义与汉语语法》,叶蜚声译,北京语言学院出版社。
戴浩一 1987 以认知为基础的汉语功能语法,见戴浩一、薛凤生主编《功能主义与汉语语法》,北京语言学院出版社。
戴浩一 1988 时间顺序和汉语的语序,《国外语言学》第 1 期,黄河译。
范继淹 1982 论介词短语"在 + 处所",《语言研究》第 1 期。
方经民 1999 论汉语空间方位参照认知过程中的基本策略,《中国语文》第 1 期。
房玉清 1992《实用汉语语法》,北京语言学院出版社。
高桥弥守彦 1987 关于"连……也/都……"格式的一些问题,《第二届国际汉语教学讨论会论文选》,北京语言学院出版社。
戈 戈 1958 把字句(处置式)的起源,《中国语文》第 3 期。
郭 锐 1993 汉语动词的过程结构,《中国语文》第 6 期。
郭 锐 1997 性质和过程——汉语谓词性成分的两种外部时间类型,《中国语文》第 3 期。
侯学超 1998《现代汉语虚词词典》,北京大学出版社。
胡盛伦 1988 "把"字句的特指问句式,《第二届国际汉语教学讨论会论文选》,北京语言学院出版社。
胡裕树 1962《现代汉语》,241 页,上海教育出版社。
金立鑫 1994 "把 OV 在 L"的语义、句法、语用分析,《语法研究与语法应用》,北京语言文化大学出版社。
李英哲 等 1990《实用汉语参考语法》(熊文华译),北京语言学院出版社。
梁东汉 1958 论"把"字句,《语言学论丛》第二辑,商务印书馆。
廖秋忠 1989《空间方位词和方位参考点》,《中国语文》第 1 期。
廖斯吉 1981 试谈关联词语"连……也/都……"的功用,《西北师范学院学报》(社科版)第 1 期。
刘月华 等 1983《实用现代汉语语法》,外语教学与研究出版社。
陆俭明 1993《80 年代中国语法研究》,商务印书馆。
陆俭明 2000 "对外汉语教学"中的语法教学,《语言教学与研究》第 3 期。
陆俭明 1990 90 年代现代汉语语法研究的发展趋势,《语文研究》第 4 期。
陆俭明 1991 80 年代现代汉语语法研究理论上的建树,《世界汉语教学》第 4 期。
吕必松 1991 汉语研究与汉语教学,《世界汉语教学》第 4 期。
吕叔湘 1982《中国文法要略》,商务印书馆。
吕叔湘 (主编) 1984《现代汉语八百词》,商务印书馆。

吕叔湘 1980《语文常谈》5,生活·读书·新知三联书店。
吕叔湘 1955“把”字句用法的研究,《汉语语法论文集》176～199 页,商务印书馆。
吕文华 1999《对外汉语教学语法体系研究》,北京语言文化大学出版社。
马　真 1985 说“也”,《现代汉语虚词散论》,北京大学出版社。
马　真 1982 说“也”,《中国语文》第 4 期。
马　真 1985“把”字句补议,《现代汉语虚词散论》,北京大学出版社。
马　真 1993 说“反而”,《中国语文》第 3 期。
马庆株 2001 语义功能语法——汉语理论语法与教学语法的结合,首届亚太地区中文教学工作坊,香港教育学院。
马庆株、项开喜 1998 20 世纪的中国现代语法学,《20 世纪的中国语言学》,北京大学出版社。
梅　广 1978“把”字句,《文史哲学报》(台湾)。
倪宝元、林士明 1979 说“连”,《杭州大学学报》(社科版)第 3 期。
潘文娱 1978 对“把”字句的进一步探讨,同上,《语言教学与研究》(试刊)第 3 集。
平井和之 1993 从“V＋在～”句式看有关静态动词的一些问题,《日本近、现代汉语研究论文选》,北京语言学院出版社。
齐　荣 1954“把”字句的用法,《语文学习》第 4 期。
齐沪扬 1995 位置句中动词的配价研究,《现代汉语配价语法研究》,北京大学出版社。
齐沪扬 1998《现代汉语空间问题研究》,学林出版社。pp.120～124。
屈承熹 1999 从汉语的焦点与话题看英语中的 Y-Movement 及其他倒装句,《外语学刊》第 4 期。
饶长溶 1984“把”字句否定式,同上,《语法研究与探索》(二)(商务印书馆)。
杉村博文 1984 处置と遭遇——“把”构文再考,《中国语学》231 卷。
沈家煊 1999“在”字句和“给”字句,《中国语文》第 2 期。
盛　炎 1990 交际能力与功能教学,《第三届国际汉语教学讨论会论文选》,北京语言学院出版社。
施关淦 1991 关于语法研究的三个平面,《中国语文》第 6 期。
石安石 1993《语义问题》,商务印书馆。
石毓智 2000《语法的认知语义基础》,江西教育出版社。
史有为 1991 多元·柔性·主体——80～90 年代语法研究大势之我见。
宋玉柱 1979 对《“把”字句的进一步探讨》一文质疑,《语文教学》(锦州)第 2 期。

宋玉柱 1981 论“连……也/都……”结构,《现代汉语语法论集》,天津人民出版社。

太田辰夫 1957《中国语历史文法》,江南书院(中译本 1987 年由北京大学出版社出版)。

王 还 1959《“把”字句和“被”字句》,上海教育出版社。

王 还 1985“把”字句中“把”的宾语,《中国语文》第 1 期。

王 惠 1992 从及物性系统看现代汉语的句式,北京大学硕士论文。

王 力 1954《中国现代语法》,中华书局。

王 力 1980《汉语史稿》(中)411~2 页,中华书局。

吴葆棠 1980 为什么不能说“把书买了”,《汉语学习》第 2 期。

向 熹 1958《水浒》中的“把”字句、“将”字句和“被”字句,《语言学论丛》。

邢福义 1978 略论“把”字结构的句法地位,《语文函授》(华中)第 5 期。

邢公畹 1986 人们在言语交际中是怎样互相理解的,南开大学《汉语研究》第 1 期。

徐烈炯、沈 阳 1998 题元理论与汉语配价问题,《当代语言学》(试刊)第 3 期。

徐烈炯、刘丹青 1998 焦点与背景、话题及汉语“连”字句,《中国语文》第 4 期。

徐通锵 1989 变异中的时间和语言研究,《中国语文》第 1 期。

徐通锵 1990 结构的不平衡性和语言演变的原因,《中国语文》第 1 期。

薛凤生 1987 试论“把”字句的语义特性,《语言教学与研究》第 1 期。

薛凤生 1994“把”字句和“被”字句的结构意义——真的表示“处置”和“被动”?《功能主义与汉语语法》,北京语言学院出版社。

尹绢熙 1982 介词“连”小议,《汉语学习》第 1 期。

于丛扬 1990 试论中国对外汉语教学关于交际能力的培养,《第三届国际汉语教学讨论会论文选》,北京语言学院出版社。

俞光中 1987“V 在 NL”的分析及其来源献疑,《语文研究》第 3 期。

雨 滋 等1978“把”字句研究概况,《语言教学与研究》试刊第 3 集。

袁毓林 1998 汉语动词的配价层级和配位方式研究,《现代汉语配价语法研究》第二辑,北京大学出版社。

袁毓林 1995 词类范畴的家族相似性,《中国社会科学》第一期。

詹开第 1984“把”字句谓语中动作的方向,《语法研究和探索》(二),北京大学出版社。

詹卫东 2000《面向中文信息处理的现代汉语短语结构规则研究》,清华大学出版社/广西科学技术出版社。

张 赪 1998 汉语处所介词词组和工具介词词组的词序变化,北京大学博士论文。
张 赪 2001 现代汉语介词词组"在 L"与动词宾语的词序规律,《中国语文》第 2 期。
张 敏 1998《认知语言学与汉语名词短语》,中国社会科学出版社。
张 宁等 1994 试论运用功能法教"把"字句,《语言教学与研究》第 1 期。
张 普 1999 关于语感与流通度的思考,《语言教学与研究》第 2 期。
张伯江、方 梅 1996《汉语功能语法研究》,江西教育出版社。
张旺熹 1991 "把"字结构的语义及其语用分析,《语言教学与研究》第 3 期。
张旺熹 2001 "把"字句的位移图式,《语言教学与研究》第 3 期。
张友建 1957 "连"是助词,《中国语文》第 6 期。
张占一 1990 试论交际文化与知识文化,《语言教学与研究》第 3 期。
赵金铭 1995 现代汉语补语位置上的"在"和"到"及其弱化形式".de",《中国语言学报》第 7 期。
赵金铭 1994 教外国人汉语语法的一些原则问题,《语言教学与研究》第 2 期。
赵金铭 1996 对外汉语语法教学的三个阶段及其主旨,《世界汉语教学》第 3 期。
赵金铭、崔希亮(主编) 1997《新视角汉语语法研究》,北京语言文化大学出版社。
赵元任 1979《汉语口语语法》,商务印书馆。
赵艳芳 2001《认知语言学概论》,上海外语教育出版社。
郑懿德 1991 对外汉语教学对语法研究的需求与推动,《语言教学与研究》第 3 期。
周小兵 1987 汉语"连"字句的深层结构(未刊稿)。
周小兵 1990 汉语"连"字句,《中国语文》第 4 期。
周小兵 1997 表示处所的"在"字结构,《中国语言学报》第 8 期,北京语言文化大学出版社。
朱德熙 1982《语法讲义》198 页,商务印书馆。
朱德熙 1990 "在黑板上写字"及相关结构(修改稿),《语法丛稿》,上海教育出版社。
朱德熙 1981 "在黑板上写字"及相关结构,《语言教学与研究》第 1 期。
祝敏澈 1957 论初期处置式,《语言学论丛》第 1 辑,商务印书馆。

后 记

我1979年入北京大学中文系汉语专业学习的时候，适逢中国语言学进入一个新的历史时期，我有幸聆听了许多当代杰出语言学家的课，从此走上了语言研究这条崎岖的小路，一直艰难跋涉至今。在北大本科四年，我选修了语言学各个分支学科的课程，又有机会参加了不少语言学讲习班，遇到了许多有趣的人和有趣的事。比如王力先生，在一个正式场合曾对我们说："你们的学问永远都赶不上我。因为你们要操心柴米油盐的事，我从来不用操心这些事。"先生这句话我后来时时会想起，因为我要操心的还不仅仅是柴米油盐。朱德熙先生上课的时候说起"眼高手低"的话头，他说："眼高不是坏事，手低才要命。"这话我也一直记着，因为我一直有眼高手低的毛病。

在北大有很好的语言学课程。这些课程有朱德熙先生的"现代汉语语法研究"，陆俭明先生的"现代汉语语法"，徐通锵先生的"语言学概论"，石安石先生的"理论语言学"，林焘先生的"语音研究"，何九盈、蒋绍愚先生的"古代汉语"，梅祖麟先生（美国康奈尔大学）的"汉语语法史选题研究"，索振羽先生的"德·索绪尔的语言学理论"，何九盈先生的"中国语言学史"，叶蜚声先生的"外国语言学史"、"语言学方法论"，还有刘坚、范继淹、李临定、范方莲四位先生（中国社会科学院语言研究所）合开的"近现代汉语研究"，戴庆厦、黄不凡、马学良、倪大白等先生（中央民族学院）合开的"汉藏语概论"，还有马真先生的"汉语虚词研究"，王理嘉先生的"语音学"，符淮青先生的"词汇学"，陈松岑先生的"社会语言学"，吴竞存、侯学超先生的"句法结构"，唐作藩先生的"音韵学"和郭锡良先生的"汉语史"，姚殿芳先生的"实用语法修辞”,胡双宝先生的“文字学”和“文字改革”,赵世开先生(中国社会科学院语言研究所)的“乔姆斯基的语言学理论”,冯志伟先生(国家语言文字工作委员会)的“语言学中的数学问题”等等。当时我对语言学并不是很感兴趣,一些别的精彩课程一直在诱惑我。王福堂先生的“汉语方言调查”的田野工作使我对语言学真正产生了兴趣,因为田野工作苦中有乐,同时也让我觉得语言学很实在。在山东文登一个月的方言调查改变了我对语言学的认识。现在回想起来我发现,正是这些课、这些师长,对我后来的成长历程和研究取向产生了潜移默化的影响。这种影响的好处是路子宽,坏处是驳杂。学术重视精纯,驳杂往往难成大器。经济学家张五常先生说的“学术上的老人与海”的道理我直到今天才有点开窍。他说在学术上要“钓大鱼”,因为小鱼没意思。1985年我重返北大读研究生时已经没有太多的课程。重听了一遍朱德熙先生的课,那时先生已经是北大副校长,课程经常因为行政事务的干扰而中断。又听了石安石先生的“现代语言学专题”,罗杰瑞(Jerry Norman,美国西雅图华盛顿大学)的“闽语研究”,林焘先生的“实验语音学”,吴竞存先生的“《红楼梦》语言研究”,还有桥本万太郎先生(日本亚非语言文化研究所)的“语言地理类型学”,徐通锵先生的“历史语言学”,王洪君先生的“语言研究方法论”。王洪君本来是我大学本科时的同班同学,这时成了我的老师,课上那种平等的讨论使我受益匪浅。

1987年我到北京语言学院工作。倏忽之间已经十四年过去了,这十四年过得何其匆匆!说起来惭愧,在教书之余,从1990年开始我才陆陆续续地做些研究,开始发表一些文章。在此期间张清常先生、陈亚川先生曾经给了我很大的鼓励,现在这两位师长已经作古,但是他们的精神力量永远都在。常宝儒、赵金铭、刘月华、赵淑华、张普、常敬宇几位老师在我起步的时候都曾经助我一臂之力。郭锐、张旺熹、王弘宇、孙宏林、陈小荷、储诚志、金立鑫、戴耀晶、徐杰、石毓智、杨平、王红旗等几位朋友给我无私地提供语料、提出意见，我一直心存感激。在布里斯班和北京，陈平先生曾经几次约我长谈，在选题、阅读、研究方法、信息查询等方面一点一滴地给我指导，不经意间给我开阔了胸襟。这些师长和朋友，一想起来就觉得温暖，他们在为文和为人方面都有很多值得我学习的地方。自己检点起来倒有些惭愧，因为这些年我自己的研究和给予他人的帮助真是太少了。

现在要把过去所做的研究梳理一下，做个小结，不知道该用什么样的书名。于是我就向我的师长兼同事赵金铭先生请教，最后定名为《语言理解与认知》。因为我的研究基本都是功能主义的，从语言的信息结构和编码解码的角度着力较多。我的导师陆俭明先生特为本书作序。谨在此向两位先生表示衷心的感谢。另外，我还要感谢柯润兰、于萍、修美丽三位同学帮助我做了很多打印、校对工作。感谢北京语言文化大学出版社支持语言学著作的出版。

这本小书不能为中国语言学做多大贡献，添砖加瓦而已。

崔希亮

2001 年 11 月 9 日

图书在版编目(CIP)数据

语言理解与认知/崔希亮著. —北京:
北京语言大学出版社,2008 重印
ISBN 978-7-5619-1033-7

Ⅰ. 语… Ⅱ. 崔… Ⅲ. 汉语—语言学—研究 Ⅳ. H1

中国版本图书馆CIP数据核字（2001）第097534号

书　　名：语言理解与认识
责任印制：汪学发

出版发行：北京语言大学出版社
社　　址：北京市海淀区学院路15号　邮政编码：100083
网　　址：www.blcup.com
电　　话：发行部　82303648/3591/3651
　　　　　编辑部　82303393
　　　　　读者服务部　82303653/3908
　　　　　网上订购电话　82303668
　　　　　客户服务信箱　service@blcup.net
印　　刷：北京画中画印刷有限公司
经　　销：全国新华书店

版　　次：2001年12月第1版　2008年7月第3次印刷
开　　本：850毫米×1168毫米　1/32　印张：10.5
字　　数：212千字　　　印数：4001—6000册
书　　号：ISBN 978-7-5619-1033-7/H·01133
定　　价：23.00元

凡有印装质量问题，本社负责调换。电话：82303590